藍學堂

學習・奇趣・輕鬆讀

天才的關鍵習慣

耶魯最受歡迎課程教你
如何超越**天賦**、**智商**與**運氣**

THE
HIDDEN HABITS OF
GENIUS

Beyond Talent, IQ, and Grit — Unlocking the Secrets of Greatness

耶魯大學備受歡迎的「**天才課程**」創立者

CRAIG WRIGHT

克雷格・萊特——著　何玉方——譯

謹獻給

我們的孩子

埃文（Evan）、安德魯（Andrew）、史蒂芬妮（Stephanie）、

和克里斯多佛（Christopher），

以及佛雷德（Fred）、蘇（Sue）、和雪莉（Sherry）

目錄

CONTENTS

天才的關鍵習慣

推薦文／

識別天才，比成為天才更重要

文／歐陽立中

如果要你說出關於「天才」的三個關鍵詞，那會是什麼呢？我想，多數人的答案是這樣的：聰明、遺傳、完美。如果你的答案跟這三個差不多，那麼我誠心建議你，《天才的關鍵習慣》這本書將會顛覆你的想像，重新理解何謂「天才」。

當然，在讀這本書之前，可能都已接受一個事實，那就是：「我們都是凡人，這輩子與天才絕緣。」那麼，我們又何必去了解天才的習慣呢？

是過動兒，還是舞蹈天才？

在此，我想先跟你分享一個故事：小女孩吉莉安在八歲的時候，學校老師通知家長，吉莉安在教室一直亂動，靜不下來，還嚴重影響其他同學。吉莉安的媽媽非常焦慮，趕緊帶她去看心理醫生。醫生詢問並觀察吉莉安的狀況後，告訴她：「你很乖，謝謝你的配合。我要請你在此稍微待一下子，我要跟你媽媽到外面單獨談話，等下就回來。」離開前，醫生順手播放了音樂。

出了房間，醫生告訴吉莉安的媽媽：「我們一起從這扇窗戶觀察她，看看會發生什麼事。」緊接著，神奇的事情發生了。吉莉安坐沒多久就站起來了，開始隨著音樂搖擺舞動，渾然天成。

這時，醫生回頭會吉莉安的媽媽說：「恭喜你！你的女兒沒有生病，她是個舞蹈天才。讓她去學跳舞吧！」

吉莉安後來成為偉大的舞者，知名音樂劇《貓》，就是吉莉安的編舞作品。在百老匯演出超過六千場，成為經典之作。

就算我們不是天才，《天才的關鍵習慣》一書將會開啟我們搜尋天才的雷達。要知道，稀有的不是千里馬，而是伯樂。

天才的定義

作者克雷格・萊特對於天才做了通盤式的研究，訴諸理論、詳列事蹟、歸納結論。原本，天才這個概念，在你腦中是一片迷霧，但風吹日耀，迷霧散去，天才的輪廓竟如此清晰可見。

到底什麼是天才？克雷格下了明確的定義：「**天才是具有非凡思維能力的人，原創作品或獨到見解改變社會，造成跨文化、跨時代的影響。**」這下你真的懂了，考試第一、考上名校的，頂多叫學霸，但離真正的天才還很遠。

用天才的方式思考

那麼要如何用天才的方式來思考呢？不得不說，絕對是這本書的精華。克雷格告訴你：「**要有童心未泯的想像力**」。畢卡索的成就並非來自他畫得唯妙唯肖，而是他用抽象畫顛覆你對藝術的認知。誰教他的？畢卡索說：「我花了一輩子才能畫得像個孩子」。從此，我看我兩歲女兒的奇言怪行，不再急著說「不行」，而是蹲下身子，欣賞這孩子的創意。

克雷格接著說：「**天才總是跨界思考**」。所以女神卡卡融合音樂、藝術、時尚創造出獨一無二的風格，她說自己成功的關鍵在於「沒有限制」；富蘭克林發明了避雷針、醫用導管、同時起草美國憲法、簽署重要協約。既是科學家、又是出色的政治家。雖然我是國文老師，但從此，我不再只鼓吹學生讀文學，而是對更多領域永保好奇，讀點商業、懂點心理、嚐點科學。

對我而言，《天才的關鍵習慣》給我最大的啟發，還真不是如何成為天才，而是**如何用更開闊的視野，欣賞每一個未來的天才**。正如同愛因斯坦所說：「每個人都是天才，但如果你要一條魚去爬樹，他終其一生會覺得自己是笨蛋」。對，當不成天才沒關係，但可別用自己狹隘的視野，抹殺孩子成為天才的可能性。

記住，識別天才，比成為天才更重要！

（本文作者為Super教師、暢銷作家）

推薦文／

那些天才教我們的事

文／市場先生

Genius，中文可以被翻譯為「天才」、「天賦」。在中文領域中，天才常常被用來當成一種讚美，小時候你一定曾看過有些考試考高分的孩子被長輩稱呼為「天才」，人們也時常用「天才」來讚美他人。

但本書對天才的定義是：提出原創的作品或思維，並且對社會帶來巨大的改變。歷史上有許多偉人符合「天才」的稱呼，像是達文西、貝多芬、愛因斯坦、畢卡索……等等，他們都曾在各領域帶來劃時代的突破改變或創見。但人們往往只看到這些名人的成就，讚頌他們的智慧或創見，對其他方面卻所知甚少。

本書作者透過分析這些歷史上各領域的天才們，理解他們的生平、個性、能力、評價，從中發現出一些共通點，讓我們更加了解天才，也更加理解天才是如何誕生。

想成為天才，該怎麼做？

有個好建議是先反向思考：「怎樣做，一定不會成為天才？」如果想提出原創的創見或作品，並最終對社會帶來巨大改變，那麼這樣的天才必定不可能走在平凡的路上。

首先，找到適合自己的賽道很重要，你可能覺得自己缺乏天賦，但實際上也許只是找錯賽場。其次，努力、有天賦、充滿想像力、擁有求知慾與好奇心、執著與熱情在自己的目標上，並且不害怕他人目光，這些雖然不一定能成保證你改變世界，但卻是必要條件。

當缺少其中任一個特質或習慣，例如不努力、缺乏好奇心、缺乏求知慾、缺乏想像力、缺乏熱情、在意別人的看法……，也許最終同樣也能有所成就，但就很創造出全新的創見，更難對整個社會帶來改變。

此外，我們也不能否定運氣、靈光乍現的重要，但擁有這些特質都是必要的。即便是股神巴菲特，也曾經把自己的成功歸因於出生在美國，這也是一種運氣。

天才與眾不同，缺陷也可能是成就天才的契機

能在芸芸眾生中，提出跨時代的創見，或者對社會帶來巨大改變，很可能天生就必須有些與眾不同。但與人們想像中不一樣的是，與眾不同並非指學業出眾、也不是指出身在名門貴族或者受到良好教育。過去許多天才們的與眾不同，除了能力與特質外，也反映在身體或性格上，也不盡然一定是優點或強項。

與眾不同有可能是身體的缺陷，例如失聰的貝多芬、深為精神疾病所苦的梵谷、也可能是性格上的缺陷，例如有暴力傾向的畢卡索、傲慢的賈伯斯。對一般人而言的缺陷，從另一個角度，缺陷卻可能是為這些天才帶來成就的關鍵。就和每個人性格樣貌不同一樣，不是好壞之分，僅僅是彼此不同罷了。

若你認為自己比起別人有許多缺陷，或是覺得自己想法與眾不同時，別灰心，你可以多一點自信，因為過去許多天才其實也和你一樣。

向天才學習，但不執著於天才的稱號

天才終究是他人賦予的價值與定義，但自己的人生應該定義出屬於自己的價值。歷史上這些偉人們，真的在乎別人稱呼他們為天才嗎？不，他們只是專注在自己想做的事，那是他們認為對

自己人生最有意義的事，只是剛好這些成果同時對社會帶來巨大改變。

同樣的，我們並不一定需要別人認同。但即便我們不改變世界，這些歷史上的天才也有許多習慣與特質值得我們學習。

也許你曾經決心走在與他人不同的道路上，期望過自己能像許多名人、偉人一樣擁有被人讚頌的成就，或者你希望栽培自己的兒女，讓他們往這條路上前進，透過本書能幫助你破除許多迷思，並且從書中和自己較相似的天才身上，找到引領你前進的方向。

（本文作者為財經作家）

前言／

天才魔法是怎麼辦到的？

如今，天才無所不在！從蘋果天才吧（Genius Bar）支援服務的員工，到小小愛因斯坦（Baby Einstein）這種幫助孩子們變得更聰明的產品。電視真人秀明星金・卡戴珊（Kim Kardashian）被稱為「商業天才」，而她的丈夫肯伊威斯特（Kanye West）據說「是個混蛋，也是個天才」。艾倫・圖靈（Alan Turing）、金恩博士（Martin Luther King, Jr.）、亞伯拉罕・林肯（Abraham Lincoln）、史蒂芬・霍金（Stephen Hawking）、和史蒂夫・賈伯斯（Steve Jobs）都被稱為天才，也被拍攝成當代電影。另外還有丹尼爾戴路易斯（Daniel Day Lewis）和艾迪瑞德曼（Eddie Redmayne）等榮獲奧斯卡金像獎的演員，他們在電影中詮釋這些傑出人物，都表現得相當出色，他們也是天才嗎？美國游泳巨星麥可．菲爾普斯（Michael Phelps）被稱為「飛魚天才」。網球明星費德勒（Roger Federer）和拉斐爾．納達爾（Rafael Nadal）擊出「天才球路」。馬友友被譽為「大提琴天才」。內布拉斯加大學奧馬哈分校工商管理學院開設一個年度課程，名為「巴菲特（Warren Buffet）的天才」。二〇一九年五月二十三日，美國前總統川普（Donald Trump）站在白宮攝影機前，宣稱自己是「一個極其穩定的天才」。北韓領導人金正恩（Kim Jung Un）也不甘示弱，自詡為「所有天才中的天才」。

我們如何解釋這種「對天才的嚮往」，一如作家喬治．艾略特（George Eliot，本名瑪麗．安．埃文斯 Mary Ann Evans）在一八七二年所表達的渴望？[1]**在天才一詞過度使用的現象背後，存在著人類想要理解未知事物的一種強烈、永恆又深刻的願望。為此，我們將事情簡化，把從前許多思想家的複雜能力歸結為一個模範：「天才」**。天才往往具有救世主的特質，為人類帶來世界更美好的希望。同時，天才為我們提供慰藉，好替自己的缺點辯護、甚至做為藉口，「喔，難怪，他是個天才！」但是，我們還是很想知道：天才魔法是怎麼辦到的？潛藏的祕密是什麼？撇開這些傑出人物的神話不談，他們的生活和習慣究竟如何？我們能從他們身上學習到什麼？

一九五一年，麻薩諸塞州綜合醫院的醫生將一台EEG機器連接到愛因斯坦（Albert Einstein）的大腦，仔細觀察擺動針，試圖找出他的天才之因[2]。愛因斯坦在一九五五年去世時，一位積極進取的病理學家、耶魯大學出身的湯瑪斯．哈維博士（Dr. Thomas Harvey）將其大腦取出，分割成兩百四十個整齊的切片，供自己和其他醫生研究[3]。雖然愛因斯坦大腦內部的每個角落、縫隙、腦溝都已經仔細鑽研，但神經科學專家仍然無法解釋他富有想像力的思維運作過程。薩爾茨堡的法醫病理學家曾試圖研究莫札特（Wolfgang Amadeus Mozart）的頭骨，將之與安葬在該城市聖塞巴斯蒂安公墓的親屬DNA進行比對[4]，然而到目前為止，莫札特的基因組仍然難以捉摸。同樣的，米蘭的科學家正在研究達文西（Leonardo da Vinci）的DNA，也沒有發現任何「天才基因」[5]。為什麼我們並不驚訝呢？因為天才攸關太多個人潛在特徵的複雜表達，無法將之簡化成大腦或染色體上的單一位置和過程。傑出的個人特質如何共同發揮創造出天才，將是一個謎，然而，**這些天才特質是什麼，又該如何培養**？將是本書要探討的主題。

天才的定義

首先：天才的定義是什麼？答案因人和時代而有所不同。古希臘人用幾個字來描述天才，其中包括 *daemon*（惡魔或神靈）和 *mania*（席捲創作詩人近乎瘋狂的靈感）。英文的 *genius* 一字，源於拉丁文名詞 *genius*，意指「守護神」。在古希臘和羅馬時期，每個人都有一個並不屬於自己的守護神。同樣源於拉丁文的還有法文的 *génie*，此字更進而衍生出英語 *genie*（精靈），想想迪士尼（Walt Disney）的《阿拉丁》電影，在魔燈中等待被召喚的精靈，再想想你生日蛋糕上的蠟燭和許下的願望，自羅馬時代以來，蠟燭和許願一直是對精靈的年度獻祭，祈求你的守護神在未來一年可以在身邊保護你。

中世紀時期著名的天才為數不多，人們可能想到的包括但丁（Dante Alighieri）、喬叟（Geoffrey Chaucer）和聖女貞德（Joan of Arc）。黑暗時代就沒有天才嗎？不，只是天才是由天主教教會指派，並「重新命名」。在古典時期，人們向天才許願，在中世紀，人們向自己的守護神祈禱賜予某種精神力量，不僅僅是為了救贖、也有為了治癒疾病或尋找失落的梳子。那個時代偉大的創造——例如高聳的哥德式大教堂——大多數是無名小卒的工藝傑作，其靈感來自於外在的神聖精神，即基督教的上帝。

隨著文藝復興時期發展，地球上的革命思想家重新獲得了身分和名聲：達文西、米開朗基羅（Michelangelo）、拉斐爾（Raffaello Santi）和莎士比亞（William Shakespeare）只是當中的一些天才。一些義大利詩人和畫家也被冠以神聖的稱號，例如「神聖的李奧納多」（*il divino Leonardo*），如今他們也像聖徒一樣，享有半神似的神聖力量，他們的雙手可以創作出上帝才可能構思的意念。然而，在十八世紀的啟蒙運動期間，天才和上帝分道揚鑣，上帝退場，讓個人成為天賦的唯一擁有者，天才現在已是完全內在的、是天生固有的特質、存在於個人之中。

十九世紀浪漫主義情感使天才的面貌再次發生變化，變得扭曲、有時甚至怪誕異常。想像一位孤獨、衣冠不整、乖僻、飽受藝術折磨、特異獨行之人，據此提示會令人聯想到十九世紀天才的最佳典範——貝多芬（Ludwig van Beethoven），他在維也納街道上蹣跚而行時，會自己大聲高歌，看來確實有些瘋狂。大約同時期，也出現了瘋狂的法蘭克斯坦博士（Dr. Victor Frankenstein），亦即瑪麗・雪萊（Mary Shelley）著名小說《科學怪人》的主人翁。另外還有雨果（Victor Hugo）《鐘樓怪人》（*The Hunchback of Notre Dame*）當中的駝背天才卡西莫多（Quasimodo）。隨後還有出沒於巴黎歌劇院當中極度瘋狂的「魅影」，也是一位被毀容天才。（譯註：意指《歌劇魅影》〔*The Phantom of the Opera*〕）

如今，在卡通上看到燈泡亮起的圖案時，就知道這是代表個人想出「聰明點子」的視覺符號。事實上，發明現代白熾燈泡的那個天才之舉，正是出自美國第一個研究實驗室，即愛迪生（Thomas Alva Edison）在新澤西州門洛帕克「發明工廠」的產品[6]。如今，諾貝爾物理學、化學和醫學獎通常頒給各門學科的兩、三個人，這代表現代的科學團隊已經取代了過去孤獨一人研究的愛因斯坦。

幾個世紀以來，「天才」一詞的含義經常變化，這個事實告訴我們，天才的概念與時間和地點相關。「天才」是由人類自由定義的，可以是任何我們選擇指定的人。純粹主義者會反對這種短暫的、民粹主義的做法，難道沒有絕對的真與美嗎？莫札特的交響曲和愛因斯坦的方程式難道不是舉世公認、永恆的嗎？答案顯然是否定的，完全取決於你詢問的對象。莫札特的音樂，雖然在西方音樂廳仍然備受推崇，但是對於奈及利亞人民來說，卻沒有特別的共鳴，他們有自己喜愛的聲音和音樂英雄，例如非洲打擊樂先驅費拉・庫蒂（Fela Kuti）。愛因斯坦對重力的解釋，只是自古希臘以來四種最具影響力的解釋之一。隨著時間發展，藝術和科學領域天才的光芒，因不同文化以及每一個面對的新世代而有所不同。直到最近，西方天才的歷史還是由「偉人」（意指白人男性）組成，女性和有色人種基本上還是被邊緣化。但是，這種情況正在發生變化，人類卓越非凡成就的定義，是由我們每一個人決定的。

天賦vs天才

幾乎所有詞典對天才的定義都包括了「智力」（intelligence）和「天賦」（talent）兩個詞。本書第一章將探討「智力」的含義，至於「天賦」是天才的基本要素，這是一個錯誤概念，應該立即摒棄。我們稍後將會看到，**天賦與天才完全是兩碼子事**。德國哲學家叔本華（Arthur Schopenhauer）在一八一九年巧妙地指出這一點：「**天賦之人擊中他人無法擊中的目標；天才則是擊中他人看不見的目標**」[7]。有天賦的人善於處理顯而易見的世界，而天才卻能看透一般人眼裡看不見的事物。一九九八年，《商業內幕》（*Business Insider*）引述賈伯斯所說的話：「很多時候，人們不知道自己想要什麼，除非你展示給他們看」[8]。

早在一九一九年，尼可拉斯．特斯拉（Nikola Tesla）就預見了收音機、機器人、太陽能加熱系統、和智慧型行動電話「不會比手錶大」[9]。如今，地球上三分之二的人透過特斯拉所預測的網路電話相互連結。一九九五年，傑夫．貝佐斯（Jeff Bezos）在紐約的一家量化對沖基金公司工作時，觀察到網路流量比起前一年度增加了二千三百倍，他也意識到，開車到不同店家逐一購買商品，是很沒效率的購物方式，於是設想開發了亞馬遜網路書店，從販售書籍開始。然而二十年後，他的公司已發展成為全球最大的電子商務市場，銷售幾乎所有能夠想到的產品。事實證明，生活中唯一絕對之事是變化，而天才看到了變化的契機。

按照現代的定義，要成為天才不僅需要擊中隱藏的目標，也需要率先擊中目標，獨創性很重要。但是，在西方並不盡然如此。例如，古希臘人認為，模仿荷馬史詩的能力是一種天才的指標。同樣的，中國人自古以來就根據新事物效仿舊事物的完美程度，來評估價值。有趣的是，在現代中國的文化中，團隊成就持續勝過個人成就。西方人在一七八〇年左右，開始有了不同的看法。先是哲學家康德（Emmanuel Kant）認為，天才與「模仿精神截然相反」[10]，延續至英國、法國和美國的專利權立法者，獨創性成為檢驗卓越成就、保護個人知識產權的試金石。西方人對「刻苦奮鬥成功之人」和「堅實的個人主義者」的信念，可以追溯到此一時期，十分吻合西方傳統的天才觀念。但是，原創的天才是歸於社會還是個人成就呢？也許我們需要針對歷史上各時期各種文化的天才下個定義。

為了替本書設定一個框架，且讓我提出一個當前的定義：**天才是具有非凡思維能力的人，其原創作品或獨到見解以重大的方式改變社會，造成跨文化和跨時代有益或有害的影響**。簡而言之，最偉大的天才產生最巨大的影響，影響人數最多，時間也最長。雖然所有人的生命都具有同等價值，但有些人以更大的力量影響著世界。我在定義中強調「改變社會」一詞，因為天才就是創造力，而創造力也包括改變。顯然，一個有創意的思想家和一個樂於接受改變的社會，兩者缺一不可[11]。因此，如果愛因斯坦生活在一個荒島上，並選擇不與他人交流，那麼他就不會成為天才；同樣的，如果他選擇與他人溝通，但他們聽不進去或拒絕改變，他還是不會成為天才，除非愛因斯坦造成改變，否則就不是愛因斯坦。

考慮到創造力的重要性，我們發現如今許多被公認為「天才」的人，僅只是名人。為了確定真正的天才，我們可以先刪除大多數男女演員和表演者，那些人雖然才華橫溢，但不算是天才，只是呈現別人的創作（例如，劇本或音樂作品）。創意和創造力是關鍵，正因如此，肯伊威斯特、女神卡卡（Lady Gaga）和貝多芬可能被視為是天才，而馬友友不算是。對於大多數偉大的運動員而言，情況也是如此：儘管破紀錄的「美國飛魚」菲爾普斯和球王費德勒給人留下深刻印象，卻不具有創造力，比賽是其他人創造出來的。像巴菲特這樣的億萬富翁金融奇才呢？不用說，**累積財富不等於創造改變。金錢是天才的燃料，但並不是天才本身，天才取決於善用金錢提供的機會所得的成就。**

刪除所有的誤報之後，可以讓我們專注研究符合上述定義的真正天才的行為。然而，究竟什麼構成「真正天才」，並非總是很明確，也絕不會有一致的意見。本書中所提及的天才包括貝佐斯、馬雲、企業家理查・布蘭森（Richard Branson）和廢奴主義者哈莉特・塔布曼（Harriet Tubman），我涵括的範圍可能太廣了，對於誰是、誰不是天才，我的看法可能有人並不認同。如果你不認同，那就太棒了！正如我們將看到的，逆向思維是天才的隱藏習慣之一。

創作本書的背景

本書是經過我一生的觀察和研究而寫成的，在我的職業生涯中，身邊接觸到的人士都是在某方面具有非凡天賦，如數學、西洋棋、古典音樂、創意寫作、以及其他工作領域。但是我發現自己沒有什麼特別的天賦，只有＋B。如果你是一位天賦異稟的神童，你可以輕易辦到某事，一切發生得那麼自然，你也不會有任何疑問。的確，我遇到的天才似乎都全神貫注於天才之舉，而不會去思考其創造力的成因。或許只有像我這種不是天才的人，才可以嘗試解釋天才。

「如果你沒有創作天分，那就去演奏，如果沒有演奏天分，那就去教書」，這就是伊士曼音樂學院（Eastman School of Music）的口頭禪，我在那裡接受教育成為古典鋼琴家。由於無法作曲、或靠表演謀生，我繼續攻讀哈佛大學研究所，獲得博士學位，成為古典音樂歷史的課堂教師和研究者，也就是人們所謂的音樂學家，最後，我在耶魯大學謀得一份教職，教授古典音樂三巨頭：巴哈、貝多芬和布拉姆斯。然而，我所遇到最迷人的人物是莫札特，他風趣、熱情、調皮、才華橫溢、創作的音樂無與倫比，而且似乎是個正派人士。在我去佛羅倫斯的幾次旅行當中，研究了當地出生的達文西，我很快發現**達文西和莫札特具有許多相同的天才因子：非凡的天賦、勇氣、生動的想像力、廣泛的的興趣、以及對生活和藝術「全力以赴」的態度**。

還有多少其他天才也有這些共同的因子？莎士比亞、英國女王伊莉莎白一世、梵谷（Vincent van Gogh）和畢卡索（Pablo Picasso）都有。最後，這群偉人成為我在耶魯大學所開設的學士課程的基礎，課程名稱為「探索天才的本質」（Exploring the Nature of Genius）。修課學生的人數逐年增加。正如你所料想的，耶魯大學的學生排隊修這一門課，不是要聽天才的定義，也不是想要了解天才一詞的歷史發展。有些人想知道自己是否已經是天才、以及未來可能如何。大多數人想知道怎麼樣才能成為天才，他們聽說我研究過《小婦人》（*Little Women*）作者露意莎・梅・奧爾柯特（Louisa May Alcott）到法國自由主義作家左拉（Émile Zola）等天才，發現了一套共同的人格特質，他們和你一樣，想知道這些天才不為人知的習慣。

本書想告訴你的事

促成天才成為天才的因素究竟是什麼？以下是本書各章的主要重點概述：

- 努力工作（第一章）
- 百折不撓（第二章）
- 獨創性（第三章）
- 童心未泯的想像力（第四章）
- 無止境的的好奇心（第五章）
- 熱情（第六章）

- 瘋狂的創造力（第七章）
- 叛逆性（第八章）
- 跨界思考（第九章）
- 逆勢行動（第十章）
- 充分準備（第十一章）
- 執著精神（第十二章）
- 放鬆身心（第十三章）
- 全心投入（第十四章）

此外，在全書各章節中，我都會提出與天才相關的務實見解，例如：

- 智商、導師和常春藤名校的教育被過於高估了。
- 無論你的孩子多麼「天賦異稟」，把孩子當成神童，對他們毫無幫助。
- 獲得卓越洞察力的最佳管道是，從事有創造力的放鬆活動——散個步、洗個澡、或睡個好覺，在床邊放上筆和紙。
- 想要提高工作效率，養成日常工作的習慣。
- 想要增加成為天才的機會，搬到大都市或大學城。

- 想要活得更久，要找到自己的熱情。
- 最後，要振作起來，因為創造力永遠不嫌晚：有年輕的莫札特，也有年邁的威爾第（Giuseppe Verdi），有神童畢卡索，也有大器晚成的摩西奶奶（Grandma Moses）。（譯註：Grandma Moses 是一位美國女畫家，七十多歲時才開始繪畫，被視為自學成才、大器晚成的代表。）

最後一點，閱讀本書可能不會讓你變成天才，但是，將會幫助你**思考該如何生活、養育孩子、選擇他們就讀的學校、善用自己時間和金錢、參與民主選舉的投票，最重要的是，如何發揮創造力**。發掘天才的習慣改變了我的世界觀，也許仔細閱讀本書也會使你有所改變。

第1章
天才是天賦異稟，還是後天努力？

「每個人都是天才，但如果你靠爬樹的本領評斷一隻魚，
它將終其一生都覺得自己很笨」

——愛因斯坦

「沒有答案！沒有答案！沒有答案！」在我的「天才課程」第一節課堂上，我敦促一百名熱切的大學生高呼這個口號。學生們通常希望在離開課堂時把答案放進口袋，以便日後考試之用，但我覺得有必要把這一點先說清楚，**促成天才的因素是什麼，靠先天決定、還是後天培養**，針對這個簡單的問題，真的沒有答案。

這個問題總是在我的課堂上引起爭論。主修數學和理科的學生認為天才是由於天賦所致，父

母和老師都說他們天生具有數學推理的特殊才能。大學校隊運動員認為卓越成就是一分耕耘，一分收穫努力得來的，教練告訴他們，他們的成就是無數小時刻苦練習的結果。在初出茅廬的政治學家中，保守派認為天才是上帝賜予的天賦，自由主義者則認為這是環境培養所致。先天本質、還是後天培育？各方在我的學生中都有支持者。同樣的，歷史上的天才也都各有立場。

柏拉圖說，達成非凡事物的能力是預言家和神的天賦[1]。然而，莎士比亞在《凱撒大帝》（*Julius Cesar*）中寫道：「親愛的布魯圖斯（行刺凱撒者），這次不是命運的錯，而是我們本身的錯」，似乎對於自由意志和獨立自主行動充滿信心。另一方面，英國自然生物學家達爾文（Charles Darwin）在自傳中宣稱：「我們大多數的特質都是與生俱來的」[2]。法國哲學家西蒙・波娃（Simone de Beauvoir）則是宣稱：「**人並非與生俱來就是天才，而是努力成為天才**」[3]。自然擁有的天賦、還是後天的努力，一直爭論不休。

天才是與生俱來？

天才有一個習慣，就是沒有意識到自己隱藏的天賦，而留給別人評價。喬治・瓦薩里（Giorgio Vasari）是文藝復興時期偉大藝術家的著名傳記作家，他對於達文西與生俱來的天賦讚歎不已，他說：「有時候覺得很不可思議，這個人充滿了美感、優雅和能力，無論轉向何處，他完成的每一件事都是如此的神聖，任何人都望塵莫及，大家都知道他是上帝賜予的天才（他的確是）」[4]。達文西的天賦之一是敏銳的視覺觀察力；他有能力「定格」運動中的物體，如展翅高飛的鳥兒、騰空奔馳的馬蹄、或是河流波濤洶湧的漩渦。一四九〇年左右，達文西在筆記本上寫道：「蜻蜓有四個翅膀，前面的翅膀升起時，後面的翅膀會下降」[5]。誰知道呢？

達文西的主要競爭對手米開朗基羅，具有過目不忘的記憶力和完美的手眼協調能力，使他能夠以精確的比例繪製線條[6]。特斯拉之所以能快速學習，也是因為他記憶力絕佳，可以完整引述歌德（Johann Wolfgang von Goethe）的作品《浮士德》（*Faust*），能力還不僅限於此。康丁斯基（Wassily Kandinsky）、梵谷、著有《蘿莉塔》（*Lolita*）小說的納博科夫（Vladimir Nabokov）、和艾靈頓公爵（Duke Ellington）都天生具有聯覺感知，當他們聽到音樂、觀察文字或數字時，就會看到顏色。女神卡卡也是如此，她在二〇〇九年接受《衛報》（*Guardian*）採訪時說：「當我寫歌時，我不只聽到旋律、歌詞，也看到顏色。我看到聲音就像一面彩色的牆」[7]

一八〇六年，貝多芬發了一頓脾氣眾人皆知，他對著高高在上的利奇諾夫斯基親王卡爾・麥克斯（Karl Max, Prince Lichnowsky）咆哮說道：「親王，您之所以為您，是因為偶然的出身；我之為我，是靠了我自己。世間君王何其多，至於貝多芬，卻只有一個」[8]。對此，我們可能會恭敬地回答：「的確如此，貝多芬，但您也是因為偶然的出身啊，您的父親和祖父是專業音樂家，您很可能因此遺傳到絕對音感和音樂記憶的天賦」。

絕對音感是可能有家族遺傳的，雖然只有萬分之一的人擁有這種天賦。麥可傑克森（Michael Jackson）、法蘭克辛納屈（Frank Sinatra）、瑪麗亞凱莉（Mariah Carey）、艾拉・費茲傑羅（Ella

Fitzgerald）、賓．克羅斯比（Bing Crosby）、史提夫汪達（Stevie Wonder）、德米特里．肖斯塔科維奇（Dimitri Shostakovich）和莫札特都有這種絕對音感。莫札特同時擁有天生的好耳力與驚人的記憶力，他的雙手可以在小提琴、管風琴和鋼琴的正確位置或琴鍵上輕快飛舞，協調腦海中的旋律與創造聲音的落點，他的音樂天賦在六歲時就彰顯無遺，這絕對是與生俱來的。

榮獲二十三面奧運金牌的游泳健將菲爾普斯，他的身體有如鯊魚，有時還與之競速[9]。但是菲爾普斯天生具有人體工學上的優勢：他身長六呎四吋，正是游泳的理想身高，足部異常寬大，就像一對蹼，雙臂長度異於常人，有如划槳。通常，正如達文西著名的素描維特魯威人（Vitruvian）所展示的，一個人雙手伸展可及的距離等於其身高；而菲爾普斯的翼展（約二百〇一公分）比其身高多了八公分。然而，如上所述，菲爾普斯並非天才，雖然他很有天分，卻沒有任何突出行動改變游泳的規則、或影響奧運會的比賽項目。

西蒙．拜爾斯（Simone Biles）的情況則有所不同，《紐約時報》（*New York Times*）將之譽為「美國有史以來最偉大的體操運動員」[10]，她非凡的運動能力使體操界發生巨大的改變。在二〇一九年八月九日，拜爾斯成為第一位達到平衡木團身七二〇旋下、以及自由體操團身一〇八〇懸空翻動作的人，至此以她的名字命名的體操技巧達到了四項，每一個新動作都需要裁判建立一套新的「難度分數」。與游泳健將菲爾普斯相比，造成改變的體操選手拜爾斯身高只有一百四十二公分，身型嬌小、結實、肌肉十分發達，因此，她可以輕易達成旋轉或空翻，同時保持速度穩定。拜爾斯在二〇一六年提及自己嬌小的身軀時說道：「我的體型結構如此是有原因的，所以我要善用它」[11]。而同時，誠如她在二〇一九年的MasterClass線上教學影片中所強調的，「我真的也必須專注於基本功，例如反覆練習、加強所有的基礎動作、進行心智訓練，才有可能成就今日的我」[12]。這算是先天決定、還是後天培養呢？

「先天或後天」（nature vs. nurture）的流行詞，源於達爾文的表兄弟法蘭西斯・高爾頓（Francis Galton）之著作《遺傳的天才》（*Hereditary Genius*, 1869）。高爾頓研究將近一千名「傑出」人物，除了少數幾位，大多都是英國出生的男性，其中包括他自己的一些親戚。你不必是天才，也能猜出高爾頓對此事的看法：天才是直系家族血統遺傳而來的，是人與生俱來的潛力。

高爾頓在《遺傳的天才》開宗明義說道：有可能「透過精心挑選，獲得具有奔跑或其他特殊天賦能力的犬、馬優良品種」，以及「透過連續幾代人明智通婚而產生天賦極高的族群」[13]。高爾頓的選擇性育種概念是優生學的起點，而優生學造成了納粹主義的死亡集中營。高爾頓完全錯了：不可能透過優生繁殖來創造超級賽馬或「天才族群」[14]。為了證明這一點，讓我們一起回到一九七三年的肯塔基賽馬比賽，見見這一匹名為「祕書處」（Secretariat）的傳奇名駒。

一九七三年五月五日，一個春光明媚的午後，我站在丘吉爾唐斯賽馬場（Churchill Downs）四分之三英里標杆的外側後方圍欄，手裡拿著兩張兩美元的「中獎」彩票，一張是我自己下注一匹名叫「戰鹿」的賽馬，另一張是替我朋友買的最有獲勝希望的祕書處。當馬匹進入賽道進行熱身運動時，戰鹿率先出現，賠率為七比一，這匹馬看起來很嬌小，但說不定賽馬的速度和身型大小沒有關聯。幾匹馬亮相之後，賠率是三比二的祕書處現身，牠體型魁偉，有著巨大的胸部和閃亮的栗色皮毛，昂首闊步，看起來宛如至高無上的神駒。

比賽開跑，祕書處以一分五九$\frac{2}{5}$秒贏得了一$\frac{1}{4}$英里競賽，至今仍是肯塔基賽馬和其他三冠大賽的紀錄保持者，我賭的馬最後一名。我實在沒有先見之明，我排隊等了四十分鐘，替朋友的兩美元賭注領回了三美元，我當初應該自掏腰包給他三美元，把票留下來，今天在 e-Bay 上拍賣。唉呀，誰會料想到 e-Bay 今日的存在，以及至今被譽為「天才賽馬」的祕書處，會成為本世紀、甚至可能是有史以來的傳奇駿馬。

天才是遺傳而來？

才華也許是遺傳而來的，但天才並不能。天才——或是說賽馬的非凡成就，不是世代相傳的，反而更像是一場罕見的完美風暴。在祕書處離世後解剖發現，牠的心臟重達二十一磅，是牠的父系「勇者帝王」的兩倍。祕書處來自良好的、但絕不是異常優秀的血統，牠也沒有留下特殊的後代，在牠繁殖的四百個子嗣中，只有一個曾贏得三冠王比賽。同樣的，大多數天才也不是來自特別傑出的父母[15]。是的，史上有六對獲得諾貝爾獎的父子，以及一對母女——瑪里．居禮（Marie Curie）和伊雷娜．約里奧-居禮（Irène Joliot-Curie）[16]。更引人注目的例子也許是約翰．塞巴斯蒂安．巴哈（Johann Sebastian Bach）和他的三個兒子卡爾．菲利普．伊曼紐爾（Carl Philipp Emanuel）、威廉．弗里德曼（Wilhelm Friedemann）和約翰．克里斯蒂安（Johann

Christian）。但這些家庭是少數的例外，想想畢卡索的四個孩子（沒有一個是傑出的畫家）、或上網看看瑪格麗特・馬蒂斯（Marguerite Matisse）的藝術、或是聽聽弗朗茲・薩韋爾・莫札特（Franz Xaver Mozart）的鋼琴協奏曲（悅耳動聽的音樂，但缺乏想像力），並思考為什麼天才往往不會有天才後代。再想想所有橫空出世的天才——達文西、米開朗基羅、莎士比亞、牛頓（Isaac Newton）、班傑明・富蘭克林（Benjamin Franklin）、特斯拉、哈莉特・塔布曼、愛因斯坦、梵谷、瑪里・居禮、芙烈達、史蒂芬・金（Stephen King）、安迪沃荷（Andy Warhol）、賈伯斯、湯妮・莫里森（Toni Morrison）和伊隆・馬斯克（Elon Musk）。愛因斯坦曾說：「追溯我的祖先……一無所得」[17]，似乎暗示血統並不是天才的預測指標。**關鍵是：天才是一種爆發性的、看似隨機的事件，是由許多個人表型（包括智力、韌性、好奇心、有遠見的思維、以及強烈的執著）的組合引起的**[18]。心理學家稱其為「突現」（*emergenesis*）[19]，我們外行人更喜歡「完美風暴」一詞，可能會發生，但機會微乎其微。

高爾頓不知道格雷戈爾・孟德爾（Gregor Mendel）的研究，這個天才使我們對所謂的基因遺傳組織有了科學理解。高爾頓也不知道有哈維洛克・埃利斯（Havelock Ellis）的著作《英國天才的研究》（*A Study of British Genius*，1904）[20]，該研究試圖透過統計證明天才通常是第一胎男性，卻輕易忽略了女性天才，例如伊莉莎白一世（出生時排行第三）、珍・奧斯汀（Jane Austen，排行第七）、和吳爾芙（Virginia Woolf，排行第六）。如今，高爾頓、孟德爾和埃利斯的思想形成了所謂的「生物決定論」或「生命藍圖」理論的基礎：基因提供了一個模板，決定了一個人未來的人生樣貌。然而，你可能會懷疑，天才先天命定的「藍圖理論」並不是解答。

在表觀遺傳學的現代科學中或許可以找到答案。「基因外」的表觀基因（epigenes）是附著於人體基因組中每個基因上的小標籤。從出生到死亡，人的成長都會受到這一些「開關調控」的影響，因為它們控制著人體基因自我表達的時機及能力。簡而言之，基因是事物的自然本質，表觀基因則是後天培養的。我們的教養方式、生活環境以及我們控制環境和自我的方式，都會影響基因的激活。再次強調，表觀基因是環境刺激基因發展的觸發因素。正如神經科學家吉爾伯特·戈特利布（Gilbert Gottlieb）所說，**基因和環境不僅在我們的成長過程中相互配合，而且基因需要環境的刺激信號才能正常運作**[21]。表觀基因提出這種可能性，只要我們願意努力，每個人都能掌控自己的未來。

天才＝努力＋天賦

你聽說過懶惰的天才嗎？沒有。**天才們都有努力工作的習慣，因為他們都很執著。**此外，在公開聲明中，**他們往往不重視先天遺傳的「天賦」價值，而更強調自己的努力**，正如一些西方天才的名言所示：「你要是知道當中付出了多少努力，就不會稱之為天才」（米開朗基羅）；「如果我不能繼續努力，甚至加倍付出，我會感到氣餒」（梵谷）；「天才是勤奮工作的結果」（馬克西姆·高爾基，Maxim Gorky）；「我不相信有週末，也不相信假期」（比爾蓋茲）；

「沒有努力就不會有天才」（德米特里・孟德列夫 Dmitri Mendeleev）；「成功者和天才的差別就在於努力不懈」（史蒂芬・金）；「我從小時候就很努力，所以現在不必這麼辛苦」（莫札特）；「人們可能無法獲得在世上所追求的一切事物，但所獲得的一切必定經過一番努力」（弗雷德里克・道格拉斯，Frederick Douglass）；「沒有人能靠每週只工作四十小時就改變世界」（伊隆・馬斯克）；「上帝賜予才華，努力奮鬥把才華轉變成天才」（安娜・巴甫洛娃，Anna Pavlova）。我曾經也這麼認為。

你可能還記得這個笑話：一位年輕的音樂家剛到紐約市，天真地問：「怎麼去卡內基音樂廳呢？」得到的回應是：「苦練！」我嘗試過，但沒有成功。努力奮鬥有其限度。

我的音樂訓練從四歲開始，彈的是 Acrosonic 直立型鋼琴，接受和藹可親的泰德・布朗（Ted Brown）教學課程，在六年之內，我進階到採用六呎高的鮑德溫平台鋼琴，和華盛頓特區一流的名師指導。我立志當音樂會鋼琴演奏家，成為范・克萊本（Van Cliburn）第二，進入著名的伊士曼音樂學院，並從該校畢業。到二十二歲時，我已經練習了大約一萬八千個小時，但我知道成為一個鋼琴演奏家，我永遠掙不到一毛錢。我具有一切優勢：雙手巨大、手指纖長、最佳的訓練、以及工作的熱忱。我只缺了一件事：偉大的音樂天賦。是的，我很有才華，但是我沒有完美的聽音能力、音樂記憶或手耳協調感，我沒有什麼過人之處。但是，我確實有一個負面的遺傳基因：我在舞台上特別容易怯場，就鋼琴或小提琴演奏時一個小小的細節就能注定成敗而言，這點並不是優勢。成為鋼琴演奏家的「理想幻滅」至今仍然令我好奇：光靠努力，就能讓才華變成天才嗎？真有熟能生巧這回事嗎？

天賦帶來正循環

根據研究「傑出表現」的世界級權威專家安德斯．艾瑞克森（Anders Ericsson），答案是肯定的。艾瑞克森從一九九三年在《心理學評論》上發表文章開始，一直到與人合著的作品《刻意練習：原創者全面解析，比天賦更關鍵的學習法》（*Peak*），都認為人的傑出成就不是靠遺傳天賦，而是經過勤奮努力、一萬小時刻意練習的結果。艾瑞克森對該理論最初提出的證據，來自他和其他心理學家對西柏林音樂學院小提琴家和鋼琴家進步狀況的追蹤研究[22]。年齡相仿的學生表演水準不同（從中學音樂老師到未來的國際明星），與其練習時間長短和品質相關。研究結果：「我們得出的結論是，個人透過相關活動（刻意練習）因而獲得專業表演者具備的所有的顯著特色」[23]。「一萬小時法則」的承諾是有吸引力的，許多人都跟上了「練習」潮流，其中包括一流的人文主義學者，如諾貝爾獎得主丹尼爾．康納曼（Daniel Kahneman）的《快思慢想》（*Thinking, Fast and Slow*）、和大衛．布魯克斯（David Brooks）的文章「天才：現代觀點」、以及暢銷書作者麥爾坎．葛拉威爾（Malcolm Gladwell）在《異數》（*Outliers*）一書中提及的「天才的迷思」。然而，其實還有兩個問題存在。

首先，柏林心理學家一開始就沒有測試學生的音樂天賦能力，沒有用蘋果與蘋果互比，而是將有才華的人與真正有天賦的人進行比較。非凡的天賦能力會使練習變得輕鬆有趣，激勵參與者想更加精進[24]。父母和同儕往往會對那些毫不費力的人留下深刻印象，給予讚美，進而加強了正向回饋循環。艾瑞克森與其研究團隊混淆了因果關係，練習是結果，最初的催化劑是自然天賦。

其次，更重要的是，菁英表現顧名思義就是「執行表演」（*performing*），亦即按照（拉丁文*per*）別人已經形成的東西（拉丁文*forma*）而運作。如果你是一位想在一長串的數字中找出隱藏平方根的數學高手、拉斯維加斯賭場的算牌員、希望在攀登聖母峰破世界紀錄的運動員、或是試圖在五十七秒內演奏完蕭邦（Frédéric Chopin）《小狗圓舞曲》的鋼琴家，那麼出色的表現可能很有用，然而，是別人發明了比賽、運動項目或音樂作品。天才透過發明新穎、具變革性的東西（如空中纜車或直升機）而登峰造極。練習可以使舊事物達到完美，卻不會產生創新。

兩億五千萬美元的競賽

到目前為止，細心的讀者應該得出一個明顯的結論：**天賦和努力並非二元對立的，天才是先天本質和後天努力結合而成的產物。**為了證明這一點，我提出了一個比賽，稱之為「兩億五千萬美元的卡達競賽」，參賽者是兩位畫家，保羅・塞尚先生（Paul Cézanne，1839-1906）和畢卡索（1881-1973），目標是創造出有史以來最有價值的畫作，出售給卡達的一位權貴人士。由於塞尚較年長，所以就由他先開始吧。

保羅・塞尚曾在艾克斯普羅旺斯市求學，是銀行家之子，對文學的喜愛甚過藝術。他一直到十五歲時才接受繪畫方面的正式培訓，直到二十歲，在法學院短暫學習之後，他才立志要成為一名畫家。在巴黎學了兩年的功夫之後，他將作品提交給美術學院官方沙龍參展，但被拒絕，在接下來的二十年中，他幾乎每年都重新提交新作品，但始終受到否定。最後終於在一八八二年，他四十三歲的時候才被正式接受[25]。

畢卡索出生於一八八一年秋天，畫家何塞・魯伊斯・布拉斯科（José Ruiz y Blasco）之子。小畢卡索在牙牙學語之前就會畫畫了。他十三歲時只花一小時完成的畫作《老漁夫肖像》（*Salmerón*），是一幅頗具心理洞察力和繪畫技巧的傑作。一位藝術評論家看過這個男孩展出的其他畫作之後，在《加利西亞之聲》（*La Voz de Galicia*）報導說：「他的前途一片光明，無可限量」[26]。畢卡索還不到十四歲，就被巴塞隆納美術學院錄取。正如一位同學對這位神童的評價：「他遙遙領先其餘比他年長五、六歲的學生。雖然他上課時並沒有特別認真聽講，卻能立即掌握所學的內容」[27]。二十多歲時，畢卡索發展出世界上有史以來最令人驚歎的一系列原創繪畫——玫瑰時期的作品、藍色時期的作品、滑稽丑角、早期的立體主義傑作、和早期拼貼畫。若從純粹貨幣的角度衡量，他在二十五歲左右創作了自己最好的繪畫作品[28]。他的《阿爾及爾的女人》（*The Women of Algiers*, 1955）最終由卡達的王室家族成員以一億八千萬美元的價格收購。擁有巨大天賦的畢卡索無人能及。

然而，塞尚先生繼續在巴黎和艾克斯的畫室奮鬥。到了一八八〇年代後期，塞尚年近五十時，進步藝術家才開始欣賞他對幾何形狀和平淡色調的獨特風格。在他一九〇六年逝世之前的十年間，也就是他開始藝術學校半個世紀之後，塞尚創作出自己最偉大的作品[29]。一九〇七年，塞尚的畫作在巴黎舉行回顧展，藝術界的年輕小伙子都前去參觀，包括畢卡索、馬蒂斯、喬治・布拉克（Georges Braque）、和阿米迪奧・莫迪利亞尼（Amedeo Modigliani）等人[30]。畢卡索宣稱：「塞尚是現代藝術之父」[31]。二〇一一年，塞尚的作品《玩紙牌的人》（*The Card Players*）以兩億五千萬美元的成交價，出售給卡達王室家族，比畢卡索的價格高出七千萬美元。

但是朋友之間七千萬美元算什麼呢？這局就算平分秋色吧。顯然，要成為有創意的天才有兩種截然不同的途徑，一是顯而易見的（天賦），另一則是更隱蔽的（靠努力自我完善）。兩者都需要，但比例是多少呢？支持勤能補拙的人說，超過八〇%的成就是靠努力決定的，而其他心理學家最近建議根據活動領域的不同，將此一數字降低到二五%左右[32]。為了深入了解天賦和努力的重要性，我向耶魯大學課程中一位才華橫溢的天才陳巍（Nathan Chen）請教。

西蒙・拜爾斯是當今排名第一的美國女子體操運動員，而陳巍是排名第一的美國男子花式滑冰運動員，同樣都是奧運會獎牌得主。陳巍是第一個執行四連跳的滑冰運動員，將這個運動項目帶入更高的競技境界，使裁判們不得不提出新的難度標準。和拜爾斯一樣，陳巍也比較矮小（一百六十七公分），肌肉含量很高。以下是陳巍對天賦和努力的評論重點。

> 我認為，遺傳因素在運動領域有重要作用：身高、身體比例、全身力量以及快速改善肌

肉記憶的能力，除此之外，還有一些你其實看不到、而且難以量化的遺傳因素，其中包括在壓力當前保持鎮定的能力、以及在比賽中進行內部戰略規畫和修正路線的能力。因此，在我看來，是八〇%靠天賦。金牌運動員累積一〇〇%的實力——八〇%靠先天因素（基因和運氣）和二〇%的後天培訓。對於那些天賦只有六〇%的運動員，他們必須更加提升二〇%努力，才有可能與頂尖好手（九〇%～一〇〇%的運動員）競爭。因此，很難說哪個更重要，天生自然還是後天努力，兩者都有其重要性，但是歸根究底，無論你在體育運動中多麼努力訓練，要是沒有遺傳能力，幾乎不太可能登峰造極[33]。

請注意，陳巍敏銳地將「運氣」包括在自然天賦中，也認為天生的本事和受教育的機會都是有益的。最後，陳巍建議，**無論天賦與努力之間的比例如何，要想在自己的專業領域達到頂峰，就必須將兩者發揮到極致。**

用智商來判斷天才，正確嗎？

長期以來，我們一直特別執著於一種天賦，亦即智商。智力的定量測量始於一九〇五年，阿爾弗雷德．比奈（Alfred Binet）發布了一項測試，旨在識別巴黎公立學校中學習緩慢者，以便為其提供協助[34]。到了一九一二年，德語智商一詞 *Intelligenzquotient*（英語簡稱 IQ）變得日益廣泛。大約在同一時期，美國軍方開始採用標準化測試，來篩檢心理健康狀況、以決定軍官培訓學校的候選人。一開始只是做為補教教育的措施，很快卻變成通往菁英地位的門檻。史丹佛大學心理學家路易斯．特曼（Lewis Terman）在一九二〇年代開始研究一群有天賦的孩子，智商至少一三五以上（一〇〇是公認的平均值），自此極高的智商分數開始被認定與天才有關。一九四六年成立於英國牛津、自稱「天才俱樂部」的門薩國際組織（MENSA），至今仍要求會員資格是智商必須達到一三二。「天才兒童行業」的一些教育者更是進一步地規範天賦的等級：IQ一三〇～一四四中等天賦、IQ一四五～一五九極有天賦、IQ一六〇～一七四則是天賦異稟、以及IQ一七五以上的天才。然而，史蒂芬．霍金在二〇〇四年曾說過：「**吹噓自己高智商的人是失敗者**」[35]，這句話肯定沒錯。瑪里．居禮從未參加過智商測試，莎士比亞也沒有參加過，我們怎麼知道他們有多聰明呢？說實在的，「聰明」的定義到底是什麼？

智商測試涉及邏輯，運用數學和語言規則。但是，在測試當中，提出有創意的解答或是擴展答案的可能性，並不會因此而得分。沮喪的愛迪生在一九〇三年發現應用純邏輯解決問題的侷限性，說了這些話責罵一位缺乏創造力的學徒：「這就是你的問題所在，你只會嘗試合理的事情，合理之事永遠行不通，幸虧你再也想不出任何合理的方案，只好開始思考去嘗試不合理的事，如此一來，你馬上就能找到解決辦法」[36]。

合理的邏輯不同於創造力——正如隱喻所說的，侷限於傳統框架，不同於跳脫框架的思考。智商測試中牽涉到嚴格的邏輯認知過程，和畢卡索等藝術家所發揮的那種創造力，是兩碼子事。

針對這一點，畢卡索很可能會認同哈佛大學史蒂芬・傑伊・古爾德（Stephen Jay Gould）的觀點：「將智慧抽象化為一個實體、在大腦中的位置、將每個人量化成一個數字，再用這些數字將人們按照一系列的價值等級排名」，可能是不智之舉[37]。

用考試來判斷天才，公平嗎？

一九七一年，美國最高法院一致宣布，用智商測試做為聘僱的先決條件是非法的[38]。學術能力測驗（SAT）是美國大學招生中普遍採用的標準化考試，雖然並不違法，但對於評估潛在的創意天才也是一個不完善的標準[39]。正如最近的經濟數據顯示，SAT分數反映了學生的成就潛力，也反映了家長的收入和教育程度[40]。一千多所學院和大學，包括著名的芝加哥大學在內，已經取消了用SAT（和類似的ACT）做為錄取標準[41]。二〇一九年一二月，加州一個黑人和西班牙裔學區的學生們，針對加州大學系統提起訴訟，要求該校停止使用這種標準化考試，六個月後，董事會一致同意[42]。就像智商測試一樣，SAT與高中和大學一年級的好成績、以及日後在一些專業領域的成功及較高收入呈正相關[43]。但是，到目前為止，還沒有人證明這種測試與交響樂曲的創作能力之間有何關聯，也沒有人能解釋如何在三小時的考試中，測出達爾文式的好奇心和耐心。

最近，許多美國菁英私立學校，包括埃克塞特學院（Phillips Exeter Academy）、道爾頓

（Dalton School）、霍勒斯曼（Horace Mann School）、和喬特羅斯瑪麗（Choate Rosemary Hall）也都停止了大學先修課程（AP）和考試[44]。二〇一八年霍勒斯曼高中校長潔西卡·萊文斯坦博士（Dr. Jessica Levenstein）表示：「學生往往能感受到老師們的緊張情緒，既想要重視課堂學生的問題或興趣，又想幫助學生準備校外的考試」[45]。這種「考試教學」不僅限制了好奇心，同時也造成壓力和重視高分的問題。

二〇一八年四月一七日，我在耶魯大學榮獲優等生聯誼會（Phi Beta Kappa）頒發的DeVane獎章，表揚在大學教學和學術方面的卓越表現。頒獎典禮當晚，我在室內遊走之際，聽到別人對我的讚美時，我不禁感到諷刺。我在高中時是B+學生，也沒有上過榮譽榜，雖然耶魯大學有出色的音樂課程，但我絕不可能進得了，因此也就沒有申請。儘管我在寒暑假時都有參加一系列互不相關的課程，但我並沒有以優異的成績從大學畢業。選擇研究所時，我獲得哈佛、普林斯頓和史丹佛大學錄取，但被耶魯大學拒於門外。就算再過一百萬年，我也不可能在任何學校入選為優等生聯誼會成員。我的妻子雪莉是全家最聰明的人（耶魯大學優異成績畢業、和優等生聯誼會成員），但她很久以前就提醒我一個事實，有些學生會謹慎行事，透過選修適合自己天賦的課程而達到優等生聯誼會的入會門檻。也許優等生聯誼會的那些合法成員是優秀的應試者，但不是冒險家，大多是墨守成規者，而不是逆勢思想家。

沃頓商學院教授亞當·格蘭特（Adam Grant）二〇一八年十二月在《紐約時報》發表的一篇文章「全A學生搞錯了什麼」，證實了我的懷疑，他認為成績不是成功與否的可靠指標，更別提判斷天才了。格蘭特說：「證據很明確：學術成就並無法有效預測事業成功與否。研究表明，在各行各業中，在校成績和工作表現之間的關聯，在大學畢業後的第一年適度相關，幾年之後則顯得微不足道。比方說，在谷歌，一旦員工大學畢業兩、三年之後，他們的成績對工作表現毫無影響」。格蘭特的解釋是：「學術成績很少評估諸如創造力、領導能力、團隊合作技能或社交、情感和政治智慧等素質。沒錯，優等生掌握了填鴨式的資訊，並在考試中刻板地重覆。但是，事業上的成功很少是針對問題找到正確的解決方案，而是關乎如何找出確切的問題來解決」[46]。格蘭特的結論讓人想起學術界流傳已久的笑話：「成績得A的學生被錄用到大學任教，而B學生獲得比較好的工作，在C學生手下服務」。

如果說智商測驗、SAT測驗和學業成績都無法準確預測未來的前途，那麼對於天才的預測就更不可靠了。它們既產生假陽性（看似前途無量的人，但結果不是），也出現假陰性（看似無所作為、但最終改變世界的人）。當然，偶爾會有在學校表現優異的真正天才，例如瑪里．居禮十六歲時在班上名列前茅；西格蒙德．佛洛伊德（Sigmund Freud）是高中的資優畢業生；以及在普林斯頓大學以優異成績畢業、同時也是優等生聯誼會成員的貝佐斯。約翰霍普金斯大學對於有才華的年輕人進行的著名測試，發掘了馬克．祖克柏（Mark Zuckerberg）、謝爾蓋．布林（Sergey Brin，谷歌共同創始人）、和女神卡卡——本名史蒂芬妮．潔曼諾塔（Stefani Germanotta）的潛力[47]。反之，路易斯．特曼及其同事從一九二〇到一九九〇年代在史丹佛大學進行著名的「天才測試」中，智商超過一三五的一千五百名年輕人當中，最終沒有出現任何的天才[48]。正如特曼的一位同事後來所報告的：「我們沒有找到諾貝爾獎得主、沒有普利茲獎得主、也沒有任何畢卡索」[49]。

更重要的是，思考一下這些假陰性——在標準智商測驗中可能表現不佳、也不會入選優等生聯誼會的這些天才。達爾文早期的學業成績非常差，他的父親甚至預言他將會成為整個家庭的恥辱[50]。溫斯頓．邱吉爾（Winston Churchill）也是一位表現差勁的學生，他承認「如果我的理智、想像力或興趣沒有投入，我就不會想要、或沒辦法學習」[51]。諾貝爾獎得主威廉．肖克利（William Shockley）和路易斯．阿爾瓦雷（Luis Alvarez）因智商分數過低而無法參加史丹佛大學的天才測試[52]。著有《哈利波特》系列小說作家J．K．羅琳（J. K. Rowling）承認自己「大學時期明顯缺乏動力」，她不起眼的成績是「泡在咖啡館裡寫故事的時間太多，坐在課堂聽講的時間太少」造成的結果[53]。同樣的，愛迪生描述自己「不是班上的佼佼者，而是吊車尾的」。愛因斯坦一九〇〇年畢業時，全班五位物理學家中他排名第四[54]。賈伯斯高中平均成績為二．六五；阿里巴巴創始人馬雲參加中國普通高考，考了兩次，滿分一百二十分的數學科目，只得十九分[55]。貝多芬的數學加法不太行，而且從來沒有學會乘法或除法。華特．迪士尼是一名程度中下的學生，經常在課堂上打瞌睡[56]。最後還有畢卡索，不記得字母的順序，同時將數字符號視為文字，2做為鳥的翅膀、0做為身體[57]。標準化的測驗可能無法辨認出上述這些天才。

那麼，我們為什麼要繼續依靠標準化測驗呢？答案的關鍵就在於：標準化。一組常見的問題，可以用來評估和比較數百萬學生的認知發展，這對於美國和中國等人口眾多的國家而言，是一個優勢。為了提高效率，我們犧牲了理解的廣度。SAT和中國高考等測試，為單一傳統問題設定了單一的衡量標準，而不是鼓勵在不斷變化的世界中質疑前提或重新思考概念的策略。這些考試欲確認命中預定目標，而非找出尚未看見的目標，強調有限的認知技能（數學和語言），較不重視情感和社交互動。本書的重點並不是要建議停止用考試來測量人的潛能，而是強調測試內容必須要夠廣泛、靈活且細膩才能達到目標。儘管當前的標準化測試是有效的，但它們的意圖和內容都過於狹隘，無法預測人生的成功，更不用說預測天才了。

多種特質商數

編舞家瑪莎・格雷厄姆（Martha Graham）和喬治・巴蘭欽（George Balanchine）在肢體動覺想像方面表現出色；金恩博士和印度聖雄甘地（Mahatma Gandhi）擅長人際觀察；維吉妮亞・吳爾芙和佛洛伊德擅長個人內省；詹姆斯・喬伊斯（James Joyce）和湯妮・莫里森擅長語文表達；奧古斯特・羅丹（August Rodin）和米開朗基羅擅長視覺和空間推理；巴哈和貝多芬的聽覺敏銳；以及愛因斯坦和史蒂芬・霍金的數學邏輯推理。上述的七個活動領域是哈佛大學的霍華德・加德納（Howard Gardner）所提出的人類七種智能稟賦形態，即他所謂的「多元智能」（multiple intelligences）[58]，這些是特定學科的思維方式，激發不同的創造力。然而，在各個創造性學科中，具決定性的是多重的人格特質：智力、好奇心、韌性、毅力、風險承受能力、自信心、和努力工作的能力。**我將一個人充份運用許多特質而成就天才的能力，稱之為「多重特質商數」（Many Q's）**。

J·K·羅琳的著作銷量（五億本）幾乎遠遠超越當前的作家，也在年輕人中掀起閱讀熱潮。在二〇〇八年哈佛大學畢業典禮的演講中，她頌揚失敗的好處，並強調想像力和熱情對人生的重要性[59]。二〇一九年在她官網貼文中，她列舉了一名成功作家必須具備的五項個人特質：熱愛閱讀（好奇心）、紀律、韌性、勇氣和獨立性[60]。如果這些個人因素對羅琳這一類的天才來說似乎很重要，為什麼不建構一個廣泛的測試來衡量它們呢？也許我們對SAT和高考等大學入學考試的執著是錯誤的。或許，除了測試學校所教的事物（SAT）外，我們還需要一個更廣泛的「天才能力測試」（Genius Aptitude Test，GAT），其中包含許多人格特質[61]，諸如：努力工作（**WHAT**）、熱情（**PAT**）、好奇心（**CAT**）、自信心（**SCAT**）和韌性（**RAT**）。

要進入霍格華茲或哈佛，學生需要在天才能力測試中獲得多高的分數？不高。如今，許多專家認為，要在科學領域取得卓越成就，智商分數只需要達到一一五～一二五的門檻，之後，其他更高的智商和創意見解之間幾乎沒有關聯[62]。科學家理察·費曼（Richard Feynman）、詹姆斯·華生（James Watson）和威廉·肖克利的智商得分，都沒有高過那個門檻，而他們在各自領域獲得諾貝爾獎。GRE是一九四九年針對研究所入學設立的一項標準化考試，滿分為八百分，大多數課程要求至少達到七百分，這是快速淘汰「不合格」候選人的一種方法。但是，根據我三十年來在耶魯大學審查研究所入學申請的經驗，我認為GRE分數只要達到五百就足以證明自己的潛力。事實上，二〇一四年《自然》期刊上有一篇文章標題為「失敗的考試」，引述了馬里蘭大學教育學系榮譽教授威廉・塞德萊契克（William Sedlacek）的觀點，他發現「**考試成績與最終成功與否，只有微小的關聯**」[63]，他建議在招生程序中不要再強調GRE，而應增加其他特質的衡量（例如，動力、勤奮和冒險意願）。至於塞德萊契克願意接受多少入學成績，他說四百分就可以了[64]。

被高估的名校光環

最後，所有常春藤盟校本身是否都被高估了？[65]一項針對諾貝爾獎得主的調查顯示，促成偉大成就，不見得一定要進哈佛、耶魯或普林斯頓大學，就讀任何排名前一五%的大學也行[66]。那麼，美國和中國父母為什麼不惜偽造SAT分數、或向招生人員行賄，以使他們的孩子能進入夢寐以求的「常春藤名校」呢？這類的學術欺詐行為層出不窮，正如FBI在二〇一九年所謂的「大學藍調行動」（Operation Varsiry Blue）所揭發的醜聞[67]。父母為什麼要冒著罰款和監禁的風險，誇大這些價值存疑的考試分數？他們為什麼要剝奪孩子從失敗中學習和發展韌性的機會？在耶魯大學，魯迪・梅雷迪思（Rudy Meredith）（我和女兒曾經看過的女子足球隊教練）認罪，坦承收取八十六萬五千美元，偽造兩名學生的入學申請資格[68]。更糟糕的是，幾乎每年都至少有一所大學或學院被點名虛報新生的入學考試成績[69]。但是，正如我對好幾個世代的耶魯大學申請者及其父母進行校園導覽時所說的：「事實上，美國至少有三百所一流的大學，而你選擇上哪一所大學並不重要。重要的不是學校，而是你（或你的孩子）內心的特質」。

然而，諸如智商是天才的黃金指標，SAT是通往成功之門，哈佛、耶魯、或普林斯頓以外的學校都很遜色，這些古老的神話都很難消滅。也許該退一步思考，探討對智商和標準化考試等指標的依賴、以及對菁英教育的關注，是否培養出理想的社會公民。我們應該優先考慮的系統，是要能夠獎勵認知分析的自然天賦（IQ），還是重視包含智商在內的多重人格特質（MQ's）？前文提及少時看似無所作為、但**最終改變世界的那些天才（貝多芬、達爾文、愛迪生、畢卡索、迪士尼、賈伯斯等人），意味著天才不僅限於智商，而「聰明」可能代表很多的意義。我們面臨的挑戰是，找出能夠發掘隱性天才的測試指標。**愛因斯坦說過的一句至理名言最為貼切：「**每個人都是天才，但如果你靠爬樹的本領評斷一隻魚，它將終其一生都覺得自己很笨**」[70]。

第2章
被性別偏見埋沒的女性天才

「拿破崙和墨索里尼都如此強調女性的卑賤，因為如果她們不遜色，這些男性將不再偉大。」

——吳爾芙

二〇一四年，胸懷大志的小說家凱瑟琳．尼科爾斯（Catherine Nichols）進行了一項實驗，她用本名寄出一封詢問信給五十位文學經紀人，介紹她未出版的小說，然後又刻意以「喬治．萊爾」（George Leyer）的名字，向五十位經紀人寄了同樣的信[1]。「喬治」的手稿收到了十七次接受審查，而凱瑟琳的手稿只收到兩次。甚至連「喬治」收到的拒絕信也比凱瑟琳的更委婉、更鼓舞人心。在求職申請的審查過程中，也觀察到類似的攸關性別或種族的職場偏見[2]。出版業的性別偏見令人驚訝的是，根據統計，近半數的文學經紀人和一半以上的出版社編輯都是女性❸。男人自古以來就輕忽女性，這一點早就不是祕密，而女性彼此之間可能隱藏著偏見，這個事實令人感到有點意外。男人是如此成功地將女人拒於「天才俱樂部」門外，以至於女人也開始貶低自己的重要性。

為什麼女性科學家這麼少？

最近，我調查了四千多名成年人，請他們列舉西方文化史上十二位天才。我的受訪對象全都是學生，其中五七％是女性，大多數年齡在五十歲以上，就讀一日大學（One Day University），亦即在美國七十三個城市實施的成人進修教育課程。我的調查目的是確定女性在天才名單中的地位和排名狀況。即使在女性佔多數的受訪者中，第一位出現的女性平均排名第八，最常被點名的是科學家瑪里・居禮和羅莎琳・富蘭克林（Rosalind Franklin）、數學家艾達・洛芙蕾絲（Ada Lovelace）、以及作家維吉妮亞・吳爾芙和珍・奧斯汀，其中又以瑪里・居禮的次數高居第一。完全沒有女性哲學家、建築師或工程師。

這種不成比例的現象，早就出現在我的耶魯大學「天才課程」中。儘管耶魯大學生現在的性別比例是男女各佔一半，而這門課是開放給所有學生選修的普通人文課程，但每年的男女學生修課比例偏向六十比四十。在耶魯大學或其他地方的學生，可以不滿意就退選的，雖然這門課程的評價還不錯，但耶魯大學的女性對於天才概念的興趣似乎遠不及男性。我還注意到，當我在課堂上提出問題、或要求相反意見時，主要都是男學生做出回應。當我意識到這一點後，我便開始請助教記錄每位回答者的性別、以及各別佔用的「說話時間」，每年下來，男女學生發言的比例約為七十比三十。

我很快發現，包括《挺身而進》（*Lean In*）作者雪柔．桑德伯格（Sheryl Sandberg）在內其他專業領域的人也觀察到，**在公開討論中，「大男人主義者」急於占據主導地位，而女性則一開始默許地看著，評估遊戲規則**❹。楊百翰大學、普林斯頓大學和波特蘭州立大學教授在二〇一二年一項研究報告指出，在學術會議中「女性發言的比例明顯低於其出席比例代表，總計發言時間不到男性的七五％」❺。而我初估的三〇％女性參與率更差。

在公共場合演講是一回事，但是什麼原因導致女性不願探索我講授的天才主題呢？人類的競爭比較造成「優勝劣敗」，女性是否對此比較無感？她們是不是不太看重傳統的天才標誌，例如世界上最偉大的繪畫、或最具革命性的發明？難道女人對天才這個概念不太感興趣嗎？如果真如此的話，為什麼會這樣呢？

二〇一〇年美國大學婦女協會發布一份研究報告，標題為「科學、技術、工程、和數學（STEM）領域的女性，為什麼這麼少？」❻，我們可以從中找到一條線索。報告中強調，**由於大學中明顯的刻板印象、偏見和不利的工作環境，使女性在STEM領域中面臨挑戰**。同樣的，微軟在二〇一八年發布的報告「為什麼女孩對STEM失去興趣？」表明缺乏導師和家長的支持是關鍵因素[7]。我想到了彼此的關聯：較少女性選修我的「天才課程」，較少女性投入STEM領域，可能因為兩者向來都是由男性建構和主導的。女性可以效法的榜樣（天才）比較少，能夠心靈契合的當代導師也更少，那又何必要選擇一門課程，再去閱讀一大堆「男性偉人」的勝利成就？諸如此類的因素，使女性避開STEM學科和天才的研究。（譯註：STEM是科學Science、技術Technology、工程Engineering和數學Mathematics的首字母縮寫。STEM教育強調將四大領域專業知識結合，補強不同學科之間的隔閡。）

歷史學家迪恩・基思・西蒙頓（Dean Keith Simonton）研究天才四十多年，他從數字上證明了女性在與天才相關的傳統領域中代表性不足。根據西蒙頓的統計，歷史上最著名的政治人物中，女性僅佔三%左右。在科學年鑑中，只有不到一%的名人是女性，有如男性汪洋當中的小水滴。即使在比較「女性友好」創意寫作領域，女性名人也僅佔偉大作家的一〇%。每出現一位克拉拉・舒曼（Clara Schumann）或范妮・孟德爾頌（Fanny Mendelssohn），都會有十位著名的男性古典作曲家[8]。西蒙頓在結論中指出，儘管女性佔世界人口的一半，但在整個歷史上，她們被描繪成「不重要、不起眼、甚至與人類事務無關」[9]。對於西蒙頓的統計數據，人們可以選擇相信與否，但他最終提出的問題是：**這種所謂的「成就不佳」是由於遺傳缺陷、還是文化偏見呢？**許多人會認為這個問題本身就具侮辱意味，包括天才維吉妮亞・吳爾芙在內。

吳爾芙眼中的性別偏見

維吉妮亞・吳爾芙於一八八二年出生在倫敦富裕的中上階層家庭。儘管有書籍和私人家教，但這低成本的家庭教育，與她兄弟昂貴的寄宿學校和隨後的劍橋大學相比，有如天壤之別。有一次，在對詩人約翰・米爾頓（John Milton）進行研究時，由於性別因素，她被拒絕進入「牛劍」大學圖書館。對此不平等待遇感到憤怒、也好奇這種性別偏見是怎麼產生的，吳爾芙開始探索歷史上的女性天才。她得出的結論是，一如她在一九二九年《自己的房間》（*A Room of One's Own*）著名的論文中所描述的，天才是一種純粹男性的社會建構。吳爾芙對於女性卓越成就的觀察及面臨的阻礙，至今仍引起共鳴。

吳爾芙認為，一個安靜的房間（用來書寫）、金錢（用來支付開銷）和沉思時間（思考生兒育女之外的事情），這些都是機會的隱喻，而自古以來女性所擁有的這種機會一直受到剝奪。她寫道：「發財，生育十三個孩子，沒有人能承受……首先，女性不可能有機會賺錢，其次，就算有能力，法律也不允許她們擁有自己所賺的錢」[10]。因此，吳爾芙表示，做為智力資本的動力，「女性並不存在……無論是過去、現在，還是未來，女性想要擁有莎士比亞的天才，都是不可能的」[11]。她說，縱觀歷史，對女性始終有這種論斷：「妳辦不到、妳沒那個本事」[12]。設定這些障礙的人當中，也包括著名的教育家尚・雅克・盧梭（Jean-Jacques Rousseau），他在一七五八年寫道：「一般而言，女性不喜歡藝術，不了解藝術，也沒有藝術天賦」[13]。

由於女性注定會失敗，歷史上許多女性天才都是透過偽裝自己的身分和性別，做為因應之道。珍・奧斯汀匿名出版了《傲慢與偏見》（*Pride and Prejudice*），瑪麗・雪萊最初發表《科學怪人》時也是這麼做。其他的女性天才則是以男性筆名聞名於世，例如喬治・桑（George Sand），本名奧蘿爾・杜德萬（Aurore Dudevant）；丹尼爾・斯特恩（Daniel Stern），本名瑪麗・達古爾（Marie d'Agoult）；喬治・艾略特，本名瑪麗・安・埃文斯；庫瑞爾・貝爾（Currer Bell），本名夏綠蒂・勃朗特（Charlotte Brontë）和艾利斯・貝爾（Ellis Bell），本名愛蜜莉・勃朗特（Emily Brontë）。也許這些女性再也享受不到出名的榮耀，但至少現在她們的作品有機會問世，並廣為流傳。如果一個天才的作品一直不為人知，又怎麼能改變世界呢？

吳爾芙獲得的認可、及她在著名的論文中點出的問題，無疑啟發並激勵了許多在她之後的女性作家。文學巨匠湯妮・莫里森（碩士論文探討的主題正是吳爾芙）、賽珍珠（Pearl Buck）、瑪格麗特・艾特伍德（Margaret Atwood）、和喬伊絲・卡蘿・奧茨（Joyce Carol Oates）都以自己的本名寫作出版，如今的女性作家似乎與男性享有同等的地位和話語權。然而，果真如此的話，為什麼喬安娜・羅琳（Joanne Rowling）、菲麗絲・桃樂絲・詹姆斯（Phyllis Dorothy James）和艾瑞卡・倫納德（Erika Leonard）認為有必要用J・K・羅琳，P・D・詹姆斯和E・L・詹姆斯做為筆名呢？為什麼妮爾・哈波・李（Nelle Harper Lee）不用妮爾這個名字？羅琳的經紀人克里斯多佛・利特爾（Christopher Little）告訴羅琳說，如果她偽裝成男性，《哈利波特》（*Harry Potter*）的銷售量將會更好[14]。

社會上對女性的敵意

吳爾芙在《自己的房間》文中繼續說道：「寫出天才之作幾乎總是一項艱鉅的壯舉」。造成困難的原因是，社會對於富有創意的女性施加的額外壓力似乎無動於衷，甚至連天才男性也對於應該消除女性壓力的看法懷有敵意。「加強一切的困難阻礙，使之更難以承受，正是社會上惡名昭彰的冷漠態度……，但是，在她看來，**天才之人最難以忍受的不是冷漠，而是敵意**」[15]。**敵意是恐懼的產物——害怕失去權威、地位和財富**。害怕女性成就的這種心態，一部份來自於吳爾芙所說的「晦澀難懂的男性情結」。她說，這是一種根深蒂固的欲望，「與其說女性低人一等，不如說男性優越感作祟」[16]。

吳爾芙認為，為了確保自己的優越感，男性採取了一個簡單的策略：盡量矮化女性，而使自己看來大了兩倍，她稱之為「玻璃鏡」或放大效果：「幾個世紀以來，女性一直被當成擁有神奇迷人力量的玻璃鏡，可以將男人的身影反射成自然尺寸的兩倍大……這就是為什麼拿破崙和墨索里尼都如此強調女性的卑賤，因為如果她們不遜色，這些男性將不再偉大。這部分說明了女人對男人的必要性」[17]。

拿破崙確實說過：「女人不過是生孩子的機器」。在我們公認的那些偉人當中，他並不是唯一厭惡女性之人。詩人喬治・拜倫勳爵（George Gordon, Lord Byron）在談到女性時說：「她們應該照顧好家庭，衣食無憂，但不能進入社會。在宗教方面受良好的教育，但不該閱讀詩歌或政治，只能涉獵宗教和烹飪方面的書籍，音樂、繪畫、舞蹈，偶爾也做一些園藝和耕作」⓲。音樂，那為什麼不能有女性作曲家呢？文人塞繆爾．約翰遜博士（Dr. Samuel Johnson）藐視那種念頭：「先生，女人作曲就像小狗用後腿行走，做不好的，如果牠真的辦到了你會很驚訝的」⓳。達爾文在考慮要不要結婚時，也聯想到狗，他仔細權衡養狗和娶妻做為潛在終身伴侶的利弊⓴。畢卡索談到狗時說：「沒有什麼比一隻貴賓犬更像另一隻貴賓犬了，對女性也是如此」㉑。

我們可能預期，或至少希望，過去博學的哲學家可能超越對女性的偏見，但令人失望的是，事實並非如此。雖然我們欣賞叔本華精彩的比喻：「天才之人擊中別人都看不見的目標」㉒，但是他在《論女人》（*On Women*，1851）中所作的評論，似乎完全錯誤：「女人矮小、削肩、肥臀、短腿，只有被情慾沖昏頭腦的男人才會稱其為美，女人的美都來自男人的情慾。女人不應被稱為美，而應被叫做不懂審美。無論是音樂、詩歌還是純藝術，她們都完全無動於衷或麻木以對。如果她們假裝欣賞，那不過是為了取悅他人而裝腔作勢」㉓。

客觀的科學家想必能夠公正地判斷世界，然而，早期的神經科學家保羅．布羅卡（Paul de Broca）——大腦的「布羅卡區」以他的名字命名，他在一八六二年宣稱，「男人的大腦比女人的大，傑出男性的大腦也比才華普通男性的大，優越種族的大腦也比低等種族的〔指涉非洲〕大」㉔。事實證明，布羅卡是錯的，大腦的容量大小主要與身材體型有關，而與性別或種族無關。也許著名的理論物理學家史蒂芬．霍金在二〇〇五年也不該多言，他說：「一般人認為，女性在語言、人際關係和兼顧多項任務方面比男性更好，但是在看地圖和空間感知方面卻不如男性。因此可以合理假設，女性在數學和物理方面可能不太擅長」[25]。同年，經濟學家和哈佛大學前任校長勞倫斯．薩默斯（Lawrence Summers）提出一個論點，引發眾怒，他說：「由於先天的生物差異，男性在數學和科學方面的表現優於女性，性別歧視不再是女性學者的職業障礙」[26]。此後不久，他被迫自動請辭下台。

就連科學家愛因斯坦也沒能超越他那個時代的思考模式，他在一九二〇年作出評論時，顯然帶著一絲疑慮：「如同在其他領域一樣，在科學領域應該對女性要求寬鬆一些。但是，如果我對可能的結果抱持一定懷疑態度時，千萬不要誤會，我指的是女性天生就具有某些侷限性，使我們不該對女性和男性採用相同的期望標準」[27]。也許我們應該引述愛因斯坦的另一句話，來說明他同時代的性別歧視和誤導性評論：「愚蠢和天才的區別在於，天才有其極限」，而愚蠢似乎是永無止境的。

拒絕女性的歷史

可以肯定的是，**無視女性（半數人類）知識潛能亙古不移的愚蠢，已深植於我們的文化中。**在《創世紀》中，根據猶太和基督教作家後來的解讀，夏娃的存在據說是「從男人身上取出來的」，她是萬物之母，卻是罪人和誘惑者。在公元前二世紀，根據印度教的《摩奴法典》（*Laws of Manu*），女人不是獨立的個體，而是生活在父親或丈夫的控制之下。古代儒家同樣主張基於性別差異的階級社會秩序。西方的三大宗教——猶太教、基督教和伊斯蘭教——傳統上在做禮拜時會將婦女隔離開來，使她們遠離主祭壇或祈禱中心。

誰主導了世界上偉大宗教的律法？當然，這些人正是為西方教育機構（包括大學、專業學校、藝術學院和音樂學院）設定規則的男性權威人物。自古以來，只有男性才有機會接受識字教育，也只有他們上過大學。史上第一位獲得學位的女性是一六七八年帕多瓦大學的艾琳娜・皮斯科皮耶（Elena Piscopia）。巴哈於一七二三年移居萊比錫，為他眾多的兒子提供免費的大學教育，而他眾多的女兒卻沒有這種機會。一個半世紀之後，在德國，女性獲准可以旁聽大學講座，但前提是只能待在幕簾之後。一七九三年，女性得以進入巴黎音樂學院，但必須從另一扇門進入；她們可以學習樂器，但不得學習音樂創作，認為創造力超出女性的能力範圍。皇家藝術學院於一七六八年在倫敦成立，當時有兩名女性成員瑪麗・摩瑟（Mary Moser）和安吉莉卡・考夫曼（Angelica Kauffman），但直到一九三六年才有另一位女性入選。巴黎國立藝術學院直到一八九七年才開始招收女性畫家，即使在那時，一如在倫敦一樣，女性還是被禁止參加人體速描解剖學課程，這是對繪畫非常重要的基礎教學[28]。女性也無法正常進入一些藝術創作所需的地方。在十九世紀的動物畫家中，羅莎・博納（Rosa Bonheur，1822-1899）可能以其栩栩如生的描繪手法而聞名[29]，但是她碰上一個問題：為了接近馬展和屠宰場的畫作對象，博納需要穿褲子，而不是當時規範的長裙。她寫道：「我別無選擇，但我發現自己的女性衣著十分不便，因此決定要求警務總監批准我穿男性化的服裝」[30]。

女人不能穿長褲。在英國，女性直到一九一八年才有投票權，而美國則是到一九二〇年才開放。一八八〇年代，瑪里．居禮無法在波蘭的大學學習科學或其他專業。直到一八八九年，女性才可以上著名的愛丁堡大學。一九六〇年，哈佛只有一名女性教授，而耶魯大學和普林斯頓大學完全沒有[31]。直到一九六九年，女性才獲得普林斯頓和耶魯大學的入學資格。雖然自一九六〇年代開始，女性就可以進拉德克利夫學院（Radcliffe College）就讀，以該校學生身分修習哈佛的課程，但哈佛大學直到一九九九年才正式與這所女子學院合併。一九六九年，耶魯和普林斯頓大學開始男女同校的同一年，哈佛大學新生（男）院長，佛朗西斯．斯基迪．馮．施塔德（Francis Skiddy von Stade）宣稱：「很簡單，在可預見的未來，我看不到受高等教育的女子為社會做出什麼驚人的貢獻。我認為她們不會停止結婚生子。如果這樣做的話，她們將不符合當前社會預期的女性角色」[32]。當時似乎沒有人對馮．施塔德的言論提出異議，至少沒看到相關文獻。沒受過教育的女性被認定在財務方面沒有能力，如果沒有男性擔保人，就無法獲得貸款或申請信用卡來創業。如今在佛羅里達州西南部經營一家房地產公司、年銷售額達二十億美元的邁克爾．桑德斯（Michael Saunders），一九七二年申請商業貸款時，得到核准通過，當銀行發現申請人邁克爾是女性時，又予以撤銷。同年，美國國會通過了《信貸機會平等法》，以終結這種性別歧視。但是，正如經濟合作與發展組織的祕書長何塞．安吉爾．古里亞（José Ángel Gurría）在二〇一八年反偏見報告結束時遺憾地總結道：「我們正在努力對抗數百年來的傳統文化」[33]。

根深蒂固的文化偏見扼殺了許多有天賦的女性之創作生涯。初出茅廬的作曲家范妮．孟德爾頌在一八二〇年十五歲時，她的父親向她下達了這項命令：「妳寫給我關於妳的音樂生涯一事、以及和妳弟弟費利克斯（Felix，著名的作曲家）的比較，都是經過仔細思考，也表達得很清楚。然而，音樂可能成為他的職業，但對妳來說，音樂只能做為一種娛樂消遣，而不是妳存在的重點……妳必須要更加穩重自持，並為妳真正的天命做好準備，好好做個家庭主婦，這是年輕女性唯一的天職」。二十歲的克拉拉．舒曼在習慣性的自我懷疑下，於一八三九年表示：「我曾經相信自己具有創造力，但我放棄了這個念頭；女人絕不能妄想作曲。從來沒有女人有能力辦到。我該期待自己成為那個人嗎？[34]」有前途的作曲家阿爾瑪．馬勒（Alma Mahler）的丈夫古斯塔夫．馬勒（Gustav Mahler）在一九〇二年對她說：「作曲家的角色由我來承擔，妳只要做個好伴侶」。最終婚姻破裂，沮喪的阿爾瑪呼喊，「誰來幫助我找到自己！我已經沉淪到只知打理家務了！[35]」蘇菲亞．托爾斯泰（Sophia Tolstaya）和丈夫列夫．托爾斯泰（Leo Tolstoy）育有十三個孩子，眼見自己的創作欲望遭到「粉碎和扼殺」，她為托爾斯泰的鉅著《戰爭與和平》編輯並抄寫了七次，自己卻沒有留下任何的創作。

我為一個天才服務了將近四十年，我感到自己的智慧能量和各種欲望在內心激盪千百回——對教育的渴望、對音樂和藝術的熱愛……而我一次又一次地粉碎和扼殺了這些渴望……。每個人都會問：「但像妳這樣一文不值的女人為什麼會需要知識或藝術生活呢？」對於這個問題，我只能回答：「我不知道，但是永遠壓抑自己的欲望為一個天才服務，是一種巨大的不幸」[36]。

好幾世紀以來，許多女性天才都被埋沒了，因為男人將她們從歷史中抹去。埃及女法老哈特謝普蘇特（Hatshepsut）統治於公元前一四七九至一四五八年間，被埃及學家詹姆斯・亨利・布雷斯特德（James Henry Breasted）稱為「我們所知的歷史上第一位偉大女性」[37]。在她二十年的統治期間，產生了許多雕像，如今幾乎世界各大博物館都有哈特謝普蘇特紀念碑的收藏。然而，她一去世之後，關於她的一切記憶都被有系統地從埃及歷史中刪除，她的雕像被摧毀，關於她的碑文也遭污損。歷史學家認為，哈特謝普蘇特的罪行：她宣布自己成為法老王，而不是扮演更傳統的攝政王后的角色，造成了破壞性後果。直到一九二〇年代，考古學家才挖掘出、並修復曾被拋棄的證據[38]。如今，在紐約大都會藝術博物館的哈特謝普蘇特神廟中，可以看到她所有以男性形象出現的非凡魅力（圖2-1）。但是回想過去，即使她戴著假鬍鬚，也不足以挽救女人的名聲免於毀滅。

中世紀修女聖赫德嘉（Hildegard of Bingen，1098-1179）並不是聖人，至少不是立即成聖，反倒像是「文藝復興時期的人」，早在達文西之前她就是中世紀的博學者。她不只是傳教士、詩人、畫家、政治家、神學家、音樂家，同時也鑽研生物學、動物學、植物學和天文學，集所有於一身[39]。她與四位教皇通信（稱其中一位為蠢驢），並與教會對抗，後者透過下達停止教權的命令試圖使她噤聲。聖赫德嘉死後幾個世紀一直默默無聞。但是從一九八〇年代開始，隨著女性研究計畫和女權主義批評的出現，聖赫德嘉做為中世紀真知灼見者的聲譽得以恢復。二〇一二年，教宗本篤十三世（Pope Benedict XIII）封她為教會聖師，是三十五位受封聖徒中的第四位女性。

另一位不再被埋沒的女性天才是畫家阿特蜜希雅．真蒂萊希（Artemisia Gentileschi，1593-1656）[40]。幾個世紀以來，真蒂萊希的一些作品常被認為是男性藝術家之作，包括她的父親奧拉

圖 2-1：哈特謝普蘇特的頭部獅身人面像，留著鬍鬚。1926-1928 年間，在上埃及底比斯的 Deir el-Bahri 廢墟中挖掘出來的。這座紀念碑的歷史可追溯到公元前 1479-1458 年。重量超過 7 噸（紐約大都會藝術博物館）。

齊奧（Orazio）和那不勒斯畫家貝爾納多・卡瓦利諾（Bernardo Cavallino，1616-1656）。贊助者是否不太相信如此高度戲劇性和激情的繪畫作品可能出自女性之手？但是這種藝術背後有一個故事：十幾歲的時候，真蒂萊希被她的指導老師阿戈斯蒂諾・塔西（Agostino Tassi，1579-1644）強姦。這個案子進了法庭審理，真蒂萊希經歷了屈辱的身體檢查和「拇指夾」酷刑（用來壓傷手指的一種虎鉗），以證明自己的清白[41]。性侵者被判有罪，但卻沒有服刑，受害者被貼上女人失去貞潔的烙印。此後數十年，真蒂萊希的畫作主題集中於性侵害行為、或女性對性侵犯的報復（圖2-2）。如今，真蒂萊希被許多人公認為最優秀的藝術天才，但在她的時代，大多視其為好奇的對象——在男人的世界中是一位罕見的女畫家，也是一個危險潛藏其中的警示故事。即使在今天，這種遺跡仍然存在。真蒂萊希經歷的故事和精湛的繪畫同樣讓人記憶猶新，如今被稱為「#MeToo 畫家」。（譯註：#MeToo 是二〇一七年電影製作人哈維・韋恩斯坦性騷擾事件爆發後，在社交媒體上廣泛流傳的一個主題標籤，用於譴責性侵犯與性騷擾行為。）

歷史上還有許多成就未被記載、名譽喪失、被忽視、和運氣不佳的女性天才。數學家艾達・洛芙蕾絲（1815-1852）是史上第一人，意識到十九世紀的計算機不必僅限用於數學和數字運算，還可以存儲和操作任何可用符號表示的事物：文字、邏輯思維、甚至音樂，亦即她所預言的「會思考的機器」。身為天才詩人拜倫的女兒，艾達自認為對於數學有「自然的天賦」，如今她被公認為世上最早的電腦程式設計師之一，然而，她年僅三十六歲時就因子宮癌逝世，天賦未得發揮[42]。羅莎琳・富蘭克林（1920-1958）是一位英國化學家和X射線晶體學專家，她的X射線照

圖 2-2：天才打破了傳統的界限，正如阿特蜜希雅．真蒂萊希具獨特張力和戲劇性表現的作品《茱迪斯斬殺赫羅弗尼斯》（*Judith Beheading Holofernes*，1611-1612）所示。畫中，正如經外書《茱迪斯傳》（*Book of Judith*）中所描述的，朱迪斯向亞述將軍赫羅弗尼斯復仇。這是 30 年來，真蒂萊希五幅作品中第一幅描繪赫羅弗尼斯的血腥斬首（卡波迪蒙特博物館，那不勒斯）。

片為發現DNA的雙螺旋結構提供了關鍵資訊，這張照片被男同事未經許可採用，最終他們獲得了諾貝爾獎，而不是她（有關富蘭克林的更多相關資訊，請參閱第十一章）。莉絲・邁特納（Lise Meitner，1878-1968）是奧地利－瑞典原子物理學家，第一〇九號化學元素（Meitnerium）便是以她命名。她和奧托・哈恩（Otto Hahn）在一九三八至三九年共同發現了核裂變的過程，這就是原子彈背後的科學基礎。然而，一九四四年的諾貝爾化學獎頒布時，卻只有哈恩一人單獨獲得[43]。

藝術家瑪格麗特・基恩（Margaret Keane，生於一九二七年）是提姆波頓（Tim Burton）執導的電影《大眼睛》（*Big Eyes*，2014）的中心人物，她的經紀人兼丈夫華特・基恩（Walter Keane）冒名盜用她個人的藝術風格，數十年後，她提起訴訟，加州法官要求「現場作畫」，最終證實基恩夫人才是獨樹一格的「大眼流浪兒」真正的創作者，而不是基恩先生。法院判給她四百萬美元，但丈夫早已把錢揮霍殆盡[44]。

金錢是人類成就的重要推動者，不分性別。正如維吉妮亞・吳爾芙所說，金錢是機會的象徵。我們知道，女性享有的金錢機會比男性更少，以同樣的工作量和品質而言，她們得到的工資報酬也更少。一九五五年，在美國，男人每掙一美元，女人就只掙六十五美分。到二〇〇六年，此一差距縮小到八〇％，但此後一直沒有進一步縮小[45]。雖然美國女子國家隊已在二〇一九年控告美國足球協會，要求同工同酬[46]，而好萊塢的#TimesUp同工同酬運動也在當年的金球獎上引起關注，但世界上每個種族和族裔群體，女人的收入都低於男人，仍是不爭的事實。或許，對天才來說更重要的是，美國的初創企業只有一七%是由女性創立的，而她們只得到二・二%的創業投資基金來發展創意[47]。

艾瑞莎・富蘭克林（Aretha Franklin）的著名單曲《尊重》（*R-E-S-P-E-C-T*）唱出了女性歷來受到的另一個不公平待遇。自二〇一八年，《紐約時報》開始彌補一個事實，即自一八五一年以來，報紙的訃告一直以白人男性為主（即使到了今天，大約八〇%仍然如此）[48]。為了確保有更多女性典範的貢獻得到應有的關注，《紐約時報》因而推出了「被遺漏的」（Overlooked）專欄計畫，補發一些被遺忘的女性天才之紀念訃聞，例如小說家夏綠蒂・勃朗特（Charlotte Brontë）、布魯克林大橋的建造者艾蜜莉・羅布林（Emily Roebling）、和美國詩人希薇亞・普拉斯（Sylvia Plath）。同樣的，商業書籍作家和電影製片也推出一些計畫，如《關鍵少數》（*Hidden Figures*，2016），這是由暢銷書改編而成的熱門電影。這些行動提醒我們注意文化偏見，無論是公開或暗中進行，都敦促我們應消除這些偏見。

當女性也歧視女性

還有一件事是我們沒有注意到的，**女人也表現出一些與男人相同的女性偏見**。在《二〇一六年總統大選中的性與性別》（*Sex and Gender in the 2016 Presidential Election*）一書中，作者指出，大多數男性對追求權力的女性持負面態度，有三〇%的女性也對她們抱持偏見[49]。二〇一九年，德國的海因里希海涅大學（Heinrich Heine University）進行了一項研究，名為「對於女性領導人的偏見：間接提問法所得之洞察」，測試了一千五百二十九名參與者。公開詢問時，有一〇%的女性和三六%的男性對女性領導人持有偏見。但是，在保證完全保密的情況下，這些數字躍升至二八%的女性和四五%的男性[50]。研究人員還發現，這些女性參與者不僅對其他女性抱持偏見，而且通常對於這一點並無自覺。心理學家稱這種自我認知與現實之間的差異為「隱性偏見」、「無意識偏見」、或「盲點偏見」[51]。正如二〇一〇年AAUW「科學、技術、工程和數學（STEM）領域的女性，為什麼這麼少？」報告中所指出的，這種男女皆有的盲點偏見更難以根除，因為我們並不自覺[52]。

還記得凱瑟琳．尼科爾斯的實驗嗎？女性文學經紀人絕大多數都選擇了用男性假名寄出的手稿。二〇一二年，耶魯大學一群心理學家對一百二十七名男、女科學教授進行了偏見測試，要求他們審查科學實驗室經理職位的申請書[53]。發送了相同的簡歷，有些以男性申請人的名義，有些以女性名義。男性申請人被認為更能勝任該職位，不僅被認為更值得雇用，也值得獲得更高的薪水和指導。出人意料的是，對於女性的偏見男女都有，**有時候，女性對女性的偏見甚至比男性更嚴重**。二〇一三年，哈佛大學研究人員瑪扎琳．巴納吉（Mahzarin Banaji）和安東尼．格林瓦爾德（Anthony Greenwald）探討工作場所和家庭中對女性的態度，發表了「性別—職業隱性關聯測試」的結果。他們發現，有七五%的男性對女性地位持有預期的刻板印象，但高達八〇%的女性也是如此[54]。

這裡的重點並不是要把責任推到女人身上，試圖為男人開脫。相反的，上述研究證明了男性多麼成功地使性別偏見潛移默化、根深蒂固。自古以來，男人控制了大多數事情，包括關於性別和天才的社會論述。如果今日的女性和男性一樣，相信改變遊戲規則的領導者必然是高大、強壯、手提公文包的白人男性，誰才是真正的罪魁禍首呢？

女性毅力

這使我們想到了天才性別分配的問題。真的有區別嗎？查爾斯．狄更斯（Charles Dickens）真的比露意莎．梅．奧爾柯特更具文學天才嗎？愛迪生有句名言「天才是九十九％的汗水」，他真的比多年來在危險條件下攪拌一大桶瀝青鈾礦的瑪里．居禮更有毅力嗎？為什麼堅持不懈的典範是愛迪生，而不是瑪里．居禮呢？確實，令人印象深刻的暢銷書《恆毅力：人生成功的究極能力》（*Grit*，2016）完全沒有提到瑪里．居禮，也沒有「女性毅力」或「女性勇氣」的相關討論或索引條目。為什麼這種女性卓越的特質不為人知？**歷史證明，要成為天才並受到認可，女人需要更多的恆心毅力。**

諾貝爾獎得主湯妮．莫里森深知這一點。想想她在巔峰時期的工作安排，與諾貝爾獎得主海明威（Ernest Hemingway）當時的工作條件相比。一九六五年，莫里森是一位單親媽媽，住在紐約皇后區一間租來的小房子裡面。她會在凌晨四點就開始起床寫作，然後開車送兩個兒子去曼哈頓上學，她在蘭登書屋出版公司擔任編輯，一天工作結束之後再開車接孩子回家，哄了他們上床之後，繼續伏案寫作。一九三一年，海明威有錢的岳父母給了他位於西礁島（Key West）上一棟最大、最高的房子，他每天早上會在主屋旁的獨立工作室寫作，下午去釣魚。二〇一九年，布里姬德．舒爾特（Brigid Schulte）在《衛報》上發表一篇文章，標題說明了一切：「**女人最大的敵人？沒有屬於自己的時間**」，為自己爭取時間需要額外的毅力[55]。

這一切對於今日女人的雇主和配偶有什麼啟示？**他們應該提供平等的空間、薪水，也許最重要的是，時間。**而對於心繫子女未來成功幸福的父母來說，又有什麼啟示呢？嗯，首先，不該再給女兒穿這件一度很流行的 T-shirt，上面寫著：「我太漂亮了，不能做功課，所以我哥哥得幫我做」。父母還應該要注意不要不知不覺延續了性別的刻板印象。《紐約時報》最近發表的一篇「谷歌，告訴我，我的兒子是天才嗎？」文章指出，現今的父母上網詢問「我兒子是天才嗎」的可能性是詢問女兒的二．五倍，同樣的，詢問「我女兒是否超重」的可能性是詢問兒子的二倍[56]。因此，如今對女性的天才偏見比率顯然是二．五：一。這種不公平的遊戲已經歷時已久，至今仍是如此，因為隱藏的文化偏見很難根除，即使對於那些進步的現代父母也是如此。

消失的九個人

最後一個統計數據也是來自迪恩．基思．西蒙頓教授及其著作《創造歷史的偉人及其成因》

（直譯 *Greatness: Who Makes History and Why*）。西蒙頓認為，每識別出一位女性天才，就可能找出十位男性天才[57]。果真如此的話，那就是粗略地暗示，每二十位可能的（男女）天才中，就有九位的天賦因性別偏見而受到被壓制。假設你經營一家企業，姑且名為「人類潛能公司」，為你服務的每二十個天才中有九個沒有得到充分發揮，那有多聰明？真如愛因斯坦所言，愚蠢是永無止境的嗎？

改掉愚蠢的習慣需要採取行動，並從培養意識開始。要知道「消失的九個人」是因為性別偏見所造成的。要知道真正原因是文化，而不是缺乏遺傳天賦。要知道女人和男人一樣具備天才隱藏的特質，也許還特別有韌性。想想你與兒女談論家庭作業和成就的方式，是否有性別差異。最後，如果你只要推薦本書的一個章節給朋友、同事和家人，不妨就選這一章吧。

第3章

神童等於天才嗎？

天才的創造力，他們會透過改變社會行為和價值的創意思維，而改變世界。神童只是模仿而已

二〇〇四年，《六十分鐘》播出一段特別節目，報導傑伊・格林伯格（Jay Greenberg）這位年僅十二歲卻天賦異稟的作曲家。影片中，年輕的格林伯格坐在電腦前記下他聽到的音樂，他告訴主持人史考特・佩利（Scott Pelley），他已經寫了五首交響曲，這些樂曲似乎奇蹟般地流過他的腦海中：「我只是聽到音樂，就好像是一首早已譜寫完成的作品流暢的表演」。在CBS電視網有關格林伯格的後續報導中，著名的茱莉亞音樂學院的教授塞繆爾・齊曼（Samuel Zyman）

評論說道：「在音樂創作方面，他已經達到歷史上最偉大的神童水準，我指的可是莫札特、孟德爾頌和聖桑（Saint-Saëns）之類的作曲家」。另一位曾是神童的小提琴演奏家約夏．貝爾（Joshua Bell）不久委託格林伯格譜寫協奏曲，由倫敦交響樂團錄製，所有人都一致認同格林伯格是現代莫札特。

再介紹另一位音樂神童。二〇一七年，《六十分鐘》特別報導了英國音樂神童阿爾瑪．多伊徹（Alma Deutscher），也將這位十二歲的年輕人比擬為莫札特❶。和莫札特一樣，多伊徹打從一出生就認得出所有音階的音符，四歲時就開始作曲，十二歲時就為維也納市寫了一部歌劇❷。的確，歌劇《灰姑娘》聽起來很像莫札特的曲風（在YouTube上可以聽到節選片段）。為什麼格林伯格和多伊徹（事實上，幾乎所有神童）都要和莫札特相比呢？因為莫札特是黃金標準。

一七五六年一月二十八日，李奧波德．莫札特（Leopold Mozart）和妻子安娜．瑪麗亞（Anna Maria）為兒子沃夫岡．阿瑪迪斯．莫札特施洗❸。長大之後，莫札特不曾使用源於希臘文的名字Theophilus，而改採用法文版的Amadé，或拉丁文的Amadeus（阿瑪迪斯），意指「上帝之愛」，從基因上看來，這似乎是真的，莫札特的確收到了神聖的音樂天賦。他是第四代的音樂家，後來他自己的兩個兒子（都沒有留下後代）也繼承父親衣缽成為音樂家，血統傳承延伸至第五代❹。音樂基因似乎傳承自母系波特爾，而非父系莫札特。雖然他的母親安娜．瑪麗亞沒有投入家中高水準的音樂創作，但她的父親和祖父都是教堂音樂家❺。而他的父親李奧波德則是德國奧格斯堡圖書裝訂商的後代。然而，李奧波德雖然缺少音樂天賦，卻透過野心彌補了這個缺憾，因為他發現可以透過兒子莫札特實現夢想。

年輕的莫札特似乎對音樂十分著迷，根據小名為南妮兒（Nannerl）的姐姐瑪麗亞・安娜（Maria Anna）的陳述，他從三歲起就開始彈奏鋼琴，每次一辨認出三度和弦的優美旋律時（即鋼琴上三個白色琴鍵的跨度，中間一個省略），他會特別興奮[6]。這個小男孩不僅是鋼琴神童，也是極具天賦的小提琴家，由於他驚人的記憶力（能夠一看到樂譜中的音符，就立刻知道音樂演奏的正確指法），他似乎憑直覺就學會了這項樂器。大鍵琴和管風琴也是如此，他從六歲時就開始彈奏，雖然在演奏時他必須站著才能踩得到踏板。莫札特也有天生的好耳力，例如，十四歲的時候，他第一次聽到葛利高里歐・阿雷格里（Gregorio Allegri）的《求主垂憐》（*Miserere*）這首兩分鐘的聖樂作品之後，隨即憑記憶把樂譜完整記錄下來。絕對音感、天生的好耳力、與驚人的記憶力，神童莫札特擁有了一切。

擁有如此的天賦，強勢的父親李奧波德帶領小莫札特和同樣才華橫溢的姐姐南妮兒，前往歐洲各大宮廷院巡迴演出。李奧波德的人脈和宮廷禮儀開拓了王宮貴族的觀眾來源，神童莫札特則為大家帶來音樂表演。皇室貴族、專業音樂家和業餘愛好者，都對這個男孩非凡的天賦讚歎不已。薩爾茨堡的一位市民稱他為「自然與藝術的神童」[7]。

神童的定義

廣義而言，*prodigy*（現指神童）一詞的含義是「一件令人驚歎或奇妙的事物、超乎自然界規律的事情」，不一定與小孩有關[8]，加拉帕戈斯群島上一隻三百歲的烏龜、與加州一棵四千年歷史的紅杉樹一樣，都是大自然界的奇才。然而，如今卻被普遍解讀為「神童」，亦即遠遠超出其小小年紀應有才華、具有成年人表現能力的年輕孩童。畢卡索在三歲時就能繪畫、約翰·史都華·彌爾（John Stuart Mill）六歲時就寫了一部羅馬歷史、而比爾蓋茲才八年級就在華盛頓州針對八至十二年級學生的數學測試中得到最高分[9]。對我們來說，這樣的天賦是無法解釋的。

我們的文化對神童十分著迷。想想 Lifetime 電視網與門薩國際組織合作的電視節目《天才兒童》（*Child Genius*），於二〇一五年首播，節目中我們看到八到十二歲的孩子爭奪年度「天才兒童」的稱號。這些參賽的小選手據說智商範圍在一四〇～一五八之間，展現出非凡的記憶力和計算能力，瑞恩是一位數學神童，能立即進行四位數的乘除運算；凱瑟琳能夠記住五十二張紙牌的完整序列，有的孩童可以立即回憶起特定日期風暴中的風速和氣壓。獲勝者將獲得十萬美元的大學基金。

近期美國 NBC 廣播公司也試圖透過《天才少年》（*Genius Junior*）系列來滿足觀眾對神童的胃口，在電視遊戲節目中，天才和少年是同義詞。這個節目不是個人競爭，而是由三名青少年組成的團隊競逐，爭奪高達四十萬美元的獎金。與《天才兒童》一樣，優異的表現是透過數學技能、以及地理位置和（逆向）拼寫的記憶來衡量的。在這兩個節目中，年輕選手的能力表現都令人印象深刻，但他們的專業知識僅限於某些涉及量化和記憶的領域，這些技能可以透過正確解答立即得到驗證。實際上，神童通常首先展現在正式、受規則約束的領域，如象棋、數學、音樂和記憶處理等。然而，《天才兒童》和《天才少年》的參賽者真的是「名副其實」的天才嗎？其實不是，他們只是神童。

不同之處在於**天才的創造力，他們會透過改變社會行為和價值的創意思維，而改變世界。神童只是模仿而已**，在異常早熟的年紀就表現卓越，但是，他們並沒有領導所屬的領域改變發展方向。雖然這些孩子很早熟（有如時機未到就成熟的水果），也是有保鮮期的。如果他們在十七或十八歲之前還沒有發展出個人的創意「表達」，可能就永遠辦不到了。

以大提琴家馬友友為例，雖然他出色的演奏如今為聽眾帶來極大的愉悅，但他欣然承認自己並不是天才[10]。他不是作曲家，留給我們的只是對他人作品的詮釋。想一想所有那些隨後達到人生顛峰的天才，例如：梵谷、塞尚、傑克森・波拉克（Jackson Pollock）、安東寧・德弗札克（Antonín Dvořák）、威爾第、麥可・法拉第（Michael Faraday）、和湯妮・莫里森。莎士比亞直到三十六歲時才達到創作顛峰[11]，而莫札特未到那個年齡就去世了。達爾文的天才在於他非凡的耐心，他一直到五十歲才發表了突破性的著作《物種起源》（*On the Origin of Species*）。有些領域，特別是觀測科學，是建立於長期感知和測量基礎，因此就某種程度而言，神童是「依領域有所不同」。《天才兒童》和《天才少年》的十歲孩子或許是數學或拼寫神童，也或許是音樂或國際象棋的高手，但他們並沒有自我反思的創作。然而，莫札特很幸運地在音樂領域中擁有特殊天賦，也從小就展現出非凡的能力，不同於大多數的神童，他也具有罕見的創造能力。

莫札特的姐姐南妮兒

言歸正傳，回到在各地巡迴演出的莫札特家族，他們於一七六二年九月一八日離開薩爾茨堡，直到一七六六年一一月二九日凱旋而歸，歷時約四年的旅程。一家人以李奧波德所謂的「貴族」風格旅行，有時乘坐由六匹馬拖行的私人馬車四處移動，還有兩名僕人隨行伺候。他們的錢跡行程沿著歐洲愛好音樂的王宮貴族，經過阿爾卑斯山以北的主要宮廷中心：維也納、慕尼黑、法蘭克福、布魯塞爾、阿姆斯特丹、巴黎和倫敦。

小莫札特所到之處都是皇室的寵兒。在維也納，六歲的莫札特坐在皇后瑪麗亞・特蕾莎（Empress Maria Teresa）的腿上，她送給他一套精美的衣服，他愛不釋手，並興奮地說要向皇后其中一個女兒求婚（亦即後來的法國皇后瑪麗・安東妮 Marie Antoinette）。在凡爾賽宮，莫札特在新年晚宴上站在國王路易十五旁邊，還有皇后餵食。在路易斯・卡羅吉斯・卡蒙泰勒（Louis Carrogis de Carmontelle）的水彩畫中，可看出莫札特當時在法國的顯赫表現。畫中，李奧波德拉著小提琴，小莫札特坐在鋼琴前面，雙腳垂在座椅下方搆不到地，站著唱歌的是姐姐南妮兒（圖3-1）。那麼南妮兒呢，她也是個天才嗎？

南妮兒・莫札特無疑是個神童。著名的啟蒙知識份子格里姆男爵弗里德里希・梅爾基奧爾（Friedrich Melchior, Baron von Grimm）在一七六三年觀察到，在大鍵琴上「沒有人比她擁有更精確、更出色的演奏技巧」[12]。一七六六年，一家瑞士雜誌報導說，她「以無與倫比的俐落和準確性，演奏出音樂大師們最難表現的曲目」[13]。莫札特的第一批作品實際上寫於她的音樂筆記本中。那麼，為什麼我們從未聽過她的大名呢？

南妮兒是一位出色的表演者，但不是創作者，如今並不存在她本人所創作的音樂，也沒有留下出自她手由別人演奏的音樂，我們確實有許多她親筆寫的書信手稿可以證明。南妮兒沒有在任何一封信中提到她正在作曲、或渴望創作，也沒有當代報導提及她的作品。完全沒有。也許南妮兒確實渴望成為一名作曲家，但當時的傳統使她無法達成願望。也許她擁有創造力的天賦，但沒有機會表現。鑑於幾個世紀以來女性天才所面臨的種種歧視，這種解釋似乎是合理的。的確，這是《莫札特和他的姐姐》（*Mozart's Sister*，2010）這部獲獎電影的故事情節。電影的故事雖然充滿戲劇性，但歷史文獻呈現的卻是不同的故事。事實上，南妮兒確實得到和弟弟相同的鼓勵、課程訓練和指導材料。以莫札特的手足為例，截然不同的發展結果，並不是因為家庭內部性別歧視，而是這個男孩非凡的音樂創作能力。

一七六四年莫札特一家人到達倫敦時，小小年紀的他已經成為創作者，而父親李奧波德則扮演推動者的角色。八歲的莫札特在白金漢屋（即今日的白金漢宮）為喬治三世國王和夏洛特皇后演奏大鍵琴和風琴。為了確保英國王室不會很快遺忘他們，莫札特贈給夏洛特皇后一份紀念品：

他親自創作的六首小提琴／鋼琴奏鳴曲。

當一位神童創作出非比尋常之事物時，可能會有過度干涉的父母插手其中。例如，我們現在知道，CBS《六十分鐘》也曾特別報導過四歲神童瑪拉．奧爾姆斯特德（Marla Olmstead）的畫作，有一部分是她父親馬克代筆的[14]。然而，莫札特在倫敦時並不需要父母的協助，至少從姐姐南妮兒的回憶錄看來是如此。一七六四年夏天，父親李奧波德病倒了，留下兩個孩子安靜地自娛自樂。

在倫敦，父親病重，我們被禁止彈鋼琴。因此，為了打發時間，莫札特譜寫了他的第一首管弦樂交響曲，但特別針對小號和定音鼓，我坐在他身邊為他謄抄樂譜。當他在創作而我在抄寫時，他對我說：請記得提醒我要給法國號一點事做！[15]

如果需要進一步證明其創作天賦的話，當莫札特家族於一七六六年回到薩爾茨堡時，現年十歲的莫札特已經獨立譜寫了近百部這類的樂曲，包括四十部鋼琴作品、十六首小提琴奏鳴曲，以及至少三部交響曲。在他尚未成年時，他創作了一部曠世傑作《莊嚴彌撒曲 K. 139》（*Waisenhausmesse*，1768），受前述的維也納皇后瑪麗亞．特蕾莎委託並在她面前首演的作品。

那些模仿莫札特的神童呢？

CBS專題報導的現代神童傑伊．格林伯格和阿爾瑪．多伊徹呢？雖然音樂品味是很主觀的，但任何聽過阿爾瑪．多伊徹音樂的人都會同意，聽起來比較令人懷舊，而較不具前瞻性。在YouTube上收聽她二〇一七年錄製的降E大調鋼琴協奏曲，曲風聽起來就像莫札特！表演者是一

圖 3-1：路易斯．卡羅吉斯．卡蒙泰勒於 1763 年在巴黎完成的水彩畫，畫中呈現 7 歲的莫札特坐在鋼琴前面，與父親李奧波德和姐姐南妮兒一起演奏。請注意，矮小的莫札特雙腳垂在座椅下方（尚蒂伊城堡的孔德博物館，Musée Condé,）。

位才華橫溢、天生好耳力的年輕人，能夠精湛模仿已逝偶像的音樂風格。但是多伊徹的作品回顧了二百二十五年前，好比今日科學家希望找到（早已問世）的天花疫苗一樣。儘管小多伊徹的音樂愉悅動聽、且令人印象深刻，但無法帶來音樂變革，傑伊・格林伯格的音樂也是如此。如今已年屆三十的傑伊・格林伯格和他父母一起搬到了紐西蘭，在那裡繼續學習音樂創作。一如他的迅速竄紅，公眾對他的關注也消失得很快。事實證明，對於格林伯格的興趣不是他電影配樂般的音樂，而是他創作音樂的年齡。再次回想塞繆爾・約翰遜對於小狗以後腿行走的評論，**我們之所以印象深刻，並不是因為這個行為本身的創意價值，而是在於它竟然可以辦得到**。

巴爾的摩交響樂團和維也納廣播交響樂團的指揮家瑪琳・阿爾索普（Marin Alsop）非常了解傑伊・格林伯格的音樂，在二〇〇六年，她錄製發行他的音樂詩《智慧人生》（*Intelligent Life*）。最近，我有機會問她，為什麼現在比較少聽到傑伊・格林伯格的消息，阿爾索普表示：「如果他的音樂是由一個四十歲的人、而不是年輕人創作的，那麼很少會引人注意……他的音樂有潛力，但缺少獨特的特質。沒有經歷過人生危機，很難獲得深刻的藝術表達」[16]。

是什麼造就了天才？

為什麼很少有神童成為創作者？是什麼因素促成了偉大藝術的出現？是什麼激勵真正的天才追求別人所看不見的目標？是人生突發的危機事件催生了藝術表現或科學視野嗎？早期人生創傷

的考驗是否鍛煉了獨立與韌性？當然，正如小野洋子（Yoko Ono）所說，「沒有人應該鼓勵藝術家追求悲劇，只為了成為一名優秀的藝術家」[17]。但是，在關鍵年齡失去父母（通常是母親）的天才，為數不少：米開朗基羅、達文西、牛頓、巴哈、貝多芬、杜斯妥也夫斯基、托爾斯泰、威廉・華茲渥斯（William Wordsworth）、林肯、瑪麗・雪萊、克拉拉・舒曼、詹姆斯・克萊克・麥斯威爾（James Clerk Maxwell）、瑪里・居禮、夏綠蒂和愛蜜莉・勃朗特、維吉妮亞・吳爾芙、希薇亞・普拉斯、保羅・麥卡尼（Paul McCartney）和歐普拉・溫芙蕾（Oprah Winfrey）。真如美國總統約翰・亞當斯（John Adams）所說，「天才是悲傷之子」嗎？痛苦會產生不同的世界觀嗎？女神卡卡認為如此，她在二〇〇九年接受《衛報》採訪時表示：「我確實認為，人在痛苦掙扎時，藝術表現就會變得很精彩」[18]。英國詩人迪倫・湯瑪斯（Dylan Thomas）的一句俏皮話可能與此相關：「比不快樂的童年更糟糕的一件事，就是擁有太快樂的童年」[19]。

一七七八年春天，莫札特一點也不快樂，的確，大多數進入青少年時期的神童也是如此[20]。對於莫札特而言，他在巴黎停留的那六個月（一七七八年四月至十月）是他的人生低谷[21]，父親李奧波德下令他搬到巴黎找工作[22]，年輕的莫札特曾表示反對，因不想放棄他的初戀（但她很快就忘了他）。更糟的是，父親李奧波德派母親安娜・瑪麗亞去巴黎當監護人[23]，而他母親在當地染上斑疹傷寒，受盡折磨而亡，李奧波德指責兒子未能好好照顧母親。最終，莫札特無法找到一份適合他發揮才能的工作。**神童一旦長大之後，大眾興趣也隨之消失**，正如他在一七七八年七月三十一日的一封信中寫道，「讓我最懊惱的是，這些愚蠢的法國人似乎還把我當成七歲小孩，因為那是他們第一次見到我的時候」[24]。

二十二歲的莫札特在巴黎極度悲慘，孤單一人、身無分文、沒有工作、也沒有女朋友、又失去了母親，只有老愛斥責他的父親。然而，事實證明，莫札特的巨大失敗正是他生命中的關鍵時刻。他學會了不再依靠別人的話，而多加利用自己至高無上的天賦。他體會到，少了「爸爸」或其他任何人不斷耳提面命的訓誡和認可，人生還是可以繼續下去。最重要的是，他經歷了一次突如其來、深刻的喪母之痛，立刻使他的音樂多了新的情感深度，這在K.304小提琴奏鳴曲中可以聽到，是他唯一一首用淒涼的E小調創作的器樂曲。一七七九年一月，莫札特勉強回到薩爾茨堡，但不到一年他就離開了，遠離他控制欲強的父親，移居到維也納，在那裡創作出他其餘九五%的偉大傑作，聞名至今。莫札特擺脫了「神童幻影」。

身為莫札特的家長、教師兼導師的李奧波德．莫札特，至少在早期是一位出色的嚮導，他肯定加速了莫札特的專業發展，向男孩傳授音樂理論基礎，並為他開啟貴族名人的大門，但李奧波德卻成了沉重的包袱，被拋在後面。導師可以教年輕人如何建立人脈、協助他們找到工作、給予表揚和鼓勵、並幫助他們在人生中努力向上[25]，達到成功的目標（這也是父母期望的）。導師教導的是現狀，以及如何模仿現狀，而不是如何創造新事物。可曾有父母、教師、導師說過：「盡量遠離我，去追尋最佳機會，並培養獨立、懷疑的思考能力？放手去做一些大膽、相反的決定，實現與我截然不同的世界願景」？然而，這正是催生出創造性天才的方式。

愛因斯坦有導師嗎？沒有，他貶低他的老師，而他們也蔑視他。當他二十一歲大學畢業時，他早已激怒所有教授，沒有人願意給他寫推薦信，他因此失業長達四年（1901-1905）。畢卡索有導師嗎？有，這個人砍掉鴿子的腳，將它們黏在牆上，要年輕的畢卡索畫下它們，藉此磨練技藝。畢卡索的父親何塞．魯伊斯則是負面榜樣的導師，十七歲左右，覺得丟臉的畢卡索開始在畫作上只採用母親的姓氏簽名，而不用父親的。長大之後，畢卡索開玩笑地說：「唐．何塞（Don José）由於他的無能而成為典範」[26]。（譯註：此處的 Don José 指的是畢卡索的父親，全名為 Don José Ruiz y Blasco）

少數神童的名氣（例如莫札特和畢卡索），模糊了我們的判斷，他們的人生暗示著神童變成天才的過程是常態，**神童的狀態是成為天才必要的先決條件。然而大多數的天才，如愛因斯坦，至少都是「大器晚成」之人**。大部份具有創造力（非規則領域）的作家和藝術家都屬於後期成熟的天才。許多具有同理心的政治領導人也是如此，例如林肯、金恩博士、印度聖雄甘地、和德國總理安格拉．梅克爾（Angela Merkel）。霍華德．加德納在其《大師的創造力：成就人生的七種智能》（*Creating Minds*，1993）著作中，研究了二十世紀七位最傑出的創造者，其中只有畢卡索曾是神童。瑪莎．格雷厄姆直到二十歲才開始跳舞，艾略特（T. S. Eliot）也是在這個年齡才開始學習詩歌。佛洛伊德多次改變興趣，直到四十歲才開始研究精神分析，並發展成專業學科領域。愛因斯坦是STEM學科的優秀學生，但正如我的耶魯大學同事兼愛因斯坦傳記作家道格拉斯．史東教授（Prof. Douglas Stone）明確指出的，他並非神童[27]。

天才可以培養嗎？

為什麼出現「小小愛因斯坦」呢？父母把傑出的孩童當作奇妙的事物，藉由神童的發展來實現自己的希望和雄心壯志，這種願望很強烈。為了滿足此一需求，華特・迪士尼公司於二〇〇一年開始向全球成千上萬焦慮、有抱負的父母推銷小小愛因斯坦（兒童教學媒體產品），嬰兒和幼兒觀看教學影片，旨在提高語言能力、介紹數字概念、增強色彩識別、強化簡單的幾何圖案（如圓形、三角形和正方形）。繼小小愛因斯坦不久之後，也加入了小小莫札特、小小莎士比亞、小小伽利略、和小小梵谷。大約同一時間出現了所謂的「莫札特效應」：支持者們說，聽莫札特的音樂可以暫時提高學生的智商測試成績，使年輕人變得更聰明[28]。喬治亞州州長澤爾・米勒（Zell Miller）編列了十五萬美元預算，為每個在該州出生的孩子提供一張莫札特音樂CD。長期的目標是？希望神童會培養成天才。最終，這些產品令人失望。莫札特效應和小小愛因斯坦都無法證明孩子智力或創造力增強的成果。華特・迪士尼公司道歉，表示願意為售出的每項產品退回一五・九九美元。正如《紐約時報》二〇〇九年的新聞標題笑稱：「你的嬰兒床中沒有出現愛因斯坦嗎？去退貨吧！[29]」

神童幻影也常常導致令人失望的結果。有些神童被逼過頭，精疲力盡，永遠離開其專業領域。有些在年紀很小時就被父母定型的人，繼續尋找新的熱情，如未來主義建築師巴克敏斯特・富勒（Buckminster Fuller）所言：「沒有人知道毛毛蟲什麼時候會蛻變成蝴蝶」。還有一些人繼續發揮自己的特殊技能，並成為心理學、哲學和醫學等非規則學科的傑出專家[30]。但是大多數人，例如傑伊・格林伯格，就這麼消失了。

神童幻影的問題在於，它充滿了十足的的正向增強（positive reinforcement）、遵循嚴格的規則、要求完美無缺、只專注於單一活動、以及過於關注又霸道的父母（今日所謂的直升機父母）。在《不可限量：美國神童不為人知的生活與教育》（*Off the Charts*，2018）一書中，作者安・赫伯特（Ann Hulbert）提到了幾十位神童，但如今除了一人之外，其他所有神童都被世人完全遺忘了。她總結時提出一個警告：「很多時候，渴望展現年輕才華的衝動，有可能造成志得意滿，發展出過高的期望，最終很有可能希望落空」[31]。神童經常被隔絕，在社會上孤立，智力發育受阻，而自願囚禁於令人窒息的環境中。

因此，如果你或孩子以進入天才萬神殿為目標，請深呼吸並放鬆一下，在到達之前還有很多時間。在此之前，與其在單一規則主導的學科中進行魔鬼訓練，不如嘗試本章和後面各章中所提出的建議，**努力培養獨立思考和行動的能力、以及面對失敗的能力**，也許這種「凡事都要爭贏」的人生態度是不切實際的。制定整體學習計畫，而不是狹隘的專業化。最重要的是，**你應該設定目標培養自我學習能力，而不是依賴導師**。父母千萬要記住，社會化對於建立同理心和領導能力的重要性。神童只有少數幾種形式，而天才則形式多元。現在應該要打破將神童視為天才的迷思了：大多數天才以前都不是神童，而大多數神童也沒有變成天才。

第4章

童心未泯的想像力

「置身於偉大奧妙的世界，我們永遠都要像好奇的小孩。」

——愛因斯坦

在一八一六年六月一日的晚上，暴雨閃雷打在日內瓦湖南岸的狄奧達蒂別墅（Villa Diodati）上[1]，一群英國移民兼才華橫溢的天才聚在一起共進晚餐，在風暴雨的鼓舞下，他們接受挑戰：每個人都要寫出一個鬼故事。當天拜倫勳爵邀請的來賓包括：珀西・比希・雪萊（Percy Bysshe Shelley）及其情人瑪麗・戈德溫（Mary Godwin，後來的雪萊夫人）、她同父異母妹妹珍、和約翰・波利多里醫生（Dr. John Polidori），所有人都不到三十歲。拜倫是典型的浪漫主義天才，以熱情、叛逆、自戀、和才華橫溢而著稱，「瘋狂、惡劣的危險人物」，這是卡洛琳·蘭姆夫人（Lady Caroline Lamb）對他的形容，畢竟，拜倫與同父異母的妹妹有婚外情。雪萊當時正努力創作，以邁向英國浪漫主義偉大詩人的萬神殿。波利多里後來寫了短篇小說《吸血鬼》（*The Vampyre*），進而使吸血伯爵（Dracula）登上了文學版圖。但是，在優秀的參與者中，瑪麗·戈德溫·雪萊是對西方心理和流行文化影響最大的人。那天晚上，她開始想像出科學怪人的第一次電擊抽搐，她當時年僅十八歲。

瑪麗·雪萊的《科學怪人》又名《現代普羅米修斯》（*The Modern Prometheus*），創造出一種新的文學體裁——結合驚恐幻象和謀殺元素的哥德式恐怖小說（Gothic horror），後來衍生出其他有影響力的作品，例如《鐘樓怪人》、《化身博士》（*The Strange Case of Dr. Jekyll and Mr. Hyde*）、以及《歌劇魅影》。然而，《科學怪人》對當今文化的影響，和雪萊的原著小說並沒有太大的關係，而是與隨後衍生的許多電影有關，包括愛迪生製片公司一九一〇年的《科學怪人》電影默片、和一九三一年由鮑里斯·卡洛夫（Boris Karloff）主演、頗受好評的同名電影[2]。然而，陷入流行文化的這個怪物，與雪萊原始的科學怪人大相徑庭。

如今，科學家們正重新關注瑪麗·雪萊的原始訊息，也就是慎防始料未及的後果[3]。在雪萊小說的第二部分中，維克多·法蘭克斯坦博士經火的餘燼取暖之後，又突然被燒傷，說出以下的話：「真不可思議，我心想，同樣的根源竟然產生完全相反的效果！[4]」科學怪人是一個有創造力的天才，一心只想促進人類知識的發展，瑪里·居禮、愛因斯坦、詹姆斯·華生和佛朗西斯·

克里克（Francis Crick）也是如此。科學怪人的道德困境——需要權衡積極的科學發展與潛在的負面因素，並嚴守道德標準——預示著後代真實世界的科學家將面臨的類似困境，尤其在原子能、全球暖化和基因編輯方面。

科學怪人來自驚人的想像力

一個沒有受過正規教育、且不曾出版過任何作品的年輕人，如何透過一個精彩的故事，為歷代上一堂道德課？一個看似來自中上層階級安穩家庭的人，怎麼會看透黑暗的一面，描繪出「人類天生莫名的恐懼」？為什麼瑪麗．雪萊為後期小說做了很多努力，卻從未能重現她十八歲時的成功？答案與童心未泯的想像力和成人現實有關。

沒有天才是一座孤島，沒有任何點子是無中生有的。做為中上層社會階級的孩子，瑪麗．戈德溫涉獵很廣，對於班傑明．富蘭克林的風箏飛行實驗瞭如指掌，還參加了有關化學和電學的公開演講，包括路易吉．伽伐尼（Luigi Galvani）發現「動物電」的討論。她也很叛逆，十六歲時就與珀西．雪萊私奔到歐洲。沿著萊茵河而下，兩個天性敏感的年輕人經過不到二十英里遠的法蘭克斯坦城堡，可能也聽說過當地民間流傳的可怕事件，她小說中主角的名字肯定是由此經歷衍生而出。然而，這些外在的影響都無法解釋《科學怪人》的驚人創意。

反之，我們必須回頭探討瑪麗．雪萊本人。在一八三一年版本的《科學怪人》前言中，作者回應讀者要求解釋：「我當時還只是個年輕少女，怎麼會有如此駭人聽聞的故事構想，還將之擴大成一部作品呢」。對此，她說道：「小的時候，我就喜歡信筆塗鴉，只要一有空閒時間，我最喜歡的消遣就是『寫故事』……但是，我不會侷限於自己的身分，我會花時間在我那個年齡感興趣的人物創作上，而不是關注自己的感覺」。她很樂於形塑「空中城堡」和「想像的事件」[5]。

年輕的瑪麗是一位經驗豐富的作家，但只存在於自己的想像力中。在暴風雨黑夜過後的幾晚，她參與了拜倫和雪萊關於通電、以及伊拉斯謨斯．達爾文（Erasmus Darwin，達爾文之祖父）電氣實驗的討論之後上床睡覺，卻難以成眠，被自己的想像力俘虜，她稱之為「一場清醒的夢」。

當我一躺到床上時，我並沒有睡著，也不像在思考。我的想像力不請自來，控制、引導著我，在我腦海中浮現連續不斷的影像，栩栩如生，遠遠超出一般的遐想。我的眼睛雖然閉著，心中卻清楚看到一個面色蒼白的學生（法蘭克斯坦博士）跪在他拼湊組裝的邪惡成品旁邊。我看到一個面目猙獰的幻影（怪物）平躺著，然後，在某種強大的引擎運轉之後，顯示出生命的跡象，以極不自在、半死不活的動作起身……他在睡夢中，但是被喚醒了，他睜開雙眼，看到那猙獰的怪物站在他床邊，掀開簾子，用泛黃、含淚、沉思的雙眼凝望著他。

我驚恐地睜開雙眼，這個構想深深縈繞在我腦海裡，嚇得我渾身發抖，我想用周圍的現實擺脫自己幻想的恐怖形象，但他們還是一直浮現……我無法輕易擺脫這令人毛骨悚然的夢魘，它深深困擾著我，我得想點別的辦法。我再次回想起我的鬼故事，我那沉悶又不成功的鬼故事！有了！要是我能想出一個足以令讀者感到恐懼的故事，一如我那天晚上被嚇壞了一樣！

我突然靈光乍現，想到了這個令我歡呼的主意。「我明白了！令我恐懼之事也會令他人恐懼，我只需要描繪午夜夢迴困擾我的幽靈即可」。

幾段兒時的回憶、近期的討論、孩童似的夜間噩夢、以及驚人生動的想像力共同提煉，造就了文學史上最有力的恐怖小說和道德寓言。最初是從一個嘗試挑戰的鬼故事，變成一個短篇小說，隨後在十個月的時間裡，發展成一部成熟的小說。《科學怪人》於一八一八年元旦出版，首次印刷五百冊，普遍受到好評。不只華特．史考特爵士（Sir Walter Scott）一人讚美作者的「原創天才」[6]。第一版的《科學怪人》以匿名出版，由珀西．雪萊撰寫序言。許多評論家認為，這種「原創天才」只有男人才可能想得出來，因此認為這部小說是珀西．雪萊本人所寫。直到一八二三年第二版出版時，瑪麗．雪萊才被公認是原作者。

風靡全球的《哈利波特》系列

時序推進到一九九〇年，富有想像力的年輕女子喬安娜．羅琳坐在從英國曼徹斯特前往倫敦的火車上，她描述當時的情境：

我坐在那裡，胡思亂想與寫作無關之事，但是突然間一個想法浮現，我可以很清楚地看到哈利這個骨瘦如柴的小男孩，我感到全身一股激動之情，我不曾因為寫作而感到如此興奮，也從未出現過讓我激動不已的點子，我立刻翻遍了包包，想要找出紙筆。但我連一隻眼線筆都沒有，只好枯坐思考了四個小時（因為火車晚點了），任由這些想法在我腦海裡激盪不已[7]。

接下來的五年是從想像的哈利波特故事到完成第一本書的旅程，對羅琳來說，這些年並不容易。她搬到了葡萄牙的波爾圖，隨後又搬到蘇格蘭的愛丁堡，在那裡，身為一個帶著小女嬰的單親媽媽，她靠著社會福利度日。她說：「我們也不要誇大，不要假裝說我因為買不起紙張，不得不用餐巾紙寫作」，但她確實靠著每週七十英鎊的福利支票生活，有時在她的單房公寓裡寫作，但大多時間待在當地一家「尼克爾森」（Nicholsons）咖啡館裡。最終，「遭受到大量拒絕之後」，她在倫敦找到了《哈利波特：神祕的魔法石》的出版商：布盧姆斯伯里出版社（Bloomsbury）。編輯巴里．坎寧安（Barry Cunningham）於二〇〇一年在BBC的一次採訪中回憶說道，雖然羅琳只寫了一本書，但她卻已經想像了整個計畫的雛型，「她向我介紹了整個系列的哈利波特故事，我發現到她對這個虛構世界瞭如指掌，事件的來龍去脈，包括各個角色人物及其發展。當然，這很有趣，因為這種情況實在很罕見」[8]。

二十四歲的羅琳可以創作出一個廣闊的幻想世界，充斥年輕的男女英雄。她的想像成為出版史上最鉅大的成功之一，不僅產生書籍，也衍生出電影、戲劇、百老匯音樂劇、和兩個幻想主題公園，都被稱為「哈利波特的魔法世界」。天才瑪麗・雪萊和J・K・羅琳之間的關聯：兩者都很年輕、富有想像力、都害怕夜裡發生的事情。

長大後會失去創造力嗎？

到了什麼年齡，孩子會意識到夢中、電影和書籍中的怪物不是真實的？必須「長大成人」這件事會造成失去創意想像力嗎？瑪麗・雪萊和喬安娜・羅琳後來都沒有超越她們在十八歲和二十四歲時表現出的想像力。說唱歌手肯伊威斯特在他二〇一〇年「力量」（*Power*）單曲中，談到這一點，他首先提到「兒童般的創造力」的「純潔和誠實」，接著又加上這兩行歌詞：「現實正在追趕我／帶走我內心的孩子」。

畢卡索一開始也沒有守護好自己內心的孩子，不得不努力找回。他說：「每個孩子都是藝術家，問題在於我們長大之後，該如何保持赤子之心」[9]。畢卡索認為，他從小的時候繪畫技巧就很純熟，有如成年人一樣，事實上，他在十四歲之前，就能夠創作出寫實逼真的傑作。他曾說過：「當我還是個孩子時，我可以畫得像拉斐爾一樣好，但我卻花了一輩子才能畫得像個孩子」。最特別的是，畢卡索的童年作品並不是天真俏皮的類型，身兼父親、老師、導師的何塞·魯伊斯限制他的創造力，強迫這個天才兒子透過模仿經典大師創作偉大的藝術，而不是讓他的想像力自由發揮。「我從未有過童年，而是一直處於努力模仿成年人的痛苦中」⑩，畢卡索表示：「早期的天才其實是童年時代的天才，它會隨著年齡消失而不會留下任何痕跡，這樣的孩子有一天可能會成為藝術家，但他將得從頭開始。例如，我就沒有這個天分，我的第一幅畫不可能掛在兒童作品的展示中，這些畫作缺乏童趣或天真……在我小的時候，一直以頗具學術性的方式繪畫，如此真實又精確，我至今都還覺得很不可思議」⑪。

畢卡索似乎毀了他大部份的童年作品，正如他所說，他被迫跳過自己的藝術童年，但逐漸找回失落的童心想像力，為他日後的藝術創作提供了催化劑。葛楚·史坦（Gertrude Stein）等評論家發現畢卡索在最早期的立體派作品（1907）曾嘗試用孩童的眼光和手法繪畫，將藝術還原成線條、空間和色彩的基本力量⑫。後來，大約在一九二〇年，畢卡索進入他的新古典主義時期，他所畫的人物具有卡通般巨大的手腳肢體特色，他將這種風格歸因於反覆出現的童年夢境：「小時候，我經常做一個夢，讓我非常害怕。我夢到我的腿和胳膊變得巨大無比，然後又突然極度縮小。在夢裡，我看到身邊所有人也都經歷同樣的轉變，變得忽大忽小。每次一做夢時，我都會感到非常痛苦」⑬。正如畢卡索經典的矛盾詼諧之語，「要花很久的時間才能找回童真」。

像個好奇的孩子

瑪麗・雪萊、J・K・羅琳和畢卡索都是擊中了隱藏目標的夢想家，埋藏在於夢境和想像力中的是遠見和意象。畢卡索呈現於繪畫；羅琳呈現意象衍生的敘事；雪萊則透過言語表達出遠見。愛因斯坦也看見意象。

根據愛因斯坦本人的說法，他「對文字和文本的記憶力很差」，他不像大多數物理學家那樣，以抽象的符號和公式來觀察物理世界，而是憑藉實際的想像力，運用他對於圖像和假想的運動物體良好的記憶力。他說：「我很少用文字進行思考……都是一個想法出現了，隨後才試著用文字表達出來」[14]。

愛因斯坦在自傳中試圖解釋他想像力運作時的複雜過程。對他來說，一系列的「記憶圖像」形成了一種「實用工具」或「概念」，隨後可以用數學公式或文字來表達。「我認為，從自由聯想或『夢想』到思考的轉變過程，其特點是多少使創意概念發揮重要作用。不一定要將一個想法聯繫於可感知和可複製的符號（文字），但如果這麼做的話，思想就得以傳達了」[15]。愛因斯坦將之稱為「自由發揮創意」，隨後簡單稱作「遊戲」。

從愛因斯坦的圖像心理遊戲中，衍生出他著名的思維實驗。他回憶說道，其中一個發生在十六歲那年：「我做了第一個相當幼稚的思維實驗，對狹義相對論有直接的影響」[16]。如果能夠抓住一束光線並以光速前進，世界會是什麼樣子？幾年後，年輕的愛因斯坦在瑞士伯恩的專利局工作地點和公寓之間往返時，每天都會經過那座城市著名的鐘樓。他心想，如果一輛街車以光速駛離鐘樓，會有什麼結果？（時鐘似乎會靜止不動，但街車上的手錶會繼續滴答作響，這一點也與他的狹義相對論有關）。隨後，大約二十六歲時，愛因斯坦想像一個人和一些物體同時從一座建築物上墜落；如果墜落的人只看到那些物體，她會認為自己在墜落嗎？（不會，所有東西都會被視為處於靜止狀態）。後來，當愛因斯坦有了自己的孩子時，他試圖用小孩子的觀點向他們解釋世界，因此，他在回答小兒子愛德華的提問時，表達了他的深刻見解，亦即重力是時空結構的彎曲（廣義相對論）：「當一隻盲眼甲蟲在彎曲的樹枝表面爬動時，牠沒有發現牠走過的痕跡是彎曲的。我只是幸運地發現了這隻甲蟲沒有發現的事」[17]。

愛因斯坦能夠保有孩童般的想像力，同時又牢記適當的科學資訊。原子彈之父羅伯特・奧本海默（J. Robert Oppenheimer）談到愛因斯坦時說：「他內心永遠充滿著純真的童心，同時又極其固執」[18]。愛因斯坦經常提到創造力和童心之間的關聯，在一九二一年，他在給朋友阿德里安娜・恩里克斯（Adriana Enriques）的信中寫道：「在追求真與美的活動領域當中，我們應該要永保赤子之心」[19]。愛因斯坦最後臨終之時，表達了這個觀點：「置身於偉大奧妙的世界，我們永遠都要像好奇的小孩」[20]。

魔幻王國、哈利波特的魔法世界、探險世界——這些都是父母帶著孩子加強體驗的幻想世界，或許想重新點燃自己和孩子的好奇心。正如作者巴利（J. M. Barrie）所想像的，彼得潘（Peter Pan）是個拒絕長大的小男孩，住在倫敦，但經常飛到想像的夢幻島（Neverland）。麥可傑克森一生以彼得潘為榜樣，他也是不想長大（二〇一九年的紀錄片《離開夢幻島》中，探索了傑克森世界的陰暗面，該片著重於他對兩個男孩的性侵事件），正如傑克森曾經對女演員珍方達（Jane Fonda）說的，「你知道我房間的牆上都是彼得潘的照片，我完全就像是夢幻島的失落男孩彼得潘」[21]。

碰巧的是，當麥可傑克森於一九八三年第一次看到即將成為夢幻島牧場的地產時，是在保羅麥卡尼的陪同下。兩人當時正在合作一個音樂錄影帶，傑克森最後買下了披頭四樂團二百五十一首歌曲的歌詞版權。在流行音樂或古典音樂的收入（即音樂影響力的指標）方面，披頭四樂團排名第一；傑克森位居第三。傑克森在二十三歲之前寫下了他最成功的歌曲，此後的一切都無法與他一九八二年《顫慄》（*Thriller*）專輯在音樂或商業上的成功相提並論。保羅麥卡尼可說是披頭四樂團背後的主要創作根源（雖然有人認為是約翰藍儂〔John Lennon〕），他在十七歲到二十七歲之間是最具創造力的階段，也就是在樂團成名之前和當紅期間。雖然盡其所能，他後來的歌曲都無法與早期的創作相媲美。

《美麗新世界》（*Brave New World*）小說家阿道斯・赫胥黎（Aldous Huxley）說：「天才的祕訣在於能夠一直保有童年那股赤誠至老」[22]。華特・迪士尼正是這麼做的，因而改變了娛樂世界。「我拍攝電影並非只為兒童，而是為了所有人的赤子之心，不管是六歲還是六十歲」[23]。迪士尼電影的故事情節總是童話或虛幻的冒險，除了熱門的《白雪公主和七個小矮人》（*Snow White and the Seven Dwarfs*）、《木偶奇遇記》（*Pinocchio*）、《幻想曲》（*Fantasia*）、《小飛象》（*Dumbo*）、《灰姑娘》（*Cinderella*）、《金銀島》（*Treasure Island*，）、《愛麗絲夢遊仙境》（*Alice in Wonderland*）、《羅賓漢》（*Robin Hood*）、《彼得潘》、《小姐與流浪漢》（*Lady and the Tramp*）、《睡美人》（*Sleeping Beauty*）、和《歡樂滿人間》（*Mary Poppins*），迪士尼還製作了兒童電視節目，例如《迪士尼奇妙世界》和《米老鼠俱樂部》，建造了迪士尼樂園，並啟動迪士尼未來世界主題公園（Epcot Center）。過去五十年來，西方國家哪個孩子沒有與米奇、米妮、唐老鴨、布魯托和高飛玩過？這一切都源於米奇這個深受兒童喜愛的角色。

迪士尼在一九四八年回憶說：「二十年前，我在從曼哈頓到好萊塢的火車上，他突然從我腦海中跳到畫板上」[24]。此後，在電視、動畫或電影中，迪士尼本人總是為米奇這個角色配音。迪士尼小時候在密蘇里州長大，住在艾奇遜、托皮卡和聖塔菲鐵路線附近，對鐵路著迷，一九四九年，他在洛杉磯的後院建了一條四分之一規模的鐵路，供他和朋友們玩耍。當他建造迪士尼樂園時，他用了半尺寸的鐵路來連接四個主題領域：探險世界、幻想世界、明日世界和夢幻樂園。迪士尼也很愛問：「**為什麼我們必須長大？**」

莫札特從來沒有長大過，正如他姐姐南妮兒在一七九二年所說的：「**除了音樂表現，他幾乎一直像個孩子，一輩子都是如此**」[25]。莫札特童心未泯的外在指標之一，就是他一輩子老是瘋言瘋語，就像小孩子一樣，沒有完全理解、或選擇忽略語法和句法規則，或是忽略一般所謂的不恰當的對話主題。比方說，以下是莫札特二十一歲時寫給一位表兄弟的信，諸如此類出自這位天才口中的話，不勝枚舉，這只是近百個例子的其中之一。

好吧，祝你晚安，但你要先在床上拉屎，噴灑滿床。睡個好覺吧，我親愛的，你會把屁股塞進嘴裡……哦，我的屁股像著了火似的！這到底是什麼意思？或許是想拉屎嗎？為什麼，是啊，屎，我知道，看看你、聞聞你的味道……搞什麼？可能嗎？……哦，天啊！我真不敢相信我所聽到？是的，的確如此，這真是……多麼冗長憂鬱的音符啊！[26]

另外還有莫札特的一些經典音樂，例如拉丁語 *Difficile lectu mihi mars et jonicu*，在維也納多語種中做為諧音聽到時，其發音為 *Lech du mich in Arch et Cunjoni*（意指「舔我的菊花和蛋蛋」），更別提 *ca-ca, ca-ca, pu-pu, pu-pu* 等其他經典之作。

多幼稚啊，所有這些傻話！但回想一下，喜劇演員羅賓威廉斯（Robin Williams）、喬治．卡林（George Carlin）、李察．普瑞爾（Richard Pryor）、莫特．薩爾（Mort Sahl）、藍尼．布魯斯（Lenny Bruce）、戴夫．查佩爾（Dave Chappelle）、莎拉．西爾弗曼（Sarah Silverman）、克里斯．洛克（Chris Rock）、艾米舒默（Amy Schumer）等等，一直以來都是淫穢不雅的。請注意，除非是在電視上受到審查，否則這些喜劇人物幾乎都是以一連串的褻瀆語言開場，他們的目的不僅是透過「壞孩子」的行為來引起觀眾注意，並關注其創作過程，好像想要傳達：「我希望透過這些粗俗不堪的言語，邀請你進入一個沒有障礙、可充分表達的新世界，現在我們可以暢所欲言，百無禁忌」。

莫札特的笑話和隨興的污穢言語大多發生在晚上放鬆之際，變得愛搞笑，以一種不自覺孩子氣、俏皮的方式建立新的聯繫，他過多的褻瀆言語只是顯示他去了「創意樂園」的跡象。喜劇天才羅賓威廉斯也經常帶著他的玩具士兵、虛構世界以及穢褻言語，去那裡旅行。另一位主演《蒙提・派森的飛行馬戲團》（*Monty Python's Flying Circus*）和《非常大酒店》（*Fawlty Towers*）的喜劇演員約翰克里斯（John Cleese），曾在一九九一年對於「不恰當的」創意迸發作出以下評論：「你必須甘冒一些愚蠢、不合邏輯和說錯話的風險，要知道在發揮創意時，沒有什麼對錯可言的，任何嘗試都可能會帶來突破」[27]。

想像的朋友可以帶來好事。六歲那年，畫家芙烈達・卡蘿（Frida Kahlo）一再從窗口逃離現實，「帶著一個小女孩，大約和我同年齡」，和她一同歡笑、跳舞[28]。查爾斯・道奇森（Charles Dodgson，筆名 Lewis Carroll）想像了《愛麗絲夢遊仙境》和一隻假想的兔子。莫札特也有其幻想的世界和虛構的朋友，他將自己的兒童天地稱為「回歸王國」，充滿了自己想像出的公民[29]。一七八七年，莫札特和他現實世界的朋友們前往布拉格，參加他的歌劇《唐・喬萬尼》（*Don Giovanni*）的首映。途中為了消磨時間，莫札特為妻子、朋友、僕人甚至愛犬取了綽號，他是 *Punkitititi*、妻子是 *Schabla Pumfa*、僕人是 *Sagadarata*、而小狗是 *Schamanuzky*[30]。後來莫札特在歌劇《魔笛》（*The Magic Flute*）中加入類似的虛構人物，例如 *Papageno* 和 *Papagena*。莫札特在前往布拉格途中創造他的想像世界時，他不是四歲或是六歲，而是三十一歲！他在一七九一年創造《魔笛》的童真王國時，只剩下幾個月的生命。

初學者思維與幼態延續

在二〇一五年紐澤西州自由科學中心的「天才晚會」（Genius Gala）上，亞馬遜的傑夫・貝佐斯用這些話解釋年輕的創造力：「你必須具備一種孩子般的能力，不被自己的專業知識所束縛。一旦你成為專家，那種新奇的眼光、初學者的想法，就會非常難以保持。但是**偉大的發明家總是在追尋，他們有一種神聖的好奇心，有些東西他們可能已經看過不下千遍了，儘管早已十分熟悉，還是可以找到值得改進之處**」[31]。為了鼓勵「初學者思維」，亞馬遜、蘋果和谷歌等科技公司都打造了自己的「創意區」。亞馬遜的「樹屋」裡有 Wi-Fi 增強的鳥巢；皮克斯動畫工作室（Pixar）用木屋和洞穴當成會議室；谷歌擁有沙灘排球場和粉紅火鶴覆蓋全身的恐龍。事實上，自由科學中心本身並不是科技博物館，而是一個巨大的遊戲空間，你可以在其中挖掘恐龍骨骼、建造樂高城市、在迪士尼叢林中探索尋找出路、用海綿塊造出洞穴。也歡迎孩子們前來。

「**每個孩子都有與生俱來的豐富想像力**」，華特・迪士尼表示：「但是就像肌肉久不運動而變得鬆弛一樣，如果孩子停止鍛煉聰明的想像力，它也會隨著成長逐漸失色」。但是，為什麼人類精神的想像力會在成長過程中，一如肯伊威斯特所暗示的，從童年想像世界過渡到成人現實世界時，變得遜色呢？人一旦長大，就得為自己的現實生存負責任，養活自己等等。許多動物在小時候表現出頑皮，但長大後卻嚴格遵循固定模式。「幼態延續」（Neoteny）拯救了我們。

「幼態延續」是進化生物學家創造的一個術語，用來解釋人類將青少年特徵（例如好奇心、遊戲和想像力）延續到成年生活的能力[32]。一九七九年，哈佛大學史蒂芬．傑伊．古爾德在《自然歷史》發表一篇文章，名為「對米老鼠的生物致敬」，文中指出「人類是幼態持續的，進化發展時仍將祖先原始的青少年特徵保留到成年……人類的妊娠期很長、童年時期也特別長、也是所有哺乳動物中壽命最長的。永恆青春的形態特徵對我們很有幫助」[33]。孩童般的「假如」想像力是人類的特色之一，解釋了我們在藝術、科學和社會組織方面的發現和創新，使我們能夠看到未來的世界。正如童心未泯的愛因斯坦在一九二九年說的：「**我足以成為一名藝術家，可以自由發揮我的想像力。想像力比知識更重要，因為知識是有限的，而想像力卻包含了整個世界**」[34]。儘管人類的進步都歸功於「幼態延續」，但這個專有名詞對許多人來說並不熟悉。「幼態延續」意指在成年人中保留青少年特徵，這種根深蒂固的物種保存習慣，幾乎完全不為人知。

總而言之，我們從幾世紀以來童心未泯的天才想法中，得出了什麼結論呢？我們了解到，對孩子和自己來說，最沒有幫助的話就是「快長大吧！」兒童的睡前故事、精靈和教母的童話故事、遊戲玩具和木偶、樹堡壘和娃娃屋、祕密基地、學校和家庭以外的營地、想像的朋友、成人娛樂、工作空間、創意靜修、喜劇時間和「試試這個創意」，這一切都能使我們保有或重獲創造性思維。正如詩人夏爾．波特萊爾（Charles Baudelaire）一八六三年指出的：「天才不過是隨心所欲喚回的赤子之心」[35]。

第5章

強烈的好奇心

「人類的好奇和喜歡探索可能是一種生存技能。祖先當中那些不好奇、不愛探索的可能沒有那麼長壽，不如那些會翻山越嶺的人，想看看是否有更多的食物來源和更好的氣候等」

——貝佐斯

英國女王伊莉莎白一世（1533-1603）接受了國王財富所能提供最考究的傳統教育。雖然她父親亨利八世（Henry VIII）將安妮．波琳（Anne Boleyn）及後來的妻子都送上了斷頭台，卻為自己的孩子們提供了最好的私人家教，深知有一天其中一個孩子，即便是女孩子，也可能繼承王位。他最小的女兒伊莉莎白接受文藝復興時期人文主義王子所受的古典教育，但對當時的女性而言卻極為罕見。伊莉莎白不僅學習歷史、哲學和古代文學，還閱讀早期教會的先賢、希臘新約聖經、以及宗教改革神學家的拉丁文著作。她的家庭教師是牛津的教授羅傑・阿斯卡姆（Roger Ascham），在伊莉莎白十七歲的時候，如此評價這位名門弟子：「她的心智結構不受女性弱點的影響！她生來就具有男子氣概，沒有人的領悟力比她更快，記憶力比她更持久。她會說法語和義大利語，說得像母語一樣；拉丁語流利、得體、具判斷力；她還經常樂意和我說希臘語，說得相當不錯」❶。

但伊莉莎白的教育並沒有隨著阿斯卡姆的家教結束而終止；即使在一五五八年成為女王後，她仍然終生自學。正如她在寫給繼母凱薩琳・帕爾女王（Queen Katherine Parr）的信中說道：「男人或女人的智慧，**除非持續不斷學習，否則會變得遲鈍，不太能夠完成或充分理解任何事情**」❷。她立下每天閱讀三小時的標準，伊莉莎白得以在一五八五年三月二十九日提醒議會：「我必須說這是真的，我想很少有人（沒有教授）讀過更多」❸。與她同時代的威廉・卡姆登（William Camden）說：「她用最適當的文獻和教導來充實自己的心智，每天學習和應用良好的書信，不是為了炫耀，而是為了愛和美德的實踐，因而成為當代王孫公子的學習奇蹟」❹。

伊莉莎白的確是一個學習的奇蹟，而一切所學對她有什麼實際好處呢？權力的賦予。伊莉莎白當時的朝臣之一法蘭西斯・培根（Francis Bacon），曾說過一句名言：「知識就是力量」，也許正是想到伊莉莎白的例子。學識淵博的伊莉莎白獲得與當代全是男性的外交使團同等或優越的地位。她流利的拉丁語、法語和義大利語使她能夠與外國使節交談（並在他們相互交談時理解其內容），也可以閱讀來自國外的信件，不需要經過翻譯。一五九七年，當一位波蘭大使試圖用拉丁語發言來搶走女王的風頭時，她打斷了他，用拉丁語即席發表了一段長篇演說。隨後，她轉身面對那位尷尬的使者，並對她的大臣們假裝謙卑地說：「大人們，我今天被迫展現我那生銹的古拉丁文！」[5]

伊莉莎白透過學習獲得了權力和威望，她無意放棄學習，選擇以拉丁語的*Video et Taceo*（明察毋言）做為個人的座右銘。伊莉莎白腦海裡洞察一切，卻很少公開發表，使她在政治方面占了優勢。將伊莉莎白的做法與現任英國首相鮑里斯・強森（Boris Johnson）和每天發送魯莽推文的美國前總統川普進行比較，由於洞悉一切，卻謹慎寡言，伊莉莎白統治了四十四年，成為英國歷代君主統治時期最長的一位，奠定了大英帝國的基礎，並以她的名字代表整個「伊莉莎白時代」。明智地運用一切的學問知識，得以保持頭腦清醒，並使國家正常運作發展。

強烈的求知慾望

所謂的學習欲望、求知欲或強烈的好奇心——都是相同的本能，我們每一個人都有，儘管程度有所不同。好奇心雖然看不見、而且無法衡量，但卻是每個人性格中不可或缺的一部分，與其他個人特質密不可分，尤其是熱情。**天才們的求知欲比起一般人的更為強烈**，有如碰到癢處，會對神祕難解的問題感到惱火，正如貝佐斯所說的，對於真實與可能之間有「神聖的好奇心」，他們會想要採取行動，找出解決方案。隨後我們將看到，瑪里・居禮熱切地想解開瀝青鈾礦中的輻射之謎；愛因斯坦受到指南針的奧祕所啟發；伊格納茲・塞麥爾維斯（Ignaz Semmelweis，1818-1865）對維也納一家婦產醫院死亡率的差異感到好奇，因而發現了洗手的好處。好奇之人想要解決令人不安的問題，他們的所見與所知之間存在落差，覺得有必要解決歧異。

我們所有人對於不了解之事都會感到好奇，頻率和強度因人而異。教育和市場行銷心理學家試圖利用這種根深蒂固的人類欲望。佛洛伊德帶著他的孩子去尋找蘑菇，找到珍貴的品種時，他並沒有驚呼說「找到了」，反而是用帽子覆蓋它，讓孩子們自己揭開祕密。佛洛伊德洞察了近代心理學家在二〇〇六年一項研究中所證明的：「**當被要求回憶所學的新知時，受試者更容易記住那些令他們驚訝的事物**」，孩子們自己發現事物時會記住更多[6]。也許學習之道不在於接受教導，而是要有好奇心。

李奧納多・達文西被稱為「歷史上好奇心最旺盛的人」[7]，這麼說也許太誇張了，但達文西的確很愛提問題，無論是別人的問題，還是攸關自身的。例如，參考他一四九五年左右在米蘭時所寫的一日「待辦事項」清單[8]：

- 測量米蘭及其郊區的面積。
- 找一本描述米蘭及其教堂的書，在去科爾杜西奧廣場（Cordusio）途中的文具店可以買到。
- 查出公爵宮殿的舊庭院（Corte Vecchia）的尺寸。
- 向數學大師盧卡・帕喬利（Luca Pacioli）請教如何計算三角形面積。

- 問問路過米蘭的佛羅倫斯商人班奈迪托・波蒂納里（Benedetto Portinari）在法蘭德斯（Flanders）用什麼方法在冰上行走？
- 繪製米蘭。
- 詢問安東尼奧大師迫擊炮是如何在白天或夜晚部署在堡壘上的。
- 檢查賈內托大師的弩。
- 找水力學專家了解怎麼用倫巴第人的方式修理船閘、運河和水磨。
- 詢問大師喬瓦尼・弗朗西斯（Giovanni Francese），他答應要告訴我測量太陽之事。

達文西提出的問題遍及許多領域：城市規畫、水力工程學、製圖、射箭和戰爭、天文學、數學、甚至滑冰。當中有哪些科目是達文西在學校裡學過的？完全沒有，因為他是私生子，因此不得參加當時唯一的正規教育體系，即羅馬天主教會。他沒有學過拉丁文或希臘文這些當代主要的學識語言，因此後來如此評價自己：「我是一個沒有學識的人」[9]。因此，從經驗中學習並發現新知、和透過大量閱讀學習他人長處和發明，在這兩種好奇心強的人當中，達文西屬於前者。

達文西是個行動者，他除了會畫畫，也會去山上考察岩石和化石、去沿海沼澤地觀察蜻蜓的翅膀和飛行習性。他會拆解機器，看看它們是如何運作的，也會對人體做同樣的事。他記錄下所有的發現，總計大約一萬三千頁的筆記和繪圖。

達文西的好奇心從何而來？

什麼原因讓達文西如此好奇？早在一九一〇年，天才佛洛伊德便提出一種理論，試圖解釋達文西的好奇心，這理論如今看來似乎有些奇怪，他認為達文西的好奇心歸因於他顯然是個同性戀，這「促使他將性慾昇華為求知的欲望」[10]。佛洛伊德相信，他在達文西的一些畫作中所描繪的雌雄同體面孔，最值得注意的是《施洗者聖約翰》（圖5-1），以及在畫家的筆跡中，看到了同性戀的物證。

綜觀歷史，許多天才都是左撇子[11]，達文西可能是其中最著名的一位。但是達文西的手稿還有另一個奇怪之處：他幾乎所有內容都反向書寫。當然，對此有一個簡單的解釋：對於一個左撇子來說，反向書寫（從右到左）可免除書寫者的手被墨水弄髒的可能性。

然而，佛洛伊德所觀察的超乎這個務實的理由，認為達文西的倒退畫法是「祕密行為」的標誌，代表他在風氣保守的社會中壓抑性慾的表現。透過這種祕密的手法，達文西可以保持私密、使其思想及欲望成謎。佛洛伊德的結論是：「昇華的性慾增強了好奇心和強大的探索欲望……研究探索在某種程度上成為不由自主的、性行為的替代作用」[12]。簡而言之：好奇心可以成為性的替代品。

雖然這一切聽來似乎有些牽強，但達文西本人在他的《大西洋手稿》（*Codex Atlanticus*）中指出：「求知的熱情驅逐了感官慾望」[13]。同性戀的激情是否真如佛洛伊德所暗示的，會激

圖 5-1：達文西《施洗者聖約翰》（*St. John the Baptist*，1513-1516）畫作中的面孔：是男、還是女？（巴黎羅浮宮）

發好奇心和創造力呢？根據《國際心理學研究期刊》（*The International Journal of Psychological Studies*）二〇一三年的報告，並非如此，該報告總結當前研究如下：「目前的發現與以前的研究結果相符，同性戀者的創造力與一般人無異」⓮。儘管同性戀者的生活經歷可能會開拓對相異性的新觀點，但同性戀者具有好奇心、成為創造力天才的機會，顯然並不比異性戀者更多或更少。

天才為何樂此不疲？

為了他的繪畫創作，包括著名的《蒙娜麗莎》在內，好奇的達文西似乎退後一步思索道：「我要畫的是什麼？這種活生物是如何運作的？」他探索這些問題，不是提起畫筆就畫，而是用刀刻。為了滿足他對解剖學的好奇心，達文西解剖了死豬、狗、馬和牛以及人類屍體，包括一個兩歲的孩子。

無論在什麼時代，對人體進行解剖都需要勇氣、熱情、和承受風險的能力。正如早期傳記作家瓦薩里在《最傑出的畫家、雕塑家和建築師的生活》（*The Lives of the Most Eminent Painters, Sculptors, and Architects*，1550）一書中多處所指出的，達文西的勇氣十足[15]。首先，從哪裡取得人類屍體？在教會當局仍然認為解剖是旁門左道的時代，達文西沒有明確說明他的來源，我們只知道至少有一尊大體來自佛羅倫斯的新聖母瑪利亞醫院[16]。

一旦達文西取得屍體之後，情況是越來越糟，米蘭和佛羅倫斯的天氣可能很熱，若要剝去皮膚表層或提取肌腱，組織必須保持一定程度的堅固和完整，少了冰箱和空調，生前的活組織會退化並轉變成液態。達文西的解剖行動似乎是在夜晚祕密進行的，因為他曾向讀者報告說：

但是，儘管對這個主題有濃厚的興趣，你很可能會因為噁心反感而畏縮不前。如果這嚇不了你，你可能也會害怕在深夜與這些經過肢解剝皮、看來極其恐怖的屍體相伴。如果這還無法令你卻步，你也可能缺乏呈現必要細節的繪畫技巧。或是具備了繪圖技巧，卻缺少了透視畫法的知識。就算你兩者兼具，你可能也不精通幾何論證、或是估算肌力和強度的方法。也許，你會發現自己缺乏耐心，因此不夠勤奮努力[17]。

另外還有惡臭的問題，但是，達文西並沒有因此放棄手中的任務。他有注意到嗎？可能沒有，根據瓦薩里的報導說，達文西曾經惡作劇地將幾具兇猛動物的屍體釘在盾牌上，很快就臭氣衝天，達文西本人並沒有注意到這股惡臭。

這不禁引人深思：**當天才極度熱情地在追求探索時，會不會感受到任何煩悶？**米開朗基羅在梵蒂岡西斯汀教堂穹頂下「痛苦」了四年，每天十六個小時，他並沒有哀嘆自己的命運。牛頓用一根大針刺入自己的眼球並轉動測試，只為了研究人眼如何感知色彩，他似乎也毫無怨言。特斯拉不止一次不小心受到高壓電流電擊，還是堅持不懈。**強烈的創意好奇心能消除痛苦嗎？**

達文西堅持不懈，在多次的解剖中學到了什麼呢？不外乎用現代術語理解人體解剖學的結構。他是第一個發現如今所謂的動脈硬化疾病的人；他也是第一個意識到視覺是光散射到整個視網膜的過程、而不是集中在眼睛的一個點上；他是第一個發現心臟有四個腔室，而不是兩個；他是第一個證明血液在主動脈底部的漩渦旋轉現象迫使主動脈瓣關閉，這點一直到了一九六八年才在醫學期刊上得到證實[18]，諸如此類。在他去世四百五十年之後，醫學界才終於趕上了達文西的天才，隨著電腦軸向斷層掃描（CAT）和磁振造影（MRI）機器的問世，可以直接掃描人體內部，而不用透過解剖。然而即使在今天，一些醫生還是喜歡使用達文西的手寫繪圖副本（圖5-2），而不用醫學教科書中的電腦影像，他們認為大師的交叉陰影線可以更清楚揭示人體內的功能過程[19]。達文西的好奇心不只使他成功地描繪蒙娜麗莎微笑中的肌肉線條[20]，也使他獲得遠遠超乎藝術領域的發現。

達文西六十七歲壽終正寢時，只遺留下不到二十五幅完成的畫作[21]，但卻留下大量的筆記、十萬張素描和初步草圖。為什麼史上最偉大的藝術家卻只留下這麼少的畫作呢？**因為一旦達文西完成了一件事，他的好奇心就會驅使他轉向下一個計畫，他有極其強烈的追求新知的欲望。**

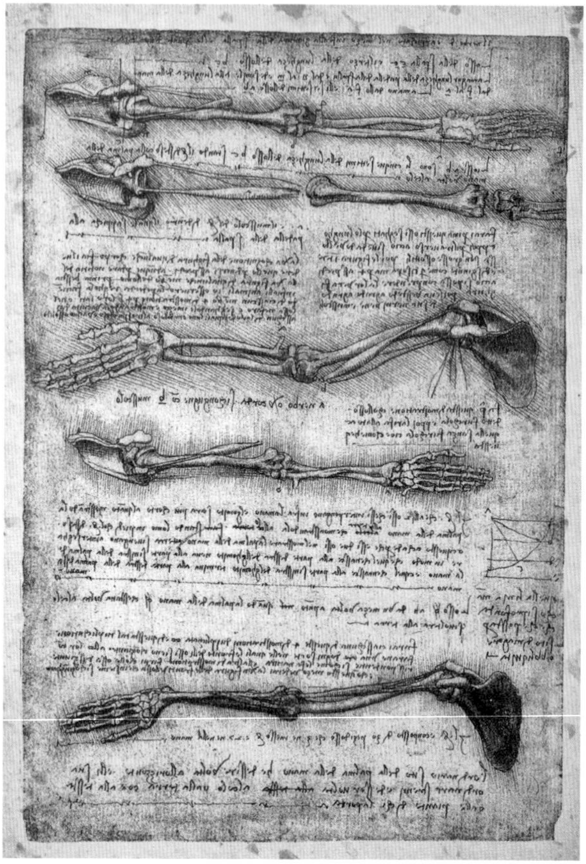

圖 5-2：達文西繪製的手部、臂部及肩部的骨骼、肌肉和肌腱。非常清晰的義大利文本，反向書寫（皇家收藏信託基金會，溫莎城堡）。

大多數人都不會像達文西那樣，解剖動物或分流河道以滿足自己的好奇心，反而都是透過閱讀來汲取新知，而這麼做至少有三個原因：一）藉此獲取可以帶來知識、智慧、權威、和權力的資訊；二）擴展生活經驗，進而洞悉人類行為，而不會情感用事；三）找到值得效法的榜樣，以此做為自己的道德指標。

急迫的學習欲望

還有一位改變數百萬人人生的天才——歐普拉·溫芙蕾。做為電視記者和脫口秀節目主持人，歐普拉在她所進行的三萬七千次採訪當中，充分展現了好奇心和學習欲望。歐普拉的讀書俱樂部對她的電視觀眾同樣產生了影響，使得許多自高中起就沒有買過書的人也開始重拾書本。小時候，歐普拉必須為學習而奮鬥，「你只是個書呆子」，她回憶起母親從她手裡搶走書本時大聲吼叫，「到外面去活動！你認為自己比其他孩子更好？我不會帶你去任何圖書館的！」[22]

歐普拉的祖先曾是奴隸，她的母親是一位年輕的單親媽媽，從小就一直搬家，在童年和青少年早期曾遭到性騷擾，並在十四歲時未婚生子。她回憶說道：「嬰兒死後，我重回學校，把它看作是我人生的第二次機會，我埋首書中，尤其專注於有關受苦或受害女性的書籍，如海倫·凱勒（Helen Keller）和安妮·法蘭克（Anne Frank）等，也讀到有關愛蓮娜·羅斯福（Eleanor Roosevelt）的事蹟」[23]。

歐普拉從貧困中崛起，成為傳媒大亨，也是第一位非裔美國人億萬富翁。她是怎麼做到的？

透過閱讀不斷努力提升自己和他人。諾貝爾獎得主湯妮・莫里森談到歐普拉時說：「我很少看到有人家裡有這麼多的書籍，各式各樣的主題、已處理和閱讀過的書籍。她是一位真正的讀書人，而不是把書當作裝飾品，是個涉獵廣泛的讀者」[24]。歐普拉在二〇一七年談到閱讀和教育的重要性，但從未提及在學校或大專院校背景下的學習。「閱讀很重要：因為這是一扇通往現實生活的大門，少了它，你將無法擁有成功的人生。這是通往發現、驚奇和魅力之門、引導你弄清楚自己是誰、人生此行的目的是什麼。這是對生命的邀請，它將永遠滋養著你」[25]。

和歐普拉・溫芙蕾一樣，班傑明・富蘭克林也是終身學習者，既是讀者、也是實踐者，他在自傳中承認自己天生就是一位愛書人：「我從小就熱愛閱讀，手上只要有一點小錢，全都花在買書上面。我非常喜歡航行，我買的第一批書是在不同書冊中約翰・班揚（John Bunyan）的作品」[26]。一七二七年，富蘭克林成立了共讀社（Junto Club），由十二名商人組成，每個星期五聚會，討論道德、哲學和科學問題。最終，富蘭克林累積了四千兩百七十六本書，是美國殖民地最大的公共或私人圖書館之一[27]。

約翰・班揚的《天路歷程》（*Pilgrim's Progress*）、丹尼爾・迪福（Daniel Defoe）的《專題論文》（*An Essay upon Projects* 直譯）和普魯塔克（Plutarch）的《希臘羅馬名人傳》（*Lives of the Noble Greeks and Romans*）都是富蘭克林的早期良伴。後來，「因為在學校曾兩度學習數學都不及格，為自己在這方面的無知感到羞愧」，他仔細研究了《科克的算術》（*Cocker's Arithmetick*，第一版，倫敦，1677），並自學了一些輔助天體導航所需的幾何學。為了使自己具世界觀，富蘭克林學習講法語和義大利語，並學會閱讀西班牙語和拉丁語。他主要都是利用星期天進行自我提升，覺得傳統基督教「共同參加公共禮拜活動」的奉獻時間，更適合用來獨自學習[28]。近代的天才比爾蓋茲在一九九七年也表達了類似觀點：「就時間資源的分配而言，宗教效率不高，在星期日早晨，我還有很多事情要做」[29]。

富蘭克林四十二歲那年，從美國殖民地報紙和雜誌發行人的職業退休，開始追求其他興趣，他此刻的目標是滿足他永無止境的科學好奇心，是什麼原因導致小提琴的高音頻震碎玻璃？為什麼電流可以通過水而無法通過木材？這類的問題當時是屬於自然哲學的範疇，亦即今日所謂的物理學（「科學家」一詞直到一八三三年才被創造出來）。「當我脫離了私人企業之後，我感到很慶幸自己擁有足夠、適度的財富，在餘生中得以悠閒地從事哲學研究和娛樂消遣」[30]。別擔心他只懂得基本的商業數學，對物理學也不了解，反正好奇的富蘭克林會靠自學達到目標。

一次偶然的事件激起了富蘭克林對電氣科學的好奇心。一七四六年，來自愛丁堡的一位巡迴演講者阿奇博爾德．史賓塞（Archibald Spencer）到達費城，展示靜電的影響[31]。富蘭克林很感興趣，當場購買了史賓塞的發電設備，並開始閱讀電力的相關資訊，也開始進行實驗，純粹為了自娛。他提及這個實驗時表示：「我從來沒做過任何一件使我如此全神貫注、投入時間和心力的研究，這正是我最近所做的事情，我會獨自一人做實驗，然後展示給朋友們看，大家也絡繹不絕地前來觀看」[32]。在一次這樣的人群實驗中，富蘭克林試圖透過電擊殺死（和烤熟）聖誕節火雞，他一時過於興奮，忘了穿上絕緣鞋，差點被電死[33]。

在一七四六到一七五〇年之間，富蘭克林從客廳的戲法表演轉向認真研究電力學。一七五二年，他在一場雷暴天候中大膽地放風箏。當閃電擊中風箏時，電荷透過風箏線向下傳達到一組鑰匙上，發出刺耳聲響，一如鑰匙連接到地面上萊頓瓶電容器電荷發出的效果一樣。這是一個危險的實驗：的確，隔年德國物理學家喬治·威廉·里奇曼（Georg Wilhelm Richmann）在試圖複製富蘭克林的實驗時，意外觸電身亡[34]。但是富蘭克林證明了，在天空中的閃電與地表上的電是一模一樣的；閃電從地表流動到空中，與從空中流動到地表的強度相同；還有，電力既不是光乙太（ether），也不是流體，而是一種力（force），就像重力一樣，遍布於自然界當中。為了表彰他，富蘭克林不僅獲頒耶魯大學和哈佛大學的榮譽學位，也榮獲倫敦皇家學會的科普利獎章（Copley Medal），相當於十八世紀的諾貝爾物理學獎。富蘭克林一生好奇探索，似乎沒有止境，他在一七八六年寫信給一位朋友說道，他已經體驗了大部份的世界，而現在「感到越來越好奇，想看看下一個世界」[35]。四年後，他的願望得到實現（譯註：富蘭克林於一七九〇年逝世）。

科學發明家尼古拉·特斯拉（1856-1943）也熱衷於研究電流，他鑽研的結果使人們普遍採用交流電（該系統至今仍在使用）以及感應電動機（世界上許多地區所運用的供電設備）。特斯拉汽車公司便是以他之名做為紀念。他是一位有遠見的人，預見了太陽能加熱、X光、無線電和核磁共振儀、機器人和無人機、手機以及網際網路。就像前人班傑明·富蘭克林一樣，特斯拉從小就是熱情的書迷，一如他在自傳中寫道：

我父親有一個很大的圖書館，只要我能辨得到，我就會盡力滿足我對閱讀的熱情，但他並不允許，一逮到我在看書，就會大發雷霆。當他發現我在偷偷閱讀時，就把蠟燭藏了起來，不想讓我的視力受損。但是我弄到了牛脂，做了燈芯，將棍子製成錫罐狀，每天晚上我都會遮住鑰匙孔和門縫，開始看書，常常讀到清晨[36]。

除了主要靠自學研究物理學、數學和電氣工程之外，特斯拉也醉心於哲學和文學，他聲稱已經閱讀了伏爾泰（Voltaire）的各冊書卷，也記得歌德的《浮士德》和幾部塞爾維亞史詩，多虧了他驚人的記憶力才能達到這種成就。

如果一張照片能夠勝過千言萬語，下列所附的照片（圖5-3）正是如此了。照片中顯示一八九九年特斯拉在他的實驗室中，穿著無可挑剔、衣領筆挺、鞋子擦得光亮，手裡拿著一本書是羅傑里奧・博斯科維奇（Rogerio Boscovich）的《自然哲學理論》（*Theoria philosophiae naturalis*，1758）[37]。特斯拉正專心閱讀，完全無視於周圍閃現的電流旋渦。特斯拉利用在科羅拉多州科羅拉多泉（Colorado Springs）專業實驗室中所建造的「特斯拉線圈」（Tesla coils），產生出這些他所謂的「靜電推力」[38]。

特斯拉最終的目標是創建一個新的電力「世界系統」，不僅可以傳輸原始電力，還可以在全球各地即時無線傳輸各種資訊和娛樂（新聞、股票報價、音樂和電話）。不用說，他在實驗室裡進行的高壓電爆炸試驗是很危險的[39]，我們所看到的這張照片其實是特斯拉「修圖合成」的，他

圖 5-3：1899 年尼古拉・特斯拉在他的科羅拉多泉實驗室（照片來源：Francesco Bianchetti, Corbis）

將一張自己坐著的簡單照片，疊加上電波的圖像，造成一種自我宣傳的效果，旨在給潛在投資者和一般大眾留下深刻印象。在電流迸發的意象中，特斯拉希望為自己創造的形象是：一個天才靜靜地閱讀。

現代天才伊隆・馬斯克是特斯拉電動車公司現任的首席執行長，也是從小愛書成痴。馬斯克不僅擁有電動汽車公司，也是 Solar Ciry、Hyperloop 和 Space X 的幕後推手，年輕時總是手裡捧著書本。他的弟弟金巴爾（Kimbal）說：「他每天讀書十個小時並不稀奇，如果是在週末，他可以在一天之內讀完兩本書」。馬斯克講述自己十歲左右的故事，「我把南非普利托利亞的學校和附近圖書館的書都看完了，可能是三、四年級的時候，我試圖說服館員為我訂購書籍。因此，我開始閱讀《大英百科全書》，那對我很有幫助，人們不知道的事情可多了，讀了我才意識到世界知識如此浩瀚」[40]。

因此，馬斯克從小就有閱讀習慣：「從我醒來一直到上床睡覺為止」，最後他也因為博覽群書而變得好像無所不知。馬斯克的母親回憶說道，每當女兒托絲卡（Tosca）提出問題時，她都會說：「喔，去問問天才男孩吧」[41]。當馬斯克被問及他如何學到足夠的「尖端科技」協助其太空探索技術公司（SpaceX）草擬助推器設計時，他只是靜靜地回答：「我讀了很多書」[42]。馬斯克的目標是登陸火星。

好奇心是天生的，還是後天培養？

伊隆．馬斯克的好奇心是與生俱來的，還是後天培養的特質，亦或是兩者皆有？《飢餓的心靈：童年好奇心的起源》（*The Hungry Mind*, 2015）一書的作者、心理學家蘇珊．恩格爾（Susan Engel）指出，**好奇心像智力一樣，大多是天生的，而且是個人性格中穩定的一部分。**恩格爾說：「有些孩子從一出生開始，可能就比較喜歡探索新奇的空間、物體、甚至人」[43]。然而，有研究人員在二〇一〇年針對全美五十州進行調查，試圖找出兒童「天賦」的催化劑，他們發現，當中有四十五個州的心理學家測試了高智商，只有三個州測試好奇心動機[44]。對於偉大成就，智商和好奇心，哪一個比較重要呢？

愛蓮娜．羅斯福曾選擇好奇心，正如她在一九三四年宣稱：「我認為，在孩子出生時，如果母親可以要求仙女教母贈予一個最有用的禮物，那應該要求好奇心」[45]。事實上，最近的研究認為好奇心與幸福感、滿意的人際關係、促進個人成長、提升生活意義和創造力等有所關聯[46]。此外，好奇心可能對人類物種的生存發揮重要的作用，正如貝佐斯在二〇一四年《商業內幕》採訪中所提出的：「我認為，人類的好奇和喜歡探索可能是一種生存技能。祖先當中那些不好奇、不愛探索的可能沒有那麼長壽，不如那些會翻山越嶺的人，想看看是否有更多的食物來源和更好的氣候等」[47]。就像伊隆．馬斯克的 SpaceX 計畫一樣，貝佐斯透過他的私人太空公司「藍色起源」（Blue Origin），也正好奇地想探索下一個星球的奧祕。

至於世界上不愛追根究底的人，也許他們一開始並不是這樣的。許多進化心理學家認為，人類天生具有好奇心，只是隨著時間發展而漸漸流失[48]。然而，有如孩子般的好奇心似乎總是伴隨著天才，正如愛因斯坦在晚年時所說：「我沒有什麼特殊天賦，只不過是充滿了好奇心」[49]。

自學能力

小時候，愛因斯坦對機械裝置、玩具蒸汽機和拼圖特別感興趣。他還玩過一組小石頭積木（今日樂高玩具的前身），將這些石頭砌塊拼湊成符合他腦海中的視覺概念（愛因斯坦的石頭玩具倖存至今，於二〇一七年在塞思・卡勒公司以十六萬美元的價格出售）。愛因斯坦後來回憶起四、五歲時指南針如何吸引他的注意力，驚訝於指針無論如何轉動方向始終指向北方。「我還記得——至少我相信我記得——這種經歷給我留下了深刻而持久的印象。事物背後一定隱藏著一些奧祕之事」[50]。我們都曾為指南針固定不變感到困惑，但是我們當中只有一個人追隨他的好奇心，發現了狹義相對論。

愛因斯坦十歲那年，接觸到亞倫・伯恩斯坦（Aaron Bernstein）撰寫的一系列簡短的「大眾科學」叢書，題為《自然科學人民讀本》（*Naturwissenschaftliche Volksbücher*, 1880），他「屏氣凝神地」讀著[51]。書裡面有好奇的小愛因斯坦想要了解的問題：時間是什麼？光速是多少？還有比光速更快的嗎？伯恩斯坦要求他的讀者想像一輛疾馳的火車和一顆子彈射穿火車車廂的一側。子彈在火車內部的飛馳路徑將顯得彎曲。愛因斯坦後來研究廣義相對論和曲線時空時，要求讀者想像一部電梯快速上升，但一側有小孔允許光束進入，當光線到達另一側時，它看起來會像是下降的弧線。愛因斯坦年輕時的好友馬克斯・塔爾木德（Max Talmud）說：「這些年來，我從來沒看過他讀過任何文學作品，也從未見過他與同齡的同學或其他男孩玩在一塊兒」[52]。

愛因斯坦完全獨立自學，在十二歲的時候，他自學了代數和歐幾里得幾何原理，隨後不久又自學積分和微積分。進入大學後，持續自學。蘇黎世理工學院沒有教愛因斯坦他所熱衷學習的東西：尖端物理學。因此，愛因斯坦獨立研究了詹姆斯・克萊克・麥斯威爾（James Clerk Maxwell）的電磁方程式、路德維希・波茲曼（Ludwig Boltzmann）提出的氣體分子結構、以及亨德里克・勞倫茲（Hendrik Lorentz）描述的原子電荷。大學畢業之後，愛因斯坦和兩位同事成立了一個俱樂部，即奧林匹亞學院（Olympia Academy），共同進行自我教育，就像一百七十年前的班傑明・富蘭克林與他的共讀社一樣。愛因斯坦的小組一起閱讀並討論了米格爾・塞凡提斯（Miquel de Cervantes）的《唐吉訶德》（*Don Quixote*）、大衛・休謨（David Hume）的《人性論》（*A Treatise of Human Nature*）、和巴魯克・斯賓諾沙（Baruch Spinoza）的《倫理學》（*Ethics*）等著作。愛因斯坦在大學期間令人失望的體驗之後表示：「事實上，現代教學方法還沒有完全扼殺了神聖的探索好奇心，這簡直是一個奇蹟」[53]。據信馬克・吐溫（Mark Twain）曾經說過：「**我從未讓我的學校課業妨礙我的教育**」。愛因斯坦也對這個想法提出了諷刺的觀察：**「教育，就是當一個人把在學校所學全部忘光之後，剩下的東西」**[54]。

愛因斯坦不該期望太多。大多數的學校，即使是頂尖的學院和大學，都沒有明確地教導人生中最重要的事情，也就是如何成為終身學習者，因此，每個學府的校門口牌匾上都應銘刻這句話：「學生們：學會自學」（*Discipule: disce te ipse docere*）[55]。學生在學校可能會吸收到知識和學習方法，然而，**改變世界遊戲規則的人是靠自己努力，與時俱進吸收大量新知的**。也許科幻小說家艾薩克．阿西莫夫（Isaac Asimov）在一九七四年所說的近乎事實：「我堅信，自我教育是唯一的教育」[56]。

莎士比亞曾受到同時代的班．強森（Ben Johnson）批判「作品少見拉丁文和希臘文」，但至少莎士比亞還是掌握了一些拉丁文和希臘文。莫札特和麥可．法拉第從未接受任何正規教育，而亞伯拉罕．林肯上學總共只有不到十二個月。達文西未經醫學訓練卻成了當代最重要的醫學科學家。米開朗基羅、富蘭克林、貝多芬、愛迪生和畢卡索都未完成小學。伊莉莎白一世和維吉妮亞．吳爾芙都是在家自學。愛因斯坦高中肄業，但一年後重返準備上大學。特斯拉大學一年半後中輟，再也沒有回來。

平心而論，大多數輟學者並沒有成為天才或是成功案例，但是在近代最突出的輟學巨頭包括比爾蓋茲（哈佛）、史蒂夫．賈伯斯（里德學院）、馬克．祖克柏（哈佛）、伊隆．馬斯克（史丹佛）、巴布．狄倫（明尼蘇達大學）、女神卡卡（紐約大學）和歐普拉．溫芙蕾（田納西州立大學）。馬雲從未上過大學，理查．布蘭森也一樣，後者十五歲那年就從高中輟學了。創作力強大的肯伊威斯特二十歲時從芝加哥州立大學輟學，朝音樂界發展；六年後，他發行了個人首張專輯《遠離校園》（*The College Dropout*，2004），獲得巨大好評和商業成功。本文的重點並不是在鼓勵輟學，而是要觀察這些變革性人物究竟是如何學習其必備的知識。關於這點，**成功人士和天才們有著共同的特點，大多數是終身學習的愛好者**，這是一個值得培養的好習慣。

如何培養求知慾？

最後，除了最明顯的勤於讀書、參加講座、或尋找明年充滿挑戰性的度假場所之外，我們這些非天才人士，又該如何培養學習欲望？以下是一些日常生活的點子：

- **敞開心扉接受新奇、陌生的體驗**：敦促自己嘗試一些以前害怕去做的事情。探索新城市時，讓自己迷路一下吧；你會發現許多自己不知道的地方。
- **要無所畏懼**：在新市鎮時，請勿呼叫 Uber 計程車，不妨步行或搭乘公共交通工具；你會了解到當地的地理、歷史和文化。
- **提出問題**：當你處於「演說者模式」（以老師、父母或公司負責人的身分）時，請採用蘇格拉底問答法。反之，當你處於學生或員工的角色時，請不要害怕洩漏自己無知的一面，大膽提問吧！
- **一旦提出問題，請仔細傾聽答案**：你會學到一些東西。關於這點，我們可以從負面的例子中學習到：天才通常都不是好聽眾，因為他們時常過於執著自己對世界的看法，但是，聰明的成功人士卻懂得傾聽。

豐富的自學資源

一位智者曾經觀察到：「年輕人不懂得珍惜教育」，然而教育並不僅限於年輕人。如今，全球受到二〇二〇年新冠病毒疫情封城影響，已經了解到無論男女老少都可以獨立學習。透過線上科技教育平台，例如Coursera（耶魯和其他大學）、edX（哈佛和麻省理工學院）、和Stanford Online（史丹福大學），向公眾提供近一千門高品質的課程，而大部份都是完全免費的。我自己的耶魯大學線上課程《古典音樂入門》目前已經有超過十五萬名學員，參加者的平均年齡爲四十四歲。成人讀書俱樂部也同樣蓬勃發展，一部分原因是現在可以輕易取得想看的書籍，一天之內到貨，甚至只要即時下載電子書到Kindle、Nook或iPad即可。伊莉莎白女王說：「沒有教授，我讀得更多」；伊隆．馬斯克說：「我把學校圖書館的書都看完了」；歐普拉在談到閱讀和教育時說：「這是對生命的邀請，它將永遠滋養著你」。隨著現代科技的發展，自我教育的機會比以往任何時候都更強大和多樣化，與過去的天才相比，我們現在容易多了。

第6章

追隨自己的熱情理想

「人們應該追求自己熱愛之事，這將使他們獲得無比的快樂」

——伊隆·馬斯克

「充滿熱情，做自己喜歡的事」是凱蒂·庫瑞克（Katie Couric）在二〇〇七年勉勵威廉姆斯學院（Williams College）畢業生的話。二〇〇八年歐普拉也敦促史丹佛大學的學生：「如果你真的想高飛，首先要盡全力激發自己的熱情」。二〇〇九年脫口秀主持人艾倫狄珍妮（Ellen DeGeneres）在杜蘭大學表示，「追隨自己的熱情理想，忠於自己」。二〇一〇年，貝佐斯在普林斯頓大學演說時問道：「你是要受慣性支配，還是要追隨自己的熱情？」年復一年，我們都聽到這個訊息傳達給驚恐的畢業生們。這是理想主義的廢話嗎？但請思考一下，柏拉圖早在公元前三百八十年就強調了熱情的力量：「真正的知識愛好者……以永不倦怠的熱情翱翔，直到他掌握了事物的本質」《理想國》（*Republic*，490A），一如莎士比亞於一五九五年完成《羅密歐與茱麗葉》（*Romeo and Juliet*）。梵谷在一八八四年十月二日的信中也說道：「我寧可死於熱情，也不願無聊至死」。因此，也許對畢業生的期許「追隨你的熱情」有幾分道理。

當然，在追隨自己的熱情之前，我們必須先找到它，有些人很早就發現熱情所在，有些人幾乎花上一輩子的時間。畢卡索、愛因斯坦和莫札特在五歲時就知道自己一生熱愛之事分別是繪畫、科學和音樂。但是正如梵谷在一八八〇年寫給兄弟西奧的信中所提的：「一個人並非總是知道自己能做什麼，但本能地感覺自己有所擅長之事！……我內心有個呼喚，是什麼呢？[1]」梵谷在發現自己的熱情之前，嘗試了一些工作，從事畫廊經紀人、老師、書商和街頭牧師等職業之後，在二十九歲時才轉向藝術。同儕畫家保羅．高更（Paul Gauguin）當了六年的水手、十一年的股票經紀人，直到三十四歲時繪畫才成為他唯一的愛好。摩西奶奶（1860-1961）直到七十六歲才開始拾起畫筆。

一位患者曾經問過佛洛伊德：「人生中最重要的事情是什麼？」他回答說「愛與工作」[2]。他可能將兩者結合成「愛好之事」，因為那正是大多數人（包括偉大的運動員）發現自己的熱情所在。電影製片人加布．波斯基（Gabe Polsky）在一個採訪中闡述他二〇一八年的紀錄片《追求卓越》（*In Search of Greatness*），他總結說道，偉大運動員最重要的驅動力就是他們所體驗的快樂：「如果你在運動中找到能為你帶來最大樂趣的東西，那麼你很有可能在這項運動中表現出色，因為它不再是個苦差事，反而是一種快樂，你會沉迷於那種喜悅之中」[3]。就像俗諺說的：「找到一份自己熱衷的職業，你這輩子就不必每天工作了」。

追尋失落的一角——熱情、理想

我以前喜歡給孩子們讀謝爾．希爾弗斯坦（Shel Silverstein）的故事。希爾弗斯坦以前是一位說話強硬的韓戰老兵，曾為《花花公子》雜誌畫漫畫，撰寫過短篇小說、電影劇本、小說和鄉村音樂歌曲。後來，他轉向創作兒童詩歌和故事，取得了巨大的成功，銷售超過兩千萬冊。天才希爾弗斯坦直到晚年才發現自己的熱情，正如他告訴《出版者周刊》（*Publishers Weekly*）：

> 大約十二到十四歲，當我還是個小毛頭的時候，我渴望當個優秀的棒球運動員，受女孩子歡迎，可是我既不會打球，也不會跳舞，幸運的是，沒有女孩子喜歡我，而我也無法改變這一點，所以我開始繪畫和寫作。我也很慶幸當時沒有可以模仿或令我印象深刻的對象，因此樹立了自己的風格；我在開始創作之前從來不知道有瑟伯（Thurber）、班奇利（Benchley）、普萊斯（Price）、和斯坦伯格（Steinberg），直到我三十歲左右，才見過他們的作品。等到我開始受女孩子青睞的時候，我已經投入工作了，而工作對我來說

更重要，不是說我不想做愛，而是工作已成為一種習慣[4]。

希爾弗斯坦的兒童讀物《失落的一角》（*The Missing Piece*）是對他自己熱愛工作的習慣的評論。故事以一個少了一角的圓形體為主軸，這個圓感到很失落，開始進行一次大冒險，出發尋找缺失的那一塊。它一邊滾動、一邊歡唱著：「哦，我要去尋找我失落的一角／我要去尋找我失落的一角／嗨—呦—呦！出發囉／去尋找我失落的一角」。最終，圓找到了它缺失的那一角，圓滿地結合。但隨後，它意識到，幸福在於追尋的過程，而不在於結果。因此，圓輕輕將這一角放下，又重新開始追尋。

希爾弗斯坦的寓言將我們帶入另一個關於熱情、幸福和追尋失落一角的故事：瑪里．居禮和鐳的發現。

為了理想，多苦都願意

一個在波蘭農村當保姆的年輕女性，十五歲之後就沒有受過任何正規教育，獲得諾貝爾物理學獎的機會是多少？微乎其微。本名瑪麗．斯考多夫斯卡（Marie Slodowska，1867-1934），嫁給皮耶．居禮（Pierre Currie）之後改從夫姓的瑪里．居禮，正是眾所周知的那位天才。只有瑪里．居禮的熱情和堅持不懈的精神，才能解釋這個難解的謎題。

瑪里·居禮二十歲左右，對文學和社會學失去興趣，發現她對數學和物理學的熱情。一八九一年，她移居法國，進入索邦大學科學學院（Faculté des Sciences of the Sorbonne）攻讀物理學碩士，她嚴格地自學，直到通過學校的入學考試。她沒有大學文憑，是個外國人，也是一千八百二十五名入學學生當中，僅有的二十三名女性之一[5]。

瑪里·居禮幾乎身無分文，儘管如此，在窮困的學生生涯裡，她還是保持樂觀精神：

我住的房間是一間閣樓，冬天很冷，只有一個小火爐，經常缺煤，無法供應足夠的暖氣……在這個房間裡，我借助酒精燈和一些簡易廚具準備飯菜。我經常靠麵包果腹，搭配一杯熱可可、雞蛋或水果。沒有人可以協助我做家務，有時還得獨立把自己要用的那些煤炭扛上六樓。

這種日子在別人眼裡看來是痛苦的，但對我而言卻是極具魅力，給了我非常寶貴的自由和獨立感。在巴黎默默無聞的我，迷失在這座大城市中，但是獨自一個人生活在那裡，沒有任何幫助照顧自己的感覺，絲毫沒有讓我感到沮喪。就算有時感到孤單，我平常的心境都是十分平靜和極大的道德滿足感[6]。

而瑪里·居禮安於貧困的日子尚未結束，隨後還有十年的艱苦研究時期，待在她所謂的「悲慘的舊棚屋」[7]。一八九七年，瑪里·居禮獲得了物理學和數學的碩士學位，然後在她的新婚丈夫物理學家皮耶・居禮的指導下，開始攻讀博士學位。她的論文主題是「貝克勒射線」，這是一八九六年亨利・貝克勒（Henri Becquerel）發現鈾鹽所放射出的高能波。在她研究的關鍵時刻，瑪里・居禮經歷的不是突然的「頓悟」，而是一個「咦，這真奇怪」的洞察：從鈾礦石中減去鈾的能量，仍然無法解釋從鈾礦放射出的強大輻射。正如她當時對姐姐所說的：「妳知道嗎，布朗妮雅，我無法解釋的輻射來自一種新的化學元素，它就在那裡，我必須找到它」❽。因此，瑪里・居禮不斷追尋她失落的那一塊，最後終於在瀝青鈾礦中發現了它，就存在於鈾礦中提取鈾之後剩餘的殘留物當中。

多年來，瑪里・居禮在自己的臨時實驗室棚子裡加工處理了約八噸的瀝青鈾礦。該附屬建築坐落在她如今安葬之處巴黎先賢祠（Pantheon）的南方，此地當時曾被醫學院做為解剖室，後來完全廢棄不用。在這個沒有足夠暖氣和電力的棚屋及其相鄰的院子裡，瑪里・居禮首先將瀝青鈾礦在大桶中煮沸，透過分次結晶分離出其成分，最後測量微量的放射性物質，低至千分之一毫克。她孜孜不倦地測試、消除鈾礦石中的每個元素，一直努力到只剩下兩個可疑的放射性物質。她以祖國的名字命名了第一個釙（polonium）元素。然而，釙元素並不是真正的解答，缺失的那一塊具有更高的放射性。直到一九〇二年，瑪里・居禮找到了它，可以握在她手中，或者至少可以放在玻璃試管中。她蒸餾了八噸瀝青鈾礦，直到最後殘留的一小克致命的純鐳（radium）。

我們許多人都是純粹享受自己的熱情（例如閱讀、繪畫或旅行），而沒有對世界造成任何影響。如果我們對自己熱愛之事極有天分，也正好是別人感興趣的事，例如在電視上唱歌、或是足球運動，結果可能就是瞬間成為名人。如果我們受熱情驅使，最終對社會造成影響，這種改變就是天才的標誌。瑪里．居禮發現鐳之後，她的天才受到大眾的公認，因此兩度榮獲諾貝爾獎，一次是發現了「放射性」（radioactivity）而獲頒物理學獎（1903），一次是成功分離出鐳而獲頒化學獎（1911）。瑪里．居禮發現了兩種新元素（釙和鐳）、創造了「放射性」一詞、並證明鐳可以用來消滅致命的腫瘤細胞（至今仍是放射腫瘤學的基礎）。諷刺的是，出現令人意想不到的後果，她所發現的鐳也在一九三九年促成原子彈的製造。

從瀝青鈾礦中提取鐳可能不是一件有趣的事，但那就要看你對樂趣的定義了。瑪里．居禮在她漏水的棚子裡工作，正如她所描述的：「夏天悶熱難耐，而冬天的刺骨寒意只因鐵爐而稍微減輕了一點」[9]。在這裡，她忍受了「刺激性氣體」，她的手和手指也被鐳灼傷，一碰到東西就疼痛不已。她說：「有時我得花上一整天的時間，用幾乎和我一樣大的粗鐵棒，攪拌沸騰的瀝青鈾礦物質」。鐳的分離歷時數年，她丈夫皮耶．居禮幾乎打算放棄了[10]，但是她卻繼續堅持下去，無視於疼痛和折磨。她對研究的熱情使她忘卻痛苦了嗎？正如瑪里．居禮後來所說：「正是在這個悲慘的老舊棚屋中，我們度過了人生中最美好、最幸福的歲月，將一整天的時間都投入到研究中」[11]。瑪里．居禮的經歷讓人想起英文「熱情」一詞的拉丁語原始字根 *passio*，意指「痛苦」。芙烈達．卡蘿提醒我們：「熱情是使你從痛苦中蛻變的橋樑」[12]。

最終，瑪里．居禮為自己的熱情而亡，她一直隨身攜帶著鐳。放射性元素和氣體滲透她的實驗棚子和研究論文，這些文件如今保存在巴黎國家圖書館，安置在鉛盒中，以保護後代子孫免受輻射侵襲。她和皮耶喜歡坐在黑暗之中注視著鐳做為消遣，被它熔岩燈般的發光效果所吸引。直到今日我們才明白她幫助我們發現的事：原子輻射可以同樣殺死惡性和健康細胞。瑪里．居禮了解她所謂的「邪惡之物」的一些有害影響，但是她幾乎沒有採取任何安全預防措施，一直到一九二〇年代。她六十六歲那年死於再生不良性貧血，這是一種罕見的疾病，因骨髓和其造血細胞受到損害而引起。她的女兒伊雷娜．約里奧-居禮也因為鐳的研究成果而榮獲諾貝爾獎，也因白血病去世，享年五十八歲。確實是一種致命的熱情啊。

進入「心流」狀態

哲學家約翰．史都華．彌爾在其自傳中觀察說到，當我們追求其他目標時，就會產生快樂感，它「像螃蟹似的」悄然地從旁接近我們[13]。瑪里．居禮意識到自己在棚子裡煮沸瀝青鈾礦時最快樂。哲學家叔本華在其《意志與表象的世界》（*The World as Will and Idea*, 1818）中指出，天才與熱情分心之事有關。「天才是將個人的興趣、願望和目標完全拋諸腦後，一時之間完全拋開自己個性的一種能力」[14]。心理學家米哈利．契克森特米哈伊（Mihaly Csikszentmihalyi）在《心流：高手都在研究的最優體驗心理學》（*Flow*, 1990）一書中，稱這種超越狀態為「心流」，所**有創意人士，如作曲家、畫家、作家、編寫程式的人、建築師、律師和廚師，在追尋缺失的那一塊時，都會經歷一種心流狀態。快樂感像螃蟹一樣溜到我們身上，時間飛逝，使我們忘了電子郵**

件、也忘了午餐。

露意莎・梅・奧爾柯特的超然狀態不是「心流」或「渾然忘我境界」，而是她所謂的一股「漩渦」。奧爾柯特在短短四個多月的時間裡寫了兩卷小說《小婦人》（*Little Woman*，1868），目標是每天寫一章[15]。學者們一致將《小婦人》歸為自傳小說。我們在下方引文中讀到的「喬」或「她」，正是奧爾柯特本人揭示的熱情模樣。

> 每隔幾週，她都會把自己關在房間裡，穿上她的寫作服，然後如她自己描述的「掉進漩渦裡」，全神貫注地寫著小說，在沒有完成之前，她會覺得無法安心。（她的家人偶爾會探頭詢問）「天才累了嗎，喬？」
>
> 她從來不認為自己是個天才，但是一旦寫作文思泉湧時，她便渾然忘我，過著快樂的生活，完全無視於外在的需求、憂慮、或惡劣的天氣，只是安穩、快樂地置身於自己的想像世界中，身邊一大堆朋友，幾乎和現實世界人物一樣真實又親切。她每天廢寢忘食，覺得白天和黑夜都太快流逝，無法充份享受這種寫作時僅有的珍貴快樂時光。寫作靈感通常持續一、兩個星期，她才會從「漩渦」中走出來，飢餓、睏倦、發怒或沮喪[16]。

「這種寫作時僅有的珍貴快樂時光」是很耗神的。在《小婦人》的創作期間，奧爾柯特說：「我滿腦子都是工作，幾乎廢寢忘食，無法做任何事，除了每天跑步以外」[17]。

是熱情還是過度執著？

熱情、決心、毅力、強迫或過度執著，每個詞都有微妙的含義，含括從正面到負面的語意。積極的熱情在哪裡會變成過度執著的黑暗面呢？前者受激勵向前，可自我節制；後者則是受迫而無法自制。一種是健康的特質，而另一種則不是。瑪里．居禮明知鐳很危險還是深入研究。一九六二年，安迪沃荷創作了象徵性感的瑪麗蓮夢露（Marilyn Monroe）十三種不同的描繪，然後又分別複製了二百五十幅平版畫。一九六四年，他為她創作了更多、更大的圖像。這是熱情、還是過度執著呢？

著名的經濟學家約翰．梅納德．凱恩斯（John Maynard Keynes）在一九四六年紀念牛頓的一篇文章中表示：「天才都很古怪」[18]。牛頓的確與眾不同。在劍橋大學三一學院念書和後來的研究員時期，他會連續幾天待在自己的房間裡，鑽研一個問題，吃得很少，有時甚至會站著思考以免打斷「心流」[19]。牛頓偶爾在大廳用餐時，經常是獨自一人坐著，其他同儕學會了不去打擾他，讓他安靜沉思。在走回寢室的途中，牛頓可能會停下來，用棍子在碎石路上畫圖表。如此執著的專注力是牛頓性格的一部分，最終使人們對於宇宙的物理運轉有了新的認識，也使他成為當今世界公認最偉大的物理學家[20]。

但在一九三六年牛頓的完整論文公諸於世之前，人們並不知道他原來是一位煉金術士[21]。事實證明，牛頓失落的那一角是煉金。在牛頓的一生中，他對於煉金術和神祕學的想法寫下的筆記，是數學或物理學研究筆記的兩倍。在他的一千七百五十二冊個人藏書中，有一百七十冊是關於我們今日所謂的神祕魔法主題[22]。當然，在牛頓的時代，人們對一種金屬可以提煉成另一種金屬的過程知之甚少，因此，在真正的化學和煉金術的偽科學之間，並沒有明確的界線[23]。牛頓對於將某種物質結合在一起、或將其分解的觀察，可以說是很早就預示了量子物理學領域。但是，牛頓大多數有關化學煉制的文獻都著眼於「賢者之石」，相傳是一種能夠醫治百病、並將鉛轉化成黃金的祕密物質。他曾表示他想要弄清楚「自己是否有足夠的知識，能夠將汞煉成黃金」[24]。二十年來，牛頓就和瑪里．居禮一樣，在一個充當實驗室的棚子裡的火爐邊辛勤研究，有如他在劍橋三一學院附近的第二個住所。

一七〇〇年機會降臨，牛頓對金屬的熱愛、以及他物理學家的聲譽，促使威廉三世國王（King William III）任命他為皇家鑄幣廠的廠長。牛頓現在是皇家貨幣的守護者，放棄了幾乎所有的科學探索，搬到倫敦的一座大房子裡，在此不懈地追查那些使國幣貶值的可疑人士，導致許多人因偽造劣幣而被處以絞刑[25]。至於他自己的神奇金塊，牛頓從未追尋到。

因此，牛頓進行最後一次的探索：他想確定世界將在何時終結。牛頓的侄女兼守護人凱瑟琳的丈夫約翰．康杜特（John Conduitt）表示，他「看到了（牛頓）在最後的日子裡，在近乎黑暗之中，執著鑽研世界歷史，他至少修改了十二次《古代王國年表修訂本》（*The Chronology of Ancient Kingdoms Amended*）的草稿。他測量了歷代國王的統治時期和諾亞的起源，利用天文計算追朔阿爾戈號（Argonauts）的航行日期，最後宣稱古代王國比一般認定的要年輕數百年[26]」。最終，牛頓確定了耶穌基督再臨人間、以及所謂的世界末日的年份，就在二〇六〇年。

正如牛頓的煉金癖好和世界末日預言的故事所暗示的，熱情有時會使天才誤入歧途。貝多芬急於寫出民粹主義的作品《威靈頓的勝利》，又名《戰爭交響曲》（*Wellington's Victory or The Battle Symphony*, 1813），期望獲得大眾的讚譽，但如今這首作品聽起來很陳腐，很少有人演奏了。然而，貝多芬毫不氣餒，繼續創作出威嚴的《第九號交響曲》（*Ninth Symphony*）結合了眾人所愛的《歡樂頌》（Ode to Joy）。賈伯斯在一九八三年熱衷開發一款新電腦，以他女兒的名字麗莎命名，結果失敗了，但賈伯斯繼續努力開發麥金塔電腦、iPad和iPhone。在一九二〇年代，喬治・赫曼・「貝比」・魯斯（George Herman "Babe" Ruth）以驚人的全壘打紀錄改寫了美國棒球比賽風格。一九二七年九月三十日，他擊出了本賽季的第六十支全壘打，締造出美國職棒大聯盟的紀錄，維持長達三十四年的歷史，在他的職業生涯中，他總共揮出七百一十四支全壘打，長期保持美國紀錄。魯斯也有一千三百三十次的三振出局記錄，這證明了就算是天才也未必總是能擊中目標。但是，無論是全壘打還是揮棒落空，魯斯都努力朝著邊界大棒揮擊。

古怪的達爾文

查爾斯・達爾文對自然世界充滿熱情。最初，做為遺產的受益者，富裕的達爾文似乎只熱衷於射擊鳥類和採集昆蟲。在採集昆蟲的過程中，他做了一些事情，乍看之下似乎很古怪，但回想起來，對於一個自然博物學家而言，這可能是天才的早期特徵。

達爾文年輕時就迷戀甲蟲，他說：「我僱了一個工人……在冬天時，把老樹上的苔蘚刮下來，裝在一個大袋子裡，也同樣採集在駁船底部的廢物，裡面有從沼澤低地帶進來的蘆葦。因此我搜集到一些非常稀有的物種」[27]。如果這還不足以找到失落的一塊，達爾文就會自行解決問題，他曾經埋葬一條蛇，以便在幾週後將它挖掘出來，希望在當中找到一些食肉昆蟲[28]。有時達爾文太成功了，正如他在自傳中所言：「我會證明自己的狂熱：有一天，在撕下一些老樹皮時，我看到了兩隻稀有的甲蟲，便兩手各抓住一隻，後來我又看到了第三隻新的甲蟲品種，我不想失去它，於是我把右手握著的那隻丟進我嘴裡」[29]。那麼，什麼原因促使達爾文這麼做呢？當然就是好奇心，但最終還有其他原因，就是找回他的自尊心。

達爾文是不怎麼出色的學生，在一八二七年退出愛丁堡大學的醫學課程，隔年轉往劍橋大學，他在那裡似乎只縱情於飲酒、賭博、狩獵、和射擊[30]。達爾文的父親羅伯特曾因兒子糟糕的學業成績和放縱行為憤怒不已，咆哮說道：「除了射擊、獵狗和捉老鼠，你什麼都不在乎，你會令自己和整個家族蒙羞」[31]。最後，他付錢讓達爾文登上英國皇家海軍小獵犬號（*The Beagle*），參加歷時五年的環球探險。小獵犬號的航行促成了達爾文追尋他真正失落的那一角：對於各物種如何生存和演化，提出一套嚴謹的科學解釋。

達爾文在一八三六年返回英國後，便專注於進化研究，強烈的熱情使他成為工作狂，直到去世那天。達爾文在個人自傳中坦率地列舉自己的優缺點，提到他的熱情時說道：「比起我的觀察能力更重要的是，我對自然科學的熱愛一直堅定不移，而我渴望贏得其他博物學家同儕尊崇的野心，也助長了這種狂熱之情」[32]。因此，雖然達爾文天生就熱愛大自然，但是也渴望證明自己優異的科學才能，彌補以前未能令愛丁堡和劍橋大學、乃至他父親留下深刻印象的缺失。不管他是為過去之事耿耿於懷、或是彌補浪費的時間，達爾文聽起來像是電影製作人奧森．威爾斯（Orson Welles）所說的：「我成年後的大部分時間，都在努力證明自己並不是一個不負責任之人！」[33]

一九〇三年，發明家愛迪生被問及他的天才根源時，他的名言是：「天才是百分之一的靈感，再加上百分之九十九的汗水」[34]。愛迪生早在一八九八年就曾說過：「百分之二靠天賦，而百分之九十八靠努力」。他的說法隨著時間發展比率有所改變，但訊息卻是一致的，那就是愛迪生很努力工作。根據他的實驗室助理愛德華．強森（Edward Johnson）的說法，愛迪生平均每天在辦公桌前工作十八個小時，「他會好幾天都沒回家吃飯或睡覺」[35]，即使他的住家只有幾步之遙。一九一二年，時年六十五歲的愛迪生發明了一個上下班的打卡鐘，安裝在辦公室裡，以便他（老闆）可以計算出他每週工作的時數。和伊隆．馬斯克一樣，對於愛迪生而言，超越自己的員工，令他們慚愧，是一種榮譽的象徵。一週結束時，愛迪生會召集記者，自誇地宣傳他工作的時間是員工的兩倍[36]。

是什麼激發了愛迪生的熱情？他比達爾文的好勝心更強。如他在一八七八年所說的：「我不在乎賺錢致富，更在乎我能否超越其他人」[37]；同樣在一八九八年也說：「如果你想要成功，就樹立一些敵人」[38]。愛迪生其實很在乎金錢，也有很多的敵人，喬治・威斯汀豪斯（George Westinghouse）和約翰・摩根（J. P. Morgan）就是其中之一。愛迪生在自己的研究實驗室中領導了一支科研團隊，但是當他申請專利時，就只有他的名字出現在申請書上。例如，其他偉大的發明家尼古拉・特斯拉和法蘭克・史伯格（Frank Sprague），工作不到一年就離開了愛迪生的團隊；他們有自己的熱情和自尊。但是愛迪生堅持著無情的獨立性。愛迪生一生中，好幾次以不同的方式說道：「我並沒有失敗，只是發現了一萬種行不通的方法」[39]。但是愛迪生發現了一千零九十三種行得通的方法，追尋到一千零九十三個失落的一角，那是他成功註冊的專利數量，至今仍是美國紀錄保持人。

「**人們應該追求自己熱愛之事，這將使他們獲得無比的快樂**」，伊隆・馬斯克在二〇一四年說道[40]。有些熱情源於對他人的熱愛，有些則源於追求簡單的娛樂或比賽，例如打高爾夫球、或追隨喜愛的運動團隊。有些熱情是出於嫉妒心（想要擁有最大的房子）或貪婪（想要創造下一個十億元）。有些人熱衷於將自己的天賦發揮到極限、追求所做之事的盡善盡美，但是，這一類的熱情很少造就出天才，日常熱情所產生的結果也許是獨一無二的，但卻不具變革性。

如何創造屬於自己的熱情？

天才來自不同的動力。回顧本書中的所有天才揭示了一個共同的特點：**天才無法接受別人所**

描述的世界。每個人都看到世界破滅，除非事情得到改正，否則無法安心。因此，問問自己：你是否看到了世上其他人都渾然不覺之事？這個盲點惹惱了你嗎？你是否認為自己是全世界唯一能解決這個問題的人？你是否感覺除非你去解決問題，否則就無法安心？如果你對這些問題的回答都是肯定的，那麼你已經找到了自己的熱情，或許也找到了你的天才所在。

但是一旦你找出自己的熱情，那就要小心。雕塑家亨利・摩爾（Henry Moore）說：「**人生的祕訣就是，要有一個任務，能讓自己一生全心奉獻，無時不刻都想投入其中。最重要的是，必須是你可能辦不到的任務**」[41]。亨利・摩爾和謝爾・希爾弗斯坦都說得沒錯：純然的熱情對於快樂感和人類進步十分重要，而那個失落的一角其實只是傻瓜的黃金。

第7章

天才都是瘋子，還是碰巧瘋狂？

「你瘋了，瘋子，整個失去理智……
但我要告訴你一個祕密，所有最優秀的人都這樣」

——《愛麗絲夢遊仙境》

一八八八年一二月二十三日晚上，在法國的阿爾勒（Arles），文森．梵谷因所愛慕的同伴畫家保羅．高更表示要離開他，一時瘋狂之下，用剃刀割下了自己的整個左耳❶，然後走到附近的一家妓院，將割下的耳朵送給了年輕的妓女加布里埃爾．博拉蒂爾（Gabrielle Berlatier）。當局很快地拘押這名自殘者、並將他安置在精神病院。

梵谷割耳的故事是眾所周知的，也留下不朽的著名畫作《叼著煙斗，包紮著耳朵的自畫像》

（*Self-Portrait with Bandaged Ear and Pipe*, 1989）。我們將梵谷與精神不穩定和瘋狂行為聯繫在一起，也將這些特質投射到他的藝術作品上。梵谷真的畫下了他的幻覺嗎？同樣的，古怪又半瘋狂的貝多芬真的創作了他聽不到的聲音嗎？簡單的軼事或許有助於我們理解複雜的問題，但是，這些「瘋狂天才」的故事是真實的表述嗎？還是因為人們喜歡精彩的故事而被誇大了呢？天才之中是否有更高的精神錯亂和自殺傾向？還是一些聲名狼藉的創作者扭曲了我們的觀點呢？

他們是天才，還是瘋子？

自古希臘人以來，天才和瘋狂之間的界線一直被認為是模糊不清的。柏拉圖將天才稱為「神性狂熱」[2]。他的學生亞里斯多德（Aristotle）把創造力和瘋狂聯繫在一起，他說：「沒有一點瘋狂就沒有偉大的天才」[3]。十七世紀的詩人約翰・德萊頓（John Dryden）也用韻文表達了同樣的觀點：「有智慧就有瘋狂，彼此相隔僅薄紙一層」[4]。愛倫坡（Edgar Alan Poe）被人稱作瘋子，他回應說道：「人們都說我是瘋子，但我心中一直有個疑問，瘋狂是不是最崇高的智慧展現，是否許多輝煌的、深刻的作品，並非源於思想疾病」[5]。查爾斯・道奇森的《愛麗絲夢遊仙境》中的愛麗絲說：「你瘋了，瘋子，整個失去理智……但我要告訴你一個祕密，所有最優秀的人都這樣」[6]。喜劇演員羅賓威廉斯把這個瘋狂天才古老的比喻帶入了現代，沉思說道：「你只有一點點瘋狂，如果失去了那一點，你就一無是處了」[7]。

儘管心理學家對於天才與精神疾病之間的關係已經爭論了一個多世紀，但至今仍沒有一個定論。早在一八九一年，義大利犯罪學家切薩雷・龍布羅梭博士（Dr. Cesare Lombroso）在其《天才之人》（*The Man of Genius*）一書中，提出了遺傳、精神障礙、頹廢和犯罪行為之間的關聯，一切都與天才有關[8]。他說：「**天才只是精神錯亂的多種形式之一**」。最近，精神病學家凱・雷德菲爾德・傑米森（Kay Redfield Jamison）等人將傑出的創造者與可識別的精神障礙相關聯，分類於權威的《精神疾病之診斷和統計手冊》（*Diagnostic and Statistical Manual of Mental Disorders*）[9]。看來，精神紊亂的比率是可以精確量化的。傑米森在一九八九年針對四十七位「英國著名作家和藝術家」的研究中，她對詩人的結論是典型的量化分析：「相較於一般人的躁鬱症（一%）、循環性情感症（一至二%）、和重度抑鬱症（五%）的患病率，研究顯示，這些英國詩人患躁鬱症的機率高出三十倍、患有循環性情感症或其他輕度躁鬱症的可能性高出十至二十倍、自殺的可能性是一般人的五倍以上，而進入精神病院或瘋人院的可能性，則至少是其二十倍」[10]。根據一項研究，科學家患精神疾病比率最低（比一般大眾高出一七・八%），而作曲家、政治家和藝術家的比率穩步上升，其中患病率最高的是作家（四六%）和詩人（八〇%）[11]。藝術家較高的患病率可能證實了說唱歌手肯伊威斯特的話：「偉大的藝術來自巨大的痛苦」[12]。

然而，痛苦並不能保證成就偉大的藝術。許多人都承受巨大的精神痛苦，卻沒有藝術（或科學）的表現。反之，也有許多人毫不費力就創造出偉大的藝術或科學。巴哈、布拉姆斯、伊戈爾・斯特拉溫斯基（Igor Stravinsky）和保羅麥卡尼都是映入腦海融會貫通的作曲家。科學家當中，麥可・法拉第、詹姆斯・克萊克・麥斯威爾、和愛因斯坦也是如此。有絕對瘋狂的鮑比・菲舍爾（Bobby Fischer），似乎也有正常的馬格努斯・卡爾森（Magnus Carlsen）；有瘋狂的梵谷，也有正常的馬蒂斯。

以一個非常不科學的角度來看天才和精神障礙的關聯，本書中討論的近一百位傑出人物告訴我們什麼？這群人當中至少有三分之一（很高的比例）都嚴重受到情緒障礙影響。中世紀德國女神學家聖赫德嘉、牛頓、貝多芬、特斯拉、草間彌生（Yayoi Kusama）、梵谷、吳爾芙、海明威、狄更斯、J・K・羅琳、美國天才女詩人希薇亞・普拉斯和畢卡索等人，表現出某種形式的情感障礙。天才之人未必有精神紊亂的習性，但確實存在這種傾向。據專家們說，數學家和科學家所經歷的精神障礙比藝術家少，可能是因為他們處理的是邏輯規則和理性的限制，而不是無止境的情感表達[13]。科學方法以及求解數學方程式通常都要按照有序、循序漸進的步驟。

電影《美麗境界》（*A Beautiful Mind*）的主角是獲得諾貝爾獎的經濟學家和數學家約翰・奈許（John Nash），他是「理智科學家」法則的例外。奈許從十幾歲起就患有精神分裂症，他在二〇〇八年接受《耶魯經濟評論》採訪時說：「創造性的洞察力是個謎，這是聰明和瘋狂思維互有關聯的一個特殊領域。如果你要發展出與眾不同的想法，需要的不僅僅是實際的思維方式[14]。我對超自然現象的看法會和數學想法一樣浮現腦海，我會把它們當一回事」[15]。

當奈許說這些想法以同樣的方式浮現在腦海時，他隱約提出了另一個問題：不平衡的大腦所產生的創造力是偶然、還是因果關係？換句話說，創造能力是由精神病引起的、還是正好同時發生但與精神病無關？梵谷提供了一個測試案例，但最終沒有明確的答案。

為精神疾病所苦的梵谷

關於梵谷精神紊亂的原因，醫師們已經提出了上百種的理論，其中包括躁鬱症、精神分裂症、神經性梅毒、間歇性煩躁不安、中暑、急性間歇性紫質症、苦艾酒引起的顳葉癲癇、亞急性閉角型青光眼、黃視症（視物皆為黃色的病症）和梅尼爾氏症[16]。此外，畫家的精神失調也有很強的家族遺傳因素。梵谷在三十七歲時自殺身亡，他的弟弟西奧也發瘋，在梵谷死亡六個月後，死於一家精神病院，時年三十三歲；他們的弟弟科尼利厄斯（Cornelius）顯然也是自我了結生命，當時也只有三十三歲。妹妹威廉敏娜（Wilhelmina）在精神病院度過了四十年的歲月，她於一九四一年去世，享年七十九歲[17]。

梵谷知道自己經常發瘋。他在一八八九年一月二十八日寫給西奧的信中說道：「要麼立刻把我關在瘋人院中，我不會反抗，要麼讓我全力以赴地繪畫」[18]。這兩件事都實現了。那年五月，梵谷進入法國的聖雷米精神病院（Saint-Rémy），被分配到兩間有鐵窗防護的房間，其中一間做為他的畫室。第二年，梵谷創作了一些他最鍾愛的作品，包括他在聖雷米院子所看到的《鳶尾花》（*Irises*），而《星夜》（*Starry Night*）則是呈現精神病院窗戶外的景象。據美術史學家妮可・巴克（Nienke Bakker）說，梵谷的最後一件作品《樹根》（*Tree Roots*）是在他出院後完成的，「這是其中的一幅畫作，你會感受到梵谷有時飽受折磨的精神狀態」[19]。

但是問題仍然存在：**梵谷是因為他發瘋了才成為一位天才（瘋狂塑造了他的幻想藝術），還是他本身就是天才，只是碰巧瘋狂而已？**梵谷所有與眾不同的風格，他關於繪畫、色彩和透視的理論，他的漩渦狀紋理、和閃爍的光線，在他寫給弟弟西奥的信中都經過了仔細的解釋，很久以後才在畫布上完全體現[20]。獨特偏好使用黃色、強烈的紅色和綠色相映、以及雙色條紋筆觸的纏繞，都是絕對新穎、但完全理性的美學詮釋[21]。就梵谷的狀況而言，精神分裂和藝術家創作可能是他生活經歷中的兩個獨立的部分，雖然是附帶的，當理智清醒的時候，梵谷完全知道自己在做什麼。

最重要的是，梵谷還知道自己何時神智清醒、何時瘋狂。當他精神狀況不穩定時，他不會作畫，正如他在一八八二年七月六日說的：「做為一個病人，你不能隨心所欲地作畫，也不可能勝任」[22]。幻覺可能不是他藝術創作的來源，但無疑是他很想逃脫的可怕經歷。因此，梵谷靠作畫以求生存。正如他在一八八二年說的：「是的，我能理解為什麼有人跳水自殺……，但我認為最好是自我控制，並在工作中尋求解藥」[23]；他在一八八三年也說過：「工作是唯一的補救方法，如果那還沒有幫助，人就徹底崩潰了」[24]。正如梵谷在信中多次強調的，他求生存的呼聲是：「我必須繪畫」。

因此他投入繪畫，在最後一年瘋狂創作了近一百五十幅作品。最終，在躁狂和抑鬱、瘋狂和清醒，精神病院和外在世界之間徘徊，就連繪畫都不足以拯救他。在一八九〇年七月二十七日上午，梵谷走進巴黎北部瓦茲河（Oise River）附近的一片田野，用左輪手槍朝腹部開槍，終結了自己的生命。

躁狂的吳爾芙

一九四一年三月二十八日上午，五十九歲的維吉妮亞・吳爾芙口袋裡裝滿了石頭，走進倫敦以北的烏斯河（Ouse River），也同樣結束了自己的生命。吳爾芙的精神失衡符合了精神分裂症和躁鬱症的臨床標準[25]。正如她的侄子昆汀・貝爾（Quentin Bell）寫道：「這是和維吉妮亞共處的困難之一，她的想像力奔馳，完全停不下來，飛快地前進，與現實脫節」[26]。長期支持她的丈夫倫納德・吳爾芙（Leonard Woolf）也認同地表示：「在躁狂階段，她會極度興奮，思緒飛快，滔滔不絕地說著話，在發病最嚴重的時候會語無倫次，她會產生妄想和幻聽，例如，她告訴我，在第二次發作時，她聽到窗外花園裡的鳥兒在說希臘語。她對護士很暴力。她在一九一四年開始第三次發作，這一次持續了好幾個月，最後陷入昏迷兩天才清醒過來」[27]。早在一九〇四年，吳爾芙就試圖跳窗自殺，但倖存下來。

吳爾芙的內省小說靈感從何而來？赫爾曼・梅爾維爾（Herman Melville）在南海一艘捕鯨船的航行經驗，為其作品《白鯨記》（*Moby Dick*）奠定了「深厚的背景」；同樣的，海明威曾在兩次世界大戰期間擔任前線記者，因此有新聞工作「背景」。有些作家是日常生活的敏銳觀察者，有些作家則主要依賴自己生動而理性的想像力，而莎士比亞似乎既是敏銳的觀察者、又具豐富的想像力。有時，作家也會深入自己精神紊亂的狀態。

在吳爾芙最具自我啟發性的小說《達洛維夫人》（*Mrs. Dalloway*）中，她將自己的真實和幻覺經歷都轉移到小說人物身上。達洛維夫人代表的是神智健全、傳統的吳爾芙，彼得・沃爾士（Peter Walsh）是她輕度躁狂的另一個自我，塞普蒂默斯・華倫・史密斯（Septimus Warren Smith）描繪了她精神錯亂的分身，他聽到鳥兒用希臘語唱歌，幻想工作人員想要傷害他，跳窗自殺求解脫。吳爾芙說：「做為一種經驗，我可以向你保證，瘋狂是非常棒的，不該被別人嘲笑。在瘋狂之中，我仍然能找到大部分的寫作內容」[28]。

寫作是吳爾芙驅除惡魔的方式，正是瘋狂魔鬼激發了她的天才。大多數病患與精神科醫生交談，做為一種「傾訴療法」，但是吳爾芙充當自己的精神科醫生，只是靠書寫抒發。在一九三一年的一篇文章中，她透過寫作證明精神錯亂的經歷與自我治療之間的關聯，進而消除了另一個自我的威脅。「我發現，如果我要寫書評時，我就得和某個幻影對抗，她一直想要打斷我撰寫評論，不斷地在干擾我，浪費我的時間，如此折磨我，最後我殺了她……我轉向她，掐住她的喉嚨，我盡全力殺了她……我拿起墨水瓶朝她扔去，她死得很慘」[29]。

和許多躁狂抑鬱症患者一樣，吳爾芙時而亢奮、時而沮喪，有時處於兩者之間的正常平衡狀態。她曾經寫過從正常到躁狂的經歷：「我看到自己，我的才華、天賦、魅力和美貌都開始逐漸消失，說實在的，變成一個年老、邋遢、挑剔、醜陋又無能的女人，空虛、喋喋不休、一無是處」[30]。而只有在恢復正常狀態之後，她的混亂思緒可以整合成連貫的敘事流時，吳爾芙才能夠穩定地寫作。她在一九三三年六月的一個晚上，開車行經她所居住的倫敦郊區時，突然有感而發：「昨晚開車經過里奇曼時，突然對我的整體存在有了深刻的體會：我的生命只有寫作：除非我書寫，否則沒有任何事情是圓滿的」[31]。一些天才隱藏的習慣之一就是，能夠進入想像的世界然後再回歸現實。吳爾芙可以做到這一點，直到她做不到為止。

以幻覺創造藝術的草間彌生

當代藝術家草間彌生（生於一九二九年）自一九七七年至今，仍在日本東京清和精神病院（Seiwa Psychiatric Hospital）和外在世界之間來回掙扎。草間彌生被《時代》雜誌評選為二〇一六年一百位最具影響力的人物之一，可能也是世界上仍然在世最著名的藝術家之一，她仍然遵循同樣的強迫症規律生活：「在醫院對面的街上，我蓋了一間工作室，每天在此工作，往返於兩棟大樓之間。醫院生活遵循固定的時間表，我晚上九點鐘就寢，隔天早上七點準時起床進行血液檢查。每天早上十點，我會去工作室，一直工作到晚上六、七點」[32]。她在自傳中也補充說道：「我在兩個極端之間徘徊：藝術家從創作中獲得的滿足感，以及激發創意的強烈內心張力……在現實和虛幻的感覺之間」[33]。

草間彌生從小就有過虛幻的經歷。她描述一次精神病發作事件，標誌著她年輕時在紐約市

（1957-1973）的生活：

> 我經常遭受嚴重的神經症發作。我會用網子蓋住畫布，然後繼續在桌子、地板、最後在我自己身上畫畫。當我一遍又一遍地重複這個過程時，網子開始擴展到無窮大，將我包圍住，緊緊依附在胳膊、腿和衣服上，最後充斥整個房間，使我忘了自我。有一天早上醒來，發現前一天畫過的網子掛在窗戶上。驚歎於此，我伸手去觸摸，它們開始爬到我手上，我的心跳加速，在一陣恐慌發作的痛苦中，我叫了一輛救護車，急著把我送到貝爾維尤醫院。不幸的是，這種事情開始有規律地發生……但我只是一直瘋狂地作畫[34]。

繼無限的網之後，草間彌生開始痴迷地畫出無窮無盡的波卡圓點（參見圖7-1）或其他一些可快速複製的執著點。評論家稱她為「圓點女祭司」和「第一位痴迷藝術家」。她將自己的作品標記為「身心藝術」（Psychosomatic Art），一種由精神疾病衍生的藝術。草間彌生的目的是要消除她所遭受的執念困擾，使她（和觀者）的精神能夠超越，進入無限延伸、無差異的「炫目虛無之境」。她說：「我的藝術來自幻覺，只有我才能看得到，我將困擾我的幻覺和執迷意像轉化為雕塑和繪畫作品。我所有的畫作都是強迫性神經官能症的產物，與我的疾病密不可分……透過將幻覺、和對幻覺的恐懼轉化為繪畫，我一直在嘗試治療自己的疾病」[35]。草間彌生在自傳寫道：「因此，你也可以說，我的繪畫靈感是原始的、直觀的，與『藝術』的概念幾乎沒有關係」[36]。

正如梵谷、吳爾芙和草間彌生的例子明顯地表示，精神上的「失常」不僅可以使人失能，也可以創造可能。創意表達可以保護和治癒心靈，而從個人求生的過程中出現了一件藝術品。創作者可以將個人的生活經歷加諸於讀者、觀眾或聽眾。藝術家說：「我看到了、感受到了，我希望你也能看到、並有所感覺，當你達到了，我們將變得無限和諧，無論是在我們個人內心深處、還

圖 7-1：草間彌生在名爲《為摯愛的鬱金香永恆祈禱》（*With All My Love for the Tulips, I Pray Forever*）室內裝置藝術中所拍攝的照片，「無限永恆」（*Eternity of Eternal Eternity*）藝術展，日本長野縣松本市（Matsumoto Nagano, Japan）市立美術館。

是彼此之間」。以下是一些傑出人士的宣言，他們的精神「失衡」是藝術創作的驅動力。

- 梵谷：「我必須繪畫」。
- 吳爾芙：「我藉書寫來穩定自我」。
- 草間彌生：「藝術是一種釋放，也是一種治療」。
- 畢卡索：「《亞維農的少女》（*Les Demoiselles d'Avignon*）是我的第一幅驅魔畫」。
- 安妮・塞克斯頓（Anne Sexton）：「詩歌引領我擺脫瘋狂」。
- 邱吉爾：「在最艱難的時刻繪畫是我的救贖」。
- 瑪莎・格雷厄姆：「一旦無法跳舞時，我便失去了生存的意志」。
- 羅伯特・洛威爾：「我會逃避到寫作之中而得到療癒」。
- 查克・克洛斯（Chuck Close）：「繪畫拯救了我」。
- 艾美懷斯（Amy Winehouse）：「我創作歌曲是因為我腦袋裡一片混亂，我需要從壞事當中得到一些好處」[37]。

每個人都需要一個有目標的有益活動，即使你正在創造之事對別人來說微不足道，但自認為它很重要也可以成為大救星。

失聰的貝多芬

貝多芬於一八〇三年在維也納郊區寫了一封沮喪的信件，被稱為「海利根施塔特遺囑」（Heiligenstadt Testament），當時想自殺的他解釋了為何最後決定不結束生命：「只有我的創作才使我打消念頭，在我看來，除非我把內心深處所有的情感都宣洩出來，否則不能離開人世，因此我忍受了我悲慘的存在」[38]。這並不是貝多芬唯一一次考慮自殺，例如，在一八一一年，他在樹林裡失蹤了三天，被另一位音樂家的妻子在溝渠中發現，貝多芬對她坦言：「他想讓自己餓死」[39]。貝多芬的身體有許多毛病，他患有躁鬱症、妄想症、長期胃腸道疾病、鉛中毒，也是一位功能性酒鬼[40]（functioning alcoholi，意指酒精成癮但仍保持正常行為能力之人），但是大家如今記得的殘疾是耳聾。

在一七九〇年代，貝多芬二十多歲時，他的耳朵開始出現耳鳴的現象，越來越不容易聽到高音調的聲音。在一八〇一年，他寫信給一位朋友：「我的耳朵日夜持續嗡嗡作響……在劇院裡，我必須離管弦樂團很近，靠在欄杆上，才能聽到演員……有時候，我也幾乎聽不到那些輕聲說話的人，我只聽得到他們的聲調，但聽不清楚內容」[41]。到了一八一四年，貝多芬不再以表演者身分出現在公眾面前。但是直到一八一七年他四十七歲時，他的耳聾才變得極度嚴重，以至於他再也聽不到音樂聲。貝多芬死後，屍體解剖顯示他的聽覺神經「萎縮了，失去神經纖維，附近的動脈擴張到比烏鴉羽毛管和軟骨還要大」[42]。

在此提供兩點背景說明：首先，在一八〇三到一八一三年這十年之間，雖然耳力大大下降，貝多芬還是可以聽得到，這些年來他所創作的音樂作品，深受當今音樂會觀眾的喜愛，包括最受歡迎的交響樂、協奏曲和鋼琴奏鳴曲，因此，「耳聾貝多芬」的概念並不完全正確，要看是哪一段時期。其次，許多有才華的作曲家，以莫札特為代表，無須憑藉外在的聲音，而是傾聽「內心旋律」來創作音樂。貝多芬也有能力聽見腦海的音樂，寫下草稿，在不借助發聲樂器的情況下，書面完成最後的樂譜創作。

然而，殘疾也可以有所做為。貝多芬的音樂之所以成為時代潮流，部份原因是他對「缺陷」的因應之道。諷刺的是，「聾人」貝多芬對音樂史的貢獻在於他發現了音樂聲音。也就是說，他的主要特點並不是在音樂理念，而是在於音樂理念傳達的聲音一再地重複。貝多芬透過設定和弦、旋律片段或節奏來創造他的獨特音樂，只是一遍又一遍地重覆，每次更迭時增加音量、也經常提高音調。將音樂還原為基本元素，然後在一波一波漸強的聲浪中向前推進，使貝多芬的音樂帶來了前所未有的力量，他似乎在表達：「我聽不到、聽不到、聽不到，再大聲一點！」

聽覺障礙者在感受音樂時，通常只會「聽到」地面的振動，這就是貝多芬眾多作品都是風格化舞蹈（音樂簡化為基本脈動）的主因嗎？若想體驗舞動的貝多芬和振動的大地，最好的方式可能是聆聽他《七號交響曲》的第一樂章，作品中連續重複同一主題五十七次。最具說服力的是在貝多芬完全失聰後最後的四重奏和鋼琴奏鳴曲中，出現精美奇特的結構和抽象錯位（稱為極端的內在性）[43]。貝多芬專家梅納德・所羅門（Maynard Solomon）總結說道：「失聰並沒有削弱他做為作曲家的能力，甚至可能更加提升」[44]。確實，在某種程度上，貝多芬的天才在於他的殘疾迫使他傾聽內在的聲音，再將之傳遞到紙上。

臉盲症畫家查克・克洛斯

失聰的作曲家、或失明的畫家，哪一種藝術家面臨比較大的挑戰呢？畫家查克・克洛斯（生於一九四二年）無論見過多少次面，都無法認出朋友、家人或熟人。除了閱讀障礙和其他認知障礙之外，克洛斯還患有臉盲症，即神經科臨床上所謂的「面部識別能力缺乏症」（prosopagnosia）[45]。臉盲症是由顳葉梭狀回（fusiform gyrus）中的梭狀回面孔區（fusiform face area）出現問題所引起的，它連接著與視覺識別相關的神經通路[46]。一如諾貝爾獎得主、神經科專家艾瑞克・坎德爾（Eric Kandel）在一次採訪中說道：「你是西方藝術史上唯一選擇畫人物肖像的臉盲症藝術家」[47]。

查克・克洛斯無法識別人臉，部分原因是他無法概念化立體影像，但是如果是二維圖像，他就可以識別。為了創作人物肖像，克洛斯拍攝一張臉部照片，然後將二維圖像畫分為無數個小的增量單位，再以獨特的方式分別繪製每個小單位。針對他的朋友比爾・柯林頓（Bill Clinton）的肖像（2005年，圖7-2），克洛斯創作了六百七十六塊菱形的組合，結果產生某種類似於面部霧化的效果，這種拆解使我們意識到一個人——以及每個潛在的天才——都是由無數個可能會、或可能不會聚合的小元素組成的。克洛斯特別指出柯林頓拆解後的牙齒問題：「每個牙齒都是分開的，我必須想辦法讓它們黏在一起，這樣看起來才像牙齒」[48]。臉盲症患者查克．克洛斯被迫以不同的方式看待世界，提出了變通的解決方案。克洛斯的比爾．柯林頓肖像畫如今展示在華盛頓特區的國家肖像館（National Portrait Gallery）中，紀念著一位總統和一種殘疾。

肖像畫家查克．克洛斯無法記住人的面孔，而藝術家史蒂芬．威爾舍（Stephen Wiltshire）正

圖 7-2：查克．克洛斯 2006 年創作的比爾．柯林頓肖像畫，由 676 塊菱形組成，反映了克洛斯對其臉盲症殘疾的藝術表現（伊恩和安妮特．卡明〔Ian and Annette Cumming〕致贈，國家美術館，華盛頓特區）。

好相反，有著過目不忘的超強記憶力。他只要看過一次倫敦、紐約、羅馬、杜拜或東京的城市景觀或場景，約莫二十分鐘左右，就可以精心複製出每個細節。他的繪畫可能需要幾個小時才能完成，在他倫敦的畫廊裡以數萬英鎊的價格出售。

史蒂芬．威爾舍是個天才嗎？雖然他的記憶力令人印象深刻，但他並不是。威爾舍是一名自閉症學者症候群患者，他具有以類似電腦速度處理視覺訊息的能力，卻只有五歲兒童的一般認知發展[49]。威爾舍準確地描繪出他所看到的一切，不多也不少。還有其他患有所謂「學者症候群」的人呢？例如奧斯卡獲獎電影《雨人》（*Rain Man*，1988）當中的靈魂人物金．皮克（Kim Peek）這位計算奇才；和只聽過一次就能夠彈奏出完整音符的音樂神童德里克．帕拉維奇尼（Derek Paravicini）？閃電般的快速處理能力是一回事，但獨創性又是另一回事。查克．克洛斯透過手工繪製他的每個增量單元，並以獨特方式進行組裝，進而為肖像畫增添了價值，而威爾舍和帕拉維奇尼只是複製現有的東西。關於威爾舍和其他自閉症學者症候群患者，正如神經學家奧利佛．薩克斯（Oliver Sacks）所指出的，真正的藝術必須經過一個私人化過程，在此過程中，創作者利用借來的素材，「使其與自身相關聯，並以一種全新的、個人獨有的方式表達出來」[50]。

（譯註：學者症候群 [Savant syndrome] 是指在某種藝術或學術上超乎常人的能力，如演奏樂器、繪畫、記憶等。一〇%的自閉症兒童和亞斯伯格症候群患者會表現出學者症候群的特徵。）

漢斯．亞斯伯格（Hans Asperger）表示：「要想在科學和藝術上取得成功，一定要有一點自閉症」[51]，所謂亞斯伯格症候群（Asperger's Syndrome）便是以他命名的。自閉症或許需要一點，但也需要豐富的想像力、具體化和建立新聯繫的能力。牛頓看到了整個銀河系的關係；斯里尼瓦瑟・拉馬努金（Srinivasa Ramanujan, 1887-1920）解決了前人無法解決的數學問題；艾倫・圖靈（1912-1954）在發展現代計算和破解納粹密碼機方面，發揮了關鍵作用。據說每一位都表現出泛自閉症障礙的症狀，但都具有豐富的想像力，後兩位天才在最近的電影中家喻戶曉：拉馬努金的《天才無限家》（*The Man Who Knew Infinity*, 2015）和圖靈的《模仿遊戲》（*The Imitation Game*, 2014）。然而，在近代公眾人物中展現出極端能力和殘疾的，沒有人比已故喜劇演員羅賓威廉斯更瘋狂、更具遼闊的想像力。

注意力缺失症的羅賓威廉斯

有一次，在即興提出化解近東恐怖分子危機的方法之後，他很快提到美國，並補充說：「如果你曾經在艾美許人（Amish）的領土上，看到持槍男子埋在馬的屁股裡，那是修理工，而不是恐怖分子」[52]。威廉斯的思緒運轉快如閃電，比利克里斯托（Billy Crystal）曾經評論他這位朋友說：「如果我今晚反應靈敏，他的反應更快」。詹姆斯・利普頓（James Lipton）在《演員工作室秘辛》（*Inside the Actors Studio*）節目中向羅賓威廉斯提出了一個問題：「你怎麼有辦法反應這麼地敏捷？你思考的速度比我們一般人更快嗎？到底是怎麼回事？[53]」答案或許在於「注意力缺失症」（Attention Deficit Disorder，ADD）[54]。

戲劇學校同學喬爾·布魯姆（Joel Blum）說：「我曾試著與羅賓對話，順利進行了大約十秒鐘之後，他會開始模仿一個角色，做一些表演，隨即近乎瘋狂似的興奮不已，然後就走了」[55]。儘管威廉斯從未被正式診斷患有注意力缺失症，但在他的案例中，許多心理健康觀察家對此表示懷疑[56]。許多 ADD 患者也被認為具高度活躍的想像力[57]，因此有特別的創作天賦，他們也很容易患有路易氏體失智症（Lewy Body Dementia，LBD）[58]，這是一種大腦中神經化學蛋白質異常堆積的疾病。威廉斯患有 LBD，很可能因此加速他在六十三歲時自殺身亡。在許多情況下，伴隨 ADD 和 LBD 衍生的症狀都是抑鬱症。然而，沮喪可能是黑色幽默的泉源，諷刺的是，這讓人想起一個很療癒的笑話，拜倫勳爵說：「要不是想到這會讓我岳母稱心如意，我早該找個美好的日子把我的腦袋轟了」[59]。

絞架幽默，一種悲劇般的諷刺感，許多天才都有這種幽默感。越深的坑，就越需要幽默去挖掘。羅賓威廉斯的導師、憂鬱的喬納森·溫特斯（Jonathan Winters）曾說過：「我需要那種痛苦，不管它是什麼，無論它有多麼糟糕，我都得不時地召喚它」[60]。威廉斯本人說：「這不是很有趣嗎，我能為許多人帶來極大的歡笑，卻無法讓自己快樂」[61]。威廉斯自己陰暗的想法引起人們哄堂大笑，例如：「在德州有很多電椅，連聖誕老人都有。他們給你注射致命毒藥之前，會先在你手臂上擦拭酒精，以免你受到感染」[62]。威廉斯預見此事的發生：「這就是令人興奮的地方：一種探索的概念。這就是我們身為藝術家、喜劇演員、演員所面對的問題，你要走到邊界地帶去看一看，有時你得跨越邊界極限，然後祈禱自己還回得來」[63]。（譯註：絞架幽默 [gallows humor〕，是針對自身面對糟糕處境時所表達的一種幽默。）

ADD是否增強了羅賓・威廉斯反應靈敏的喜劇表現？查克・克洛斯患有臉盲症，不得不採取「變通辦法」，進而為現代藝術開闢了新方向。史蒂芬・霍金患有肌萎縮性脊髓側索硬化症（ALS），據他的朋友、諾貝爾獎得主基普・索恩（Kip Thorne）說，他「必須學習一種全新的方式」，才能成為出色的物理學家[64]。英國科學家認為牛頓非凡的專注能力、以及安迪沃荷繪製重複圖像的傾向，歸因於亞斯伯格症候群[65]。亞斯伯格症於一九九五年被納入《精神疾病之診斷和統計手冊》，但於二〇一三年被移除，並重新歸類為自閉症譜系障礙的診斷類別。時代和文化在變，我們對天才和知覺殘疾的態度也是如此。

殘疾不是病，只是跟別人不一樣

二〇一五年四月，紐約市立大學研究生中心的傑出教授約瑟夫・史特勞斯（Joseph Straus）來到我的耶魯大學「天才課程」，針對自閉症主題發表演講。由於史特勞斯的長子患有自閉症，他撰寫了一本相關主題的著作（*Extraordinary Measures: Disability in Music*, 2011）。在精彩的演講快結束時，史特勞斯和現場約八十名學生的討論越來越熱烈。聽眾當中有許多是主修心理學或神經生物學的學生，有幾位曾經參與NIH資助的自閉症研究實驗室的夏季實習，他們都渴望了解自閉症「治癒方法」的最新進展。

史特勞斯並沒有解答。他和妻子大半輩子都在適應、擁抱兒子各式各樣豐富的人文潛能。史特勞斯說：「對於自閉症患者而言，**與其說特殊興趣或技能不受自閉症影響而產生，不如說正好是因為自閉症才使其技能得以發展。殘疾只是一種差異性，而不是需要醫療專業人士進行補救、正常化或治癒的缺陷**」。演講結束時，雙方都只達成一個共識結論：這是攸關數百萬人迫切的道德困境。如果可以的話，我們會不會想要消除自閉症或任何殘疾？這些「另類」心理特徵不正是可能導致天才的另一種智慧模式嗎？[66]

金恩博士稱讚精神失衡者：「人類的救贖掌握在創造性的失調者手中」[67]。天才需要創造，人類也需要他們的創意。同樣的，**許多神經系統差異被證明是促成天才的隱性誘因。與其將之視為不可逾越的障礙或殘疾，不如視之為可以產生原創思維的機會**。

如果貝多芬今天還活著，就算手術無法治癒他的內耳硬化症，至少可以改善問題。心理分析和抗抑鬱藥也可能幫助吳爾芙繼續寫作，但要付出什麼代價呢？草間彌生嘗試了佛洛伊德式精神分析的「傾訴療法」長達六年之久，但她的藝術卻受到了影響。她說：「不管我再怎麼努力繪畫，就是沒有靈感出現，因為一切都透過我的傾訴宣洩掉了」[68]。羅賓威廉斯知道他的精神永遠不會保持平衡，甚至懷疑自己會希望如此，因為害怕只要失去他的喜劇天才：「那你就死定了吧！」[69]。科學家可能有一天會發現治療方法，可以減輕或徹底根治失聰、自閉症、亞斯伯格症候群、強迫症和注意力缺失症等「殘疾人士」。但是，如果這代表了不再有《歡樂頌》，不再有萬有引力理論，咖啡杯上不再有《星夜》，也不再有讓你「笑到噴淚」的笑話，這樣真的算得上是進步嗎？你自己評斷吧。

最後一點：我們常把天才看作是一顆燦爛耀眼的星星，但很快燃燒殆盡。以梵谷為原型，我們想像一個自殺的瘋子，他去世時年僅三十七歲。但梵谷其實是個異類，雖然他單身、轟動的人生造就了一個精彩的故事，但卻掩蓋了天才大多長壽的事實。

或許可以爭論畫家、科學家或古典音樂家當中，誰是最偉大的天才，這完全取決於個人的價值觀和文化觀點。但是為了證明天才長壽的論點，我進行了一項非常不科學的研究，我在谷歌搜索「十名最偉大的古典音樂作曲家」，出現了一串人名清單，包括貝多芬、莫札特、巴哈、理察・華格納（Richard Wagner）和彼得・柴可夫斯基（Pyotr Tchaikovsky）等，針對這十位音樂天才，我計算出的平均壽命為五一・四年。在畫家方面，谷歌搜索顯示畢卡索、達文西、梵谷、米開朗基羅、安迪沃荷、芙烈達・卡蘿等人，他們的平均壽命為六十七・二年，這些名畫家平均比梵谷多活了三十年。當我針對牛頓、伽利略（Galileo Galilei）、愛因斯坦、瑪里・居禮、史蒂芬・霍金、特斯拉等科學家進行相同的計算時，我發現他們的平均壽命為七十五・三年。將這些數字納入背景考量，幾乎所有天才都是在抗生素尚未普及（1940）、壽命短得多的年代之前出生的，扣除嬰兒死亡率，一七五〇年白人男性的平均壽命大約為三十五歲，一八三〇年四十歲，和一九〇〇年四十七歲。因此，根據粗略的計算，許多天才似乎比一般民眾多活了十年，這些數字令人質疑一句古老拉丁諺語 *Dum spiro, spero*，意指「只要活著，就有希望」（*while I breathe, I hope*），天才反映相反的現實，只要還有希望，我就努力活著（*while I hope, I breathe*），為什麼？

為什麼樂觀主義者比悲觀主義者平均多活十年？這是根據哈佛暨波士頓大學於二〇一九年在《美國國家科學院論文集》發表的一項研究結果[70]：「針對個人最初的樂觀程度進行比較，研究人員發現，相較於最不樂觀的群組，最樂觀的男性和女性平均壽命延長了十一%至一五%，而活到八十五歲的機率要高出五〇～七〇%」[71]。雖然造成此結果的生理因素仍然未知，但重要的事實很明顯：樂觀主義者，像天才一樣，壽命更長。

這些天才們（創造性的失調者）大多都是樂觀主義者。正如臉書的馬克・祖克柏在二〇一七年所說：「樂觀主義者往往容易成功，而悲觀主義者往往是正確的……如果你認為某件事將會很糟糕、注定會失敗，那麼你就會去尋找能夠證明自己是對的數據點，你也會找到它們！悲觀主義者就是這樣做的。但是，如果你認為一件事有可能實現，你將會努力設法使之成功可行」[72]。**「設法使之成功可行」是天才的使命、熱情、也許是強迫性的執著追求。**不管是天才還是勤奮努力之人，我們都需要一個自認為可以達成的任務，不管它有多「瘋狂」或是「不正常」，有個任務目標將有助於保持人生的活力。

第8章 天才都是叛逆、特異獨行、搗蛋鬼？

「既然可以成為海盜，又何必要加入海軍呢？」

——賈伯斯

向那些瘋子們舉杯，那些被視為特異獨行、叛逆、搗亂份子、格格不入的人、那些看事情和別人不一樣的人——他們不喜歡墨守成規……你可以引述他們的話、反對他們、讚揚或醜化他們，但唯獨不能忽視他們，因為他們帶來改變……他們推動人類向前發展。在一些人眼中這些人是「瘋子」，我們看到的卻是天才，因為，那些瘋狂到認為自己可以改變世界的人，也正是改變世界的人。

天才史蒂夫・賈伯斯用一九九七年「不同凡想」（Think Different）的電視廣告這些話，開啟了當時風雨飄搖的蘋果電腦公司的轉機。數百萬名觀眾觀看了該廣告的首播，於一九九七至二〇〇二年間播放，由演員李察・德雷福斯（Richard Dreyfus）配音（最初是賈伯斯本人），畫面中出現了二十世紀許多標誌性天才的照片：愛因斯坦、巴布狄倫、金恩博士、約翰藍儂、愛迪生、穆罕默德・阿里（Muhammad Ali）、印度聖雄甘地、第一位獨自橫跨大西洋的女性──愛蜜莉亞・艾爾哈特（Amelia Earhart）、現代舞創始人之一瑪莎・格雷厄姆、美國兒童節目《芝麻街》木偶師吉姆・漢森（Jim Henson）、畢卡索、和古根漢美術館建築師法蘭克・洛伊・萊特（Frank Lloyd Wright）。伴隨著緩慢、準宗教的音樂，這則訊息聽起來不像是銷售廣告，反倒像是對我們最珍惜的信仰的一首讚美詩：叛逆的天才使我們的世界變得更加美好。在此背景之下，「瘋狂」、「麻煩製造者」、和「特異獨行」聽起來像是恭維，這些天才是我們的朋友、我們的英雄、我們當代的神靈。

我們的文化尊重叛逆的天才，因為他們有能力使我們看到不同的世界。我們還記得哪些墨守成規的人呢？沒有打破現狀，就不會成就天才。當然，並非每個叛逆者都是天才，因為並不是每個顛覆性的想法都是聰明的，看看叛逆的伊卡洛斯（Icarus）因為飛得太高離太陽太近了，結果下場如何？因此，天才不僅是養成叛逆的習慣，更是要有正確的判斷。

然而，天才並非總是受到普遍愛戴的。蘇格拉底（Socrates）被視為一個危險人物，雅典市民強迫他喝下毒藥。馬丁・路德（Martin Luther）和伽利略遭到軟禁。納爾遜・曼德拉（Nelson

Mandela）、金恩博士、和印度聖雄甘地則受到監禁。聖女貞德被燒死在火刑柱上。就連那些溫和的印象派畫家一開始也受到唾棄，被放逐到「落選者沙龍」（*salon des refusés*）。根據歷史學家約翰・沃勒（John Waller）的說法，梵谷、愛因斯坦、邱吉爾和耶穌基督只是經歷一段放逐時期、真實或象徵性的夢想家[1]。**社會變革需要時間和接受改變的意願，只有隨著時間發展，瘋狂的觀念才能成為新的規範。**

有時，接受改變得經過漫長的時間。幾千年來，不同時期的一些科學家認為，太陽才是銀河系的中心，而不是地球，然而直到一八二〇年，這個信念才被羅馬教會正式接受[2]。一七九六年左右，愛德華・詹納（Edward Jenner）從感染牛痘的母牛身上抽出膿液，注射到人體身上。當時的一些家庭，包括莫札特家族，都拒絕接種疫苗而承受了後果，但是到了一九八〇年，天花病毒已經被根除。愛因斯坦的廣義相對論在一九一九年得到了證實，但是整整經過一個世紀之後，該理論的推論視覺合作：黑洞的存在，才被提出[3]。相較之下，金恩博士從囚徒變成美國華府國家廣場上的民權偶像，只花了幾十年的時間。為什麼要花這麼長時間？因為一般人都不喜歡破壞性的想法和帶來這些想法的叛逆者。

為什麼天才都是搗蛋鬼？

強納森・史威夫特（Jonathan Swift）在一七二八年說：「**當世界上出現一個真正的天才時，**

你可以從這個跡象認識他：那些傻瓜都會聯合起來反對他」❹。那麼，我們這些傻瓜為什麼一開始的時候要和天才過不去呢？因為天才是搗亂份子，使其他人感到困難、不自在，他們迫使我們改變，而改變需要一些努力。根據二〇一一年發表在《心理科學》（*Psychological Science*）期刊上的一項測試結果，在具有創意的新概念和務實的舊思想這兩個選項之間，大多數人都會選擇務實的舊思想❺。維持現狀是我們的預設模式。就連有專業職責要督促學生發揮創造力的老師，也發現有創造力的學生在課堂上造成破壞性的干擾❻。《教出最聰明的孩子》（*The Smartest Kids in the World*）作者阿曼達．雷普利（Amanda Ripley）寫道：「無論他們怎麼說，大多數老師其實不喜歡自己的學生具創造力和批判性思維，有關小天才被踢出學習場所的故事不勝枚舉」❼。

一六三二年，伽利略譴責教宗烏爾班八世（Pope Urban VIII）一再稱他為「傻瓜」❽。烏爾班不能接受地球繞著太陽旋轉的激進觀念，而伽利略則無法忍受烏爾班的無知。但是，請站在烏爾班的教宗立場思考，所有經驗證據都表明，太陽從東方升起，在天空中移動，然後在西方落下；確實，聖經在六十七處肯定了這一點❾。我感覺不到自己以每小時五十萬英里的速度在太空中飛馳，教宗烏爾班也不例外。然而，伽利略利用他所發明的新型三十倍放大望遠鏡，可以看到木星、以及繞其運行的四個衛星。然後，他做出聯想：如果木星帶著四個衛星繞著太陽旋轉，只有一個月球環繞的地球是不是也一樣呢？

尼古拉．哥白尼（Nicolaus Copernicus，1473-1543）曾提出過同樣的建議，但他指出自己的日心世界觀只是一個概念模型，為自己的說法留點餘地（並挽救了他的性命）。他有理由保持謹慎，因為宗教裁判所已全面運作，並使用酷刑和處決來打擊異端邪說。他的一位門徒，哲學家喬丹奴·布魯諾（Giordano Bruno），在一六〇〇年因教導哥白尼式的非正統學說而被燒死在火刑柱上。然而，伽利略在言論和出版品方面都比哥白尼更進一步，宣稱哥白尼的理論不僅僅是假設，而是事實。一六一六年面對羅馬宗教裁判所之後，伽利略放棄了一段時間。然後在一六三二年，發表了他《兩大世界體系的對話》（*Dialogue Concerning the Two Chief World Systems*），該對話充分證明了哥白尼模型是正確的，並提出其他的證據支持。因此，在一六三三年一月，伽利略再次前往羅馬，在宗教裁判所面前解釋自己的說法。

對我們來說，天體物理學這方面似乎與日常生活相去甚遠，但對於當時的羅馬教會而言，卻是極為嚴重之事。在前現代基督教的觀點看來，地球是宇宙的中心，而羅馬教會則是精神的中心，在塵世的盡頭之上是與聖徒和天使同在的天堂，之下則是罪人與魔鬼的地獄。伽利略認為地球在太空中繞行，其實只是眾多行星之一，而太陽也只是眾多恆星之一，這是褻瀆神靈的，如今，地球、教會和所有基督教神學不再在宇宙中占據不可動搖的中心地位，而是降級成為快速發展的次要活動。現實可能更像是一場神祕的意外，不再是神的意旨。確實是革命性的思想啊！

面對因宣揚虛假教義而被處以火刑的威脅，伽利略與宗教裁判所達成了認罪協議[10]。他同意承認自己的著作在不經意間給人一種印象他支持日心說的概念，而教會當局則同意只判他終身遭到軟禁（最終歷時八年）。但是，叛逆的伽利略在審判結束離開長椅時，據說他喃喃自語：「但地球依然在轉動著」。

地球圍繞太陽運轉，如今聽起來是明顯事實。但是即使到了今天，似乎還是有一些人不願意接受壓倒性的科學證據。一九五三年，研究人員喬納斯．索爾克（Jonas Salk）宣布研製出能夠預防小兒麻痺症的疫苗，但一些非洲國家仍不願施打。一九六一年，約翰．恩德斯（John Enders）發現了一種預防麻疹的疫苗，但今天仍然有人拒絕接受，就像他們拒絕讓孩子接種白喉、破傷風、百日咳、以及人類乳突病毒一樣。絕大多數的科學家認為，野火和不斷增強的海洋風暴都與全球暖化有關，但否認氣候變化的人駁斥有任何因果關係。什麼原因使我們所有人如今都相信，某些天才會反駁未來？

異教徒馬丁．路德

如今，我們對「新教徒」（*Protestant*）一詞不會有太多異議，可以大約定義為：「新教徒是不屬於天主教的基督徒」。但嚴格來說，最初的新教徒是信賴書面經文，提供見證（*pro + testamentum*）以支持叛逆思想的人，認為宗教可以根據與羅馬教會不同的制度重新建構。同樣的，我們通常認為 *protester* 是反對者、參與遊行並高呼改變現狀的抗議人士，例如，一九六〇年代的反越戰示威者，或是反對前總統川普的邊境牆和反移民政策的抗議者。馬丁．路德既是新教徒又是抗議者，信奉新宗教，反對舊宗教，如果曾有天才進行宗教變革，那就是馬丁．路德。

馬丁．路德在他生命晚年，創立了一個新宗教，具有自己的神學和禮拜儀式、允許神職人員婚姻、解散了修道院、使北歐在財務上獨立於南歐、培育了個人主義資本主義和民主種子得以生根發芽的環境。過去自上而下的權力結構——從教宗到主教、到長老會（牧師）、再到教區居民——如今已經顛倒過來，從教區居民到他們選擇的領導者。可以說，馬丁・路德開創了從神權政治到民主、從中世紀到現代的大門。

一切始於德國維滕貝格這座不起眼的城堡教堂大門，一五一七年十月三十一日，馬丁・路德在此釘上他著名的《九十五條論綱》（Ninety-Five Theses），批判教皇的九十五項行為，特別質疑聖座出售贖罪券的做法[11]。「只要金庫內的錢幣叮噹響／煉獄中的靈魂便湧現」[12]，正是羅馬教會派來販賣贖罪券的人所用的銷售順口溜，用德國錢幣來換取永恆的精神恩典。因此，馬丁・路德的叛逆不只有宗教意義，也具經濟意義，因此，他得到了幾位有相同信念的德國皇族支持，才得以在一五一八年逃過宗教法庭、隨後又於一五二一年逃過世俗法庭的審判[13]。一位教皇特使宣誓，「三週後我將把這個異教徒扔進火裡！[14]」神聖羅馬帝國皇帝查理五世下令逮捕馬丁・路德，但他逃脫了，一直在親路德教派的城鎮和堡壘的保護之下度過餘生。馬丁・路德受到良知和誓死捍衛自身信仰的精神驅使，他在沃爾姆斯議會（Worms）的抗辯結尾中，發表了這個著名的宣言：「我不能、也不會撤回任何信念，因為違背良知，既不謹慎，也是不對的，我絕對不能這麼做，我的立場堅定，上帝拯救我，阿門」[15]。

還有哪些顛覆者也有堅定的信念？當其他人都抱持懷疑時，克里斯托弗・哥倫布（Christopher Columbus）向西航行，到達遠東；卡爾・馬克思（Karl Marx）和弗里德里希・恩格斯（Friedrich Engels）合作完成了《共產黨宣言》；古斯塔夫・艾菲爾（Gustave Eiffel）建造了他的艾菲爾鐵塔。達爾文明白，人不是在第六天由上帝創造出來，而是從較不發達的靈長類動物逐漸進化而來的，他總結說道，《創世記》充其量只是一個比喻[16]。特斯拉於一八八四年來到美國，為愛迪生工作，但很快就離開這個老闆，因為他相信自己的交流電系統才能照亮世界，而不是愛迪生的直流電。愛因斯坦在一九五三年一個廣播節目中，感謝曾經評論他「在科學上不墨守成規」的那些人，他表示：「看到無可救藥、不墨守成規的固執受到熱烈讚揚，我感到非常高興」[17]。這些天才當中，各個都反對傳統智慧，然而，是什麼動機引起這種叛逆心呢？

一句話：不安於現狀。如前所述，**天才看到別人看不到的東西，會感到興奮或警覺、或兩者兼具**。路易・巴斯德（Louis Pasteur）對於牛奶變質而造成死亡的人數感到震驚，因此研發了巴氏消毒法來消滅致病細菌。提姆・伯納斯-李（Tim Berners-Lee）看到了分散的本地網絡，將其改造成網際網路。貝佐斯在網路上看到了用戶流量數據，對於能夠顛覆傳統商業的獲利前景感到興奮。賈伯斯不喜歡所有的主機和家用電腦都是金屬框架，他在一九九七年曾說道：「我心裡一直想把電腦設計成塑膠外殼」[18]。伊隆・馬斯克對於化石燃料和全球暖化的危害有所警覺，因此投資了特斯拉電動汽車公司，創立了太陽城（SolarCity）太陽能發電公司和 SpaceX 太空探索技術公司。

安迪沃荷似乎對每件事情都不滿意，他拒絕接受自己的姓氏（將本姓 Warhola 改為 Warhol）、反對父母期望他的性取向、不用真髮而戴著假髮、去做隆鼻手術。沃荷於一九四九年離開家鄉匹茲堡，移居紐約，從事商業平面藝術設計。在那裡他體會了主導曼哈頓博物館和美術館的「老牌大師」藝術，與推動商業界發展的明顯商業價值之間的脫節。

安迪沃荷質疑，為什麼視覺藝術一定要與情境、象徵主義、意義和繪畫技巧有關？這些都是過去藝術中隱含的問題。沃荷改變了藝術世界，他將注意力放在現代社會的癡迷：自戀、自我表現欲、商業主義和膚淺。他將這些思維變成了視覺圖像，觀者當下能立即辨識和欣賞。日常的商業物品，例如可樂瓶、康寶湯罐頭、和布瑞洛盒，以及像瑪麗蓮夢露、馬龍白蘭度（Marlon Brando）、毛澤東、和貓王艾維斯普里斯萊（Elvis Presley）這類的有錢名人，都能使我們回想起此時此地的活力。本著商業精神，沃荷建立了一個藝術工作室，他稱之為「工廠」。隨著「工廠」在一九六〇年代成為文化菁英們的聖地，沃荷積極推動與紐約每位前衛名人見面交流，最終獲得一些稱號，如「普普藝術教父」和「德瑞拉」（Drella），亦即吸血鬼德古拉（Dracula）與灰姑娘仙度瑞拉（Cinderella）的綜合體[19]。

但正如許多惹麻煩的創新者一樣，安迪沃荷的創造眼光並沒有立即得到賞識。在一九六四年的紐約世界博覽會上，他在紐約州展館上安裝一件委託創作的作品：十三張整齊排列的美國頭號通緝犯的人頭像，引起了醜聞。州長納爾遜・洛克菲勒（Nelson Rockefeller）震怒，命令沃荷拿走那件藝術品，幾天之內，罪犯壁畫就消失在一層銀漆後面。一九六二年，沃荷在洛杉磯的費洛斯畫廊舉辦了他的首次展覽，並以每張三百美元的價格出售三十二個康寶湯罐頭（每種口味各一）的圖像，乏人問津，因此畫廊老闆歐文・布魯姆（Irving Blum）以一千美元的價格全部買下，將之組合在一起。一九九六年，布魯姆以一千五百萬美元的價格將沃荷的《康寶湯罐頭》（*32 Campbell's Soup Cans*）出售給紐約現代藝術博物館（MoMA）[20]。在不到三十年的時間裡，這位鋼鐵工人移民之子，從叛逆的反傳統主義者，變成了公認的偶像，在二十世紀有影響力的藝術家當中，僅次於畢卡索[21]。

創新者從不循規蹈矩

在一篇題為「為什麼個人拒絕創造力」的文章中，柏克萊大學心理學家巴里．斯托（Barry Staw）列出了幾項叛逆創新者共有的性格特徵。斯托表示，「創新者都是不墨守成規的人，他們願意打破慣例、甚至對抗權威，以探索新思想和了解真相。創新者都很執著，當他們感到沮喪、或被問題困擾時，他們不會放棄，而是堅持不懈。創新者也很靈活，面對失敗時，他們能夠重新闡述問題，而不是只會放棄或繼續走同樣的路」。斯托也強調，最重要的是，**創新者都是勇於冒險的人：「他們願意冒險嘗試未經驗證的解決方案，而不是只接受那些久經考驗的方法」**[22]。

所有天才都願意冒險。一八九一年，瑪里．居禮搭乘四等車廂火車離開波蘭，身無分文、又前途渺茫。在一九二七至四七年間，革命的毛澤東與國民黨蔣介石的精銳部隊作戰，最終取得勝利，建立中華人民共和國。一九八八年，作家薩爾曼．魯西迪（Salman Rushdie）明知可能被解讀為褻瀆真主，還是出版《撒旦詩篇》（*Satanic Verses*），致使伊朗精神領袖對魯西迪下達追殺令，鼓勵世界各地的穆斯林暗殺他。一九九四年，貝佐斯辭去工作，將自己所有財產轉成現金，還向朋友和家人借錢，創辦了亞馬遜網路書店。賈伯斯曾說過：「你必須甘願一敗塗地」[23]。

如果你在一八七〇年問馬里蘭州南部劍橋市的任何人，「哈莉特．塔布曼是天才嗎？」得到的回應可能是：「不，她是個專惹麻煩的反叛份子」。塔布曼是出生在馬里蘭州多切斯特郡的奴隸，後來逃到費城，在美國內戰期間對抗南部聯盟反抗軍的法律制度[24]。再次強調，大多數叛逆者並非天才，因為他們的思想終究對社會毫無用處。如果你曾在一八七〇年問過北方人同樣的問題，大多數人可能會回答「她是誰？」很少有人知道小巧的塔布曼曾幫助建立「地下鐵路」祕密的逃亡路徑，從費城回到馬里蘭州敵方領土，帶領了十三次營救任務，解放了七十多名奴隸。她也親自持槍上陣，領導南卡羅來納州一次軍事襲擊行動，成功釋放了七百五十名奴隸。一九一三年塔布曼去世，享年九十一歲，她去世時鮮為人知，少有媒體報導，《紐約時報》的訃告總共也只有四句話[25]。

時代變了，自從一九一三年以來不斷變化的社會價值觀，使叛逆的塔布曼晉升到美國英雄和天才的地位，最近也成為一部廣受好評的電影主題人物（*Harriet*, 2019）。二〇一六年，歐巴馬政府制定一項計畫，要將十美元鈔票上的亞歷山大．漢密爾頓（Alexander Hamilton）替換為塔布曼[26]。然而，由於林．曼努埃爾．米蘭達（Lin-Manuel Miranda）的音樂劇《漢密爾頓》受到熱烈好評，提高了人們對這位聯邦儲備系統創始人的認可度，因此，塔布曼被重新安排取代二十美元鈔票上的「民粹主義」蓄奴總統安德魯．傑克森（Andrew Jackson），但隨後美國選民選出了

「民粹主義」的川普為總統，川普很快在白宮辦公室放上安德魯．傑克森的肖像，並擱置了塔布曼二十元美鈔的構想計畫。隨著政治風向和社會價值觀的轉變，有資格獲得「天才」稱號的人也隨之產生變化。社會不斷地移動著隱藏的目標，叛逆的塔布曼於一百六十年前射出了箭，但公眾才逐漸開始將目標轉向種族正義和性別平等，最終讓塔布曼射中靶心的位置，直到現在，大多數美國人才將塔布曼視為面對艱鉅困難時勇敢行動的榜樣。

有些天才冒著小風險向世人挑釁。二〇〇五年三月十三日星期天，一個戴兜帽、提著購物袋的人，進入紐約現代藝術博物館，經過昏昏欲睡的守衛，直接上到三樓安迪沃荷經典的《康寶湯罐頭》展示區。此人從袋子中取出自己的畫作「湯罐頭（特易購超值番茄奶油湯）」，與沃荷罐頭作品相同尺寸和形狀的三色圖像，迅速將之貼在牆上。三小時之後，保全人員到達現場，但破壞者早已不見蹤影，顯然是從禮品店離開的[27]。後來發現，這個偷天換日之舉是著名的街頭藝人班克西（Banksy）所為，他在其他地方也玩過同樣的把戲。二〇〇四年，他偽裝成紐約自然歷史博物館工作人員，偷偷展示一隻名為 *Banksus Militus Ratus* 的絨毛鼠。同年，他在羅浮宮安裝了自己複製的《蒙娜麗莎》，她的臉被神祕的米老鼠微笑取代[28]。雖然各種說法比比皆是，但沒有人知道班克西的真實姓名或身分，這位匿名藝術家以從事圈外街頭藝術的「破壞者」而聞名，使得《時代》雜誌在二〇一〇年將他評為全球一百位最具影響力的人物之一。

繼康寶湯罐頭惡作劇事件十三年後，二〇一八年十月五日，倫敦蘇富比的拍賣商敲下木槌，示意班克西最著名的作品《女孩與氣球》（*Girl with a Balloon*）售出，成交價格為一百零四萬美元。叛逆的街頭藝術家看似已經被體制收編和馴服，其實不然，畫作一售出要從牆上移走之際，突然開始自動銷毀，原來班克西早已在畫框上動了手腳，一接收到信號便自行啟動切碎畫作的裝置，一百零四萬美元瞬間減為零，超實惠的折扣啊。安迪沃荷反傳統的藝術創作，使藝術商業化，而班克西冒險揭露他所認為的真相：許多現代藝術都是毫無價值，或者應該是無價的。

充滿韌性

承受風險是天才的習慣，韌性也是。看看芙烈達．卡蘿一九四四年的畫作《破碎的脊柱》（*The Broken Column*）（圖 8-1），畫中顯示一個女人（卡蘿本人）穿著用來固定脊椎的醫療緊身胸衣。在這幅畫中，中央破碎的柱子代表斷裂的脊髓，而荒涼背景的裂縫則暗示著一個破碎、孤獨的世界，女人身體上插滿各種釘子，用來象徵耶穌的激情和痛苦，釘子向下延伸至她的右腿，但沒有到左腿，眼淚從她眼中流出，但她的臉部卻流露出堅毅、甚至反抗的神情。

六歲時，芙烈達．卡蘿患了小兒麻痹症，導致右腿縮短，最終造成脊椎側彎。十八歲的時候，卡蘿乘坐的公共汽車被一輛電車撞上，導致數人喪生，而卡蘿肋骨、雙腿、鎖骨多處骨折，骨盆處被一根鐵杆刺穿[29]。她在病床上躺了三個月，終其一生都得穿著各式各樣的醫療用胸衣：石膏、金屬和皮革，後者正是《破碎的脊柱》畫中所描繪的。在她動彈不得的期間，卡蘿從業餘的素描藝術家變成了嚴肅的畫家，利用父親在她床上搭建的畫架作畫。到了一九四〇年代，她不

圖 8-1：《破碎的脊柱》（1944）描繪墨西哥藝術家芙烈達．卡蘿身心所承受的巨大痛苦，收藏於墨西哥城多洛雷斯．奧爾梅多博物館（Museo Dolores Olmedo）。

管是站著或坐著，都感到疼痛不已，於是在紐約和墨西哥城的醫院進行了一系列脊柱融合和移植手術，但不見成效。一九五三年八月，她的右腿疼痛難耐，不得不進行膝蓋以下截肢手術[30]。但她都堅持下來了，有時坐在輪椅上，有時在病床上[31]，她表示：「痛苦不是生命的一部分，但可以轉化為生命本身」[32]。就像查克．克洛斯（臉盲症）、約翰．米爾頓（失明）、貝多芬（耳聾）和史蒂芬．霍金（肌萎縮性脊髓側索硬化症）等天才，雖然面對身體障礙仍堅持不懈，但也許沒有人表現出如此堅強的韌性。芙烈達．卡蘿說：「我沒有生病，只是肢體破碎。但只要能畫畫，我就很慶幸自己活著」[33]。

失敗是家常便飯

逆境可以堅定決心，失敗可以化為轉機。正如歐普拉．溫芙蕾在二〇一三年哈佛大學畢業典禮演講中所說的，「沒有失敗這回事，失敗只是試圖讓我們改變人生的方向」[34]。天才們並不打算失敗，但大多數都會在某個時刻失敗，有些甚至受到驚人重挫。一八九一年，愛迪生試圖在新澤西州開採和加工處理高級鐵礦石，並為此建造了一座加工廠；當明尼蘇達州發現廉價礦石時，這個工廠就被拆除了。愛迪生在研究如何改進電話發話機時，他需要在振動膜中加入適當的材質，能夠將聲波轉換成電脈衝，他試過了各種材質，包括玻璃、雲母、硬橡膠、鋁箔紙、羊皮紙、松脂、皮革、麂皮、布、絲綢、明膠、象牙、樺樹皮、生牛皮、猪膀胱、魚腸和一張五美元的鈔票[35]，他說：「負面結果正是我想要的，對我來說，它們和正面的結果一樣寶貴」[36]。一九〇一年，尼古拉·特斯拉以為他可以從位於紐約的沃登克里弗塔（Wardenclyffe Tower）發射純電力，但他沒有成功，一九一七年，他設計的鐵塔被拆成廢鐵出售。喬治·巴蘭欽經過四次努力嘗試，才在紐約成功地開辦一家芭蕾舞團，而伊隆·馬斯克則經過五次嘗試，才使一枚發射的火箭安全返回地球，他在二〇一五年表示：「如果事情沒有失敗，那就是創新不足」[37]。貝佐斯似乎鼓勵亞馬遜勇於接受失敗，正如他在二〇一九年寫給股東們的信中說道：「即便偶爾有數十億美元的失敗，亞馬遜將以適合公司規模的方式進行試驗」[38]。賈伯斯在二〇〇四年慘敗，他說：「世界上大概只有我一人，在一年內損失了二十五億美元……這是很大的性格考驗」[39]。

作家J·K·羅琳對於失敗有深刻的體會，她在二〇〇八年寫道：「畢業後只不過七年時間，我就失敗得一蹋糊塗，經歷一段特別短暫的破裂婚姻，又失業，成為一個單親媽媽，在我雖然不到無家可歸的地步，也算是窮到谷底了。父母對我的擔憂、和我自己內心的恐懼都成真了，以一般人的標準來看，我是最大的失敗者」[40]。諷刺的是，羅琳認為，當時一點小小的成功都會對她的天才產生不利影響。「如果我真的在別的地方取得成就，我可能永遠不會下定決心，要在自己真正心之所屬的領域追求成功。我被釋放了，因為我最大的恐懼已經成真，而我還活著，於是，逆境谷底成了我重建生活的堅實基礎。你從挫折中變得更聰明、更堅強，代表你從此有了生存能力。除非經過逆境的考驗，你永遠不會真正了解自己，也不會真正了解你的人際關係」[41]。

史蒂芬·金的小說《魔女嘉莉》（*Carrie*）是他的第一部出版作品，被三十家出版商拒絕過，最終被雙日出版社（Doubleday）以二千五百美元的預付款買下。截至二〇一八年，史蒂芬．金已出版了八十三部小說，總銷量達三億五千萬冊，每年從這些小說中賺取的版稅約四千萬美元。西奧多．蘇斯．蓋索（Theodore Seuss Geisel）的第一本兒童讀物《我想我是在桑樹街看到的》（*And To Think That I Saw It on Mulberry Street*），也同樣遭遇了大約三十次的「拒絕」，一九三七年，與達特茅斯同學的一次偶然邂逅，促成了該書的出版，此後「蘇斯博士」銷售約六億冊。J．K．羅琳的第一部《哈利波特》小說被十幾家出版商拒絕，一九九六年才被倫敦布盧姆斯伯里出版社以一千五百英鎊（約六千六百元台幣）的預付款買下，如今羅琳的書已經銷售了五億多冊。然而，即使是布盧姆斯伯里出版社的編輯巴里．坎寧安也有他的疑慮，他當時對羅琳說：「你永遠不會從兒童讀物中賺到錢的」[42]。

看看現在著名的美國作家曾經收過的拒絕信件摘錄[43]：

- 赫爾曼．梅爾維爾的《白鯨記》（*Moby Dick*，1851）：「我們首先得問問，這一定是關於鯨魚的故事嗎？」
- 露意莎．梅．奧爾柯特的《小婦人》（1868-1869）：「堅持教學吧」。
- 約瑟夫．海勒（Joseph Heller）在遭遇二十二次拒絕之後，將書命名為《第二十二條軍規》（*Catch-22*，1961）：「顯然，作者有意要搞笑」。
- 海明威的《太陽依舊升起》（*The Sun Also Rises*，1926）：「聽到你在俱樂部裡寫下整個故事，一手拿著墨水筆，一手白蘭地，我一點也不驚訝。你那言語浮誇、自以為是、不知所云的人物，讓我忍不住為自己倒一杯白蘭地」。

- 最後，針對史考特·費茲傑羅（F. Scott Fitzgerald）的《大亨小傳》（*The Great Gatsby*，1925）：「如果你能擺脫蓋茨比這個角色，你會有一本比較像樣的書」。

從這些作品後續的出版日期可以看出，這些傑出的作家都很有韌性和自信。不妨以他們為榜樣，如果你是有創造力的人，或是一心想改變的企業家，臉皮就要厚一點，明白拒絕是過程的一部分，並做好長期被誤解的心理準備。像伽利略、安迪沃荷和班克西一樣，享受擁抱逆向思維的局外人身分。最後，請記住梵谷的堅定決心：一八八六年一月，安特衛普皇家藝術學院院長卡雷爾·韋拉特（Karel Verlat）凝視著梵谷的非傳統作品，將之評為「腐敗」，把這位學生送回了初級課堂[44]。梵谷無視韋拉特院長的規則，繼續創作出如今視為標誌性、典範轉移的作品，如《向日葵》和《星夜》。天才拒絕接受任何遇到的挫折：審判者、批評家或證據肯定是錯誤的，解決之道一定就在眼前。

教出大膽的冒險家

做為一個二戰後在美國長大的孩子，我每天都在建造樹堡、探索下水道、騎別的小孩扔在街上的自行車，一切行為都無人在旁監管。如今時代不同了，現代社會出現很多詞彙描述當前父母過度參與的趨勢，包括「直升機媽媽」、「掃雪機爸爸」和「泡泡裡的孩童」[45]。社會環境已經從放任式的教養轉變為嚴格的家長控制。如前所述，二〇一九年披露所謂的「校園藍調行動」的大學招生醜聞，包括著名商界人士和知名演員在內的三十三名家長被指控賄賂大學官員，誇大孩子的入學考試成績，幫助他們考上名校。這真是不智之舉。這些父母一心只想避免讓孩子面對風險和失敗的困難，而不是將之視為可以學習成長和培養韌性的生活經驗。

我們如何將本章中勇敢、獨立思考、敢於冒險、富有韌性的英雄形象，與今日教養孩子的方法相兼顧呢？我們做不到。根據統計顯示，現在的兒童和大學生變得更焦慮、恐懼和規避風險[46]，儘管司法統計局的數據表明都市街道比三十年前安全得多[47]。家長和「憂心的市民」越來越警覺，還有家長因為讓孩子獨自步行去公園而被捕[48]。

二〇一九年發表在《自然人類行為》（*Nature Human Behavior*）期刊的一項研究指出這種過度監管的弊端：把老鼠放在迷宮裡，在一條路徑上給牠電擊，最終，老鼠會找到一條穿過迷宮的安全路徑，從此固定走同一條路，再也不會探索其他路徑；但它永遠也不會知道風險是否仍然存在，也不會知道如何應對[49]。所幸，一些教育工作者和家長們正在推動鼓勵創造力和冒險的「危險」遊樂場，還有「自由放養式育兒」運動[50]。想培養一個大膽、聰明、有獨創性的思想家嗎？允許你的孩子獨自探索、冒險、經歷失敗，讓他們玩得開心，偶爾打破規則。對父母來說，可能會更辛苦、有更多的擔憂和痛苦，沒錯，但最終會有更好的結果。正如賈伯斯曾經納悶問道：

「既然你可以成為海盜，又何必要加入海軍呢？」

第9章

永不自我侷限

「我不是一個偶像，我是所有的偶像。
我是時時刻刻由調色板上所有顏色組成的圖騰，
我沒有限制，沒有任何限制。」

——女神卡卡

我們都知道《伊索寓言》龜兔賽跑的故事，當中兔子一開始就有先天優勢，卻沒有發揮出潛力。伊索還有一個鮮為人知的寓言故事，叫做「狐狸與刺猬」，其中心主旨是「狐狸諸事皆知，而刺猬僅知一要事」。不安分的狐狸會開始探索各種可能性，而堅定不移的刺猬就只專注於單一偉大的想法中。這個故事暗示了兩種截然不同的認知風格，**狐狸對不同的問題採取不同的策略；牠們好奇、不在乎細微差別、也能接受矛盾衝突，反之，刺猬則只關注一個重大問題，將其簡化**

為尋求一個整體解決方案。

一七七九年，英國文人塞繆爾．約翰遜如此描述這個議題：「真正的天才擁有強大綜合力量的頭腦，偶然地決定了某個特定方向」❶。事實上，廣泛和狹隘的思維並非相互排斥，但是哪一種方法能讓你取得突破呢？是要千里之遠，還是要千里之深？你的天性是狐狸、還是刺猬？本章的重點是，如果你想擁抱天才的隱藏習慣，那就做狐狸吧。

天才們像狐狸一樣，喜歡四處遊蕩，他們的好奇心是隨機的，有時不受控制。通常，他們天生的好奇心強過自律程度，把他們推到了主要興趣領域之外。文藝復興時期的達文西說：「要使自己多才多藝是很容易的事」❷，如果你有博學的天才的話。愛因斯坦在一九一五年試圖完成他的廣義相對論時感歎說道：「我的好奇心妨礙了我的研究工作！」❸。同樣地，當伊隆．馬斯克游移於電動汽車、火箭飛船、超迴路列車、太陽能電池板和對人工智慧各個興趣之間，有時很難堅持「執行任務」，然而這種不停的探索改變了世界。

如狐狸般的女神卡卡

為了說明跨界思考的好處，我先從兩個截然不同的狐狸開始，一個看似驚世駭俗，另一個沉穩踏實：女神卡卡和班傑明．富蘭克林。

我叫史蒂芬妮．喬安妮．安吉麗娜．潔曼諾塔。我是一位義大利裔美國人。我並不是天生就性感火辣，就像我媽媽要你相信的。我長期以來讀了很多書、看了很多電影、創作很多藝術，遇到了很多雕塑家、電影製作人、詩人、音樂家、街頭藝術家，因此創造了一些比一己之力更強大的東西。[4]

這是女神卡卡在二〇一五年藝術教育非盈利的「美國人藝術協會」（Americans for the Arts）頒獎宴會上的開場白。和莫札特一樣，史蒂芬妮．潔曼諾塔四歲時就開始學習鍵盤樂器，並努力練習成為一名熟練的古典鋼琴家。高中時她參加戲劇表演，加入爵士樂隊和學校合唱團，她是個優秀的學生，但並不受歡迎，她說：「有一段時間，我以爲女孩們只是嫉妒，所以對我很刻薄，也許她們嫉妒我的大膽無畏」[5]。「無畏」這個詞經常用來形容她和其他的跨界突襲者。

十七歲時，史蒂芬妮．潔曼諾塔早被紐約大學著名的蒂施藝術學院（Tisch School of the Arts）錄取。在那裡她不僅學習音樂，還學習藝術史和戲劇創作，但在一年後輟學，從事歌曲創作和表演藝術家的工作。為了掙錢，她夜間在下東區酒吧兼職做一名走秀舞者，大約在此時，史蒂芬妮．潔曼諾塔成了女神卡卡，她的藝名靈感據報導來自於皇后樂團（Queen）的歌曲《*Radio Ga Ga*》，給了她一個新的身分。與時下流行的「封面」藝術家不同，女神卡卡是一位具獨創性、融合許多藝術的創作者，她表示：「主要重點就是將表演藝術、波普表演藝術和時尚全部融合在一起」[6]。她在二〇一七年超級盃中場休息時的創新表演吸引了一億五千萬名觀眾，電視史上最高的現場轉播收視率。她九度榮獲葛萊美獎，二〇一九年又獲得奧斯卡最佳女主角提名，並榮獲奧斯卡最佳原創歌曲獎，有史以來首次有人在兩個截然不同的獎項中獲得提名。集作曲家、編舞家、化妝品牌創造者（Haus of Gaga）、時裝設計師、女演員、唱片製作人、慈善家和社會運動者於一身，女神卡卡是一位變革性的流行藝術家，她的變形能力和範圍與安迪沃荷如出一轍。正如她所說的，**「我不是一個偶像，我是所有的偶像。我是時時刻刻由調色板上所有顏色組成的圖騰，我沒有限制，沒有任何限制」**[7]。

如狐狸般的班傑明．富蘭克林

誰能比「早睡早起」的班傑明．富蘭克林更不同於早期夜間滑稽歌舞表演者女神卡卡呢？而富蘭克林也是一位學識淵博的人，研究範圍非常廣。富蘭克林所經歷的一切怪事都成了他探究的對象：為什麼龍捲風會旋轉？為什麼從倫敦到費城航行的時間是回程的兩倍？為什麼小提琴的高音會引起玻璃破裂？對於好奇的富蘭克林來說，表面之下總是潛藏一種解釋。但不要太過深入！富蘭克林是一隻典型的狐狸，他認為只是為了深入而挖掘是沒有意義的。他探索了一系列不同的興趣愛好，遍及物理學、天文學、植物學、氣象學、海洋學和政治學，但他希望自己的研究具有實用價值，而最終也提出具洞察力的見解。以下是富蘭克林靈活的頭腦發現的一些事情：

- **富蘭克林爐**：一種金屬內襯的壁爐，比起普通壁爐產生更多的熱量、製造更少的煙霧。
- **雙焦眼鏡**：如果可行的話，何必要帶兩副眼鏡呢。
- **避雷針**：透過引導閃電電流來保護四周建築物（及其住戶）。
- **玻璃琴**：莫札特和貝多芬都為他創新的三個八度音階樂器創作音樂。
- **游泳腳蹼**：這無疑是他最有趣和最持久的發明之一。
- **長臂手（或抓取器）**：爲需要在高處取物或不能彎腰的人所設計的。
- **醫用導管**：美國首次出現的柔軟導尿管。
- **富蘭克林哥德式字體**：一九〇二年命名，以紀念富蘭克林在一七二六年創造的字體樣式。
- **日光節約時間**：在「晝長之日」把時鍾調慢，因此延後日落時間，以節省蠟燭或電力。
- **富蘭克林拼音字母表**：一種替代字母表，它去掉了c、j、q、w、x和y，但新增了四個新的子音和兩個新的母音，以提高英語拼寫的一致性。
- **墨西哥灣流**：解釋了返回英國的航程為何比較快、當我們向西走時向南航行的必要性、以及歐洲的冬季比西半球的溫和。
- **公共圖書館**：富蘭克林在美國費城建立了第一個借閱圖書館。

興趣非常地廣泛！再看看富蘭克林於一七四九年創辦的賓夕法尼亞大學的課程。哈佛和耶魯大學的目標是培養神職人員，並指定學習拉丁語、希臘語和希伯來語，而富蘭克林則是從世俗企業家的角度思考，他要求學生接觸「一切有用的東西」，因為「人生有限，學海無涯」[8]。教師任命確保優先考慮物理、工程和經濟學，以及會計和農業。法語、西班牙語和德語也是必修的，因為這些語言在商業界很實用。富蘭克林在一七四九年所倡導的是一種通才教育課程，再加上一點點專業先修課程。此後，富蘭克林的教育模式被美國許多學校和大學採用，開創了如今所謂的「通才教育」（*liberal arts education*）的先例，*liberal*（自由）是指廣泛的課程選擇，使學生免於過早的專業化學習。

創造性思維

世界的推動者似乎擁有各式各樣的技能、觀點和思維習慣。阿里巴巴創始人馬雲回憶說，他在二〇一五年曾對兒子說：「你不需要在班上名列前茅，排名在中間也可以，只要成績不太糟就行。只有這種人（中等學生）才有足夠的空閒時間學習其他技能」[9]。科技企業家馬克．庫班（Mark Cuban）在二〇一七年接受《商業內幕》採訪時說，「我個人認為，十年後對文科專業的需求，將比程式設計、甚至工程專業的需求更大，因為當所有的數據和選項都擺在眼前時，就需要有不同的觀點，才能對數據提出不同的看法」[10]。林．曼努埃爾．米蘭達在維思大學（Wesleyan University）獲得了文學學位，主修戲劇研究，隨後找到一份七年級英語教師的工作。二〇〇八年休假時，他讀了羅恩．切爾諾（Ron Chernow）關於亞歷山大．漢密爾頓的詳盡傳記，他對戲劇和政治史的興趣結合在一起，促成《漢密爾頓》的誕生，他在寫這部音樂劇的時候表示：「我現在腦海裡有很多應用程式在運作」[11]。**腦子裡的資訊越廣泛，就越有可能結合不同的創意。**

幾千年來，博學家一直在將截然不同的事物結合起來，創造出變革性的新事物。古埃及人把人的頭和獅子的身體結合起來，塑造了獅身人面像。阿基米德將螺桿和管道結合在一起，發明了阿基米德式螺旋抽水機（Archimedes screw），這種機器能夠將水從低處傳輸至高處，既能灌溉，又能排洪。約翰尼斯·古騰堡（Johannes Gutenberg）研究了印刷用的字母印模和釀酒壓榨機，創造了活字印刷機，這可以說是輪子和電腦之間最重要的發明。賽勒斯·麥考密克（Cyrus McCormick）從鐮刀和梳子得到靈感，發明了收割莊稼用的收割機。塞繆爾·摩斯（Samuel F. B. Morse）知道如何發送短距離電信號，但是看到接力馬車隊，使他產生週期信號增強器和有效電報系統的想法。梵谷從小荷蘭的紡織工人之中長大，一生都隨身攜帶著一個裝滿雙色毛線的盒子，大約在一八八五年，他想到將成對條紋與繪畫中的筆觸結合在一起，創作出我們在《星夜》（1889）等作品中看到的球形、雙色調漩渦。

一般人也會把東西結合起來。例如，喬治·梅斯特拉（George de Mestral, 1907-1990）在一次狩獵旅行中，發現粘在衣服上的毛刺可以與一種新的合成纖維結合，衍生我們今日所謂的魔鬼氈（Velcro）這種鉤毛搭扣材質。3M公司的員工亞瑟·弗萊（Art Fry）看到了透明膠帶的黏合力對於固定讚美詩書中書籤的實用性；有一天他將兩者結合在一起，瞧，便利貼問世！朗尼·約翰遜（Lonnie Johnson）在帕薩迪納的噴氣推進實驗室工作，需要設計一款新的利用水力而不是氟利昂的熱泵；他在家鄉阿拉巴馬州的一個游泳池看到了一把水槍，於是想到把水槍和熱泵結合在一起，結果產生了Super Soaker水槍，如今已經成為世界上最暢銷的玩具之一。睜大眼睛，細心觀察！

是什麼使不同的想法凝聚成獨創性的東西？二〇一九年，亞馬遜網站創辦人貝佐斯評論說，在商業界，「巨大的發現——非線性的——很可能需要四處探索」[12]。網際網路幕後謙遜的天才提姆・伯納斯-李描述創作過程如下：「半成形的想法，四處飄移，來自不同的地方，而大腦就是有一種奇妙的管道，把它們鏟到一邊，直到有一天自動吻合成形」[13]。**創造性思維不是沿著直線運行，而是在一場概念性的跳房子遊戲中瘋狂跳躍，遊戲中的方塊越多，距離越遠，就越有可能產生特別有創意的組合洞察力。**正如愛因斯坦在一九〇一年對一位朋友所說的，「發現起初看似完全獨立的一組現象之間的統一性，是一種光榮的感覺」[14]。作家弗拉基米爾・納博科夫將此視為天才之舉，他在一九七四年寫道：「**天才就是能看透別人看不見的，亦即事物之間的無形聯繫**」[15]。學著結合事物吧。

賈伯斯與沃茲尼克

賈伯斯在一九九六年《連線》雜誌的採訪中曾說：「創造力就是把事物聯繫起來，你去問創意人士是怎麼辦到的，他們會覺得有點心虛，因為他們沒有刻意做什麼，只是看到了一些東西，過了一段時間，自然就會明白一切，那是因為他們有能力結合過去的經驗，並且將之整合成新東西」[16]。雖然賈伯斯從里德學院退學了，但他曾在學校待了一段時間，也旁聽了一些特別感興趣的課程，包括一位特拉比斯特修道士所教授的書法課程，那段經歷使他特別關注第一代 Mac 電腦上使用的字體，後來這些也成為所有蘋果電腦的經典字體[17]。二〇〇七年，賈伯斯將蘋果的 iPod 可攜式音樂播放機與 iPhone 新手機相結合，實現了他最具變革性、高利潤的創意，在那之前，這兩種功能是存在於完全不同的機體。最終，蘋果公司發明了一款集相機、小算盤、答錄機、鬧鐘、電子郵件、新聞、GPS 導航、音樂和電話於一體的設備。

蘋果公司是一九七六年由兩個名叫史蒂夫的人在加州一個車庫裡創立的：賈伯斯和沃茲尼克（Wozniak）。沃茲尼克創造了第一代蘋果電腦的內部結構：硬體、電路板和作業系統，這些都是賈伯斯並不完全理解的技術層面，而賈伯斯專注於外部：功能、用戶體驗和與其他設備的互連性。賈伯斯看到了更廣闊的前景，亦即電腦領域的未來取決於能夠將軟體設計與電腦硬體生產相結合的公司。沃茲尼克是刺猬，賈伯斯是狐狸[18]，多年來，他們兩人合作無間，但是，我們今天記得哪個天才呢？

多領域交叉訓練

正如賈伯斯所說，大多數發明都來自於觀察不同的事物、從中看到意想不到的關係。例如，在科學上我們會用 $E=MC^2$ 這類的公式表述；在詩歌和日常用語中，我們使用隱喻和明喻。亞里斯多德認為善用隱喻很了不起：「這一點不可能由他人傳授；這是天才的標誌，因為提出精彩的隱喻代表著能看穿相似之處」[19]。西北大學的德卓・根特納教授（Dedre Gentner）是一位類比思維的專家，在談到譬喻時表示：「人類的相關性思考能力是我們掌管地球的原因之一」[20]。

有時存在著我們看不見或沒察覺到的正面好處。例如，根據專家觀察，大學前受過藝術和音樂方面的廣泛教育，將會使數學和語言技能標準化測試的得分更高[21]。為什麼呢？至少在數學和音樂方面有一個隱藏的聯繫。數學是數字模式，如果我們深入研究的話，音樂也是。音樂有兩個基本元素，即聲音和持續時間。音高與和聲是以每秒精確的振動（聲波）來衡量的，而節奏則是以譜寫成拍子記號（如4／4）比例時間來設定的。當我們享受悅耳的旋律時，都會對精心設計的音調變化做出反應，而當我們在健身課上按照一致的節拍舞動時，也會對持續時間模式做出反應。音樂和數學是邏輯思考的過程，能夠產生美學上的滿足感[22]，而許多天才都是兩者兼具。達文西是專業級的臂上提琴音樂家，而世界著名音樂理論家之子伽利略則彈奏難度很高的魯特琴。被譽為「氫彈之父」的愛德華・泰勒（Edward Teller）是一位優秀的小提琴家，而首度提出量子力學公式的諾貝爾獎得主維爾納・海森堡（Werner Heisenberg）則是一位技藝高超的鋼琴家。同樣是諾貝爾物理學獎得主的馬克斯・普朗克（Max Planck）也寫過歌曲和歌劇。天才愛因斯坦說，要是他沒成為物理學家的話，他就會成為音樂家[23]，他最喜歡的作曲家是莫札特。

莫札特其實是數學天才？

誰知道莫札特就是個數學家！莫札特四歲左右開始學習數學，也就是他剛開始接觸音樂的時候[24]。他的姐姐南妮兒回憶道：「這些年來他一直渴望學習，無論父親寫給他什麼，他立刻全心全意地去追求，將周遭一切事物，甚至音樂，都拋諸腦後。例如，他在學習算術時，整個桌子、椅子、牆壁，甚至整個地板上，全都佈滿了數字」[25]，在他還很年輕的時候，莫札特已經迷上數論、各種數字謎題和博弈了。大約二十四歲的時候，他得到一本約瑟夫・斯賓格勒（Joseph Spengler）的《算術與代數基礎》（*Anfangsgründe der Rechenkunst und Algebra*，1779），開始自學計畫，特別研究「關係和比例」那個部份。

圖9-1只是莫札特眾多樂譜草稿的其中之一，在這些草稿中，他對數字運作模式的執著，超越了他的作曲欲望。仔細看看，請容我解釋一下。莫札特選了五個數字：2、3、5、6和28，從中取了所有三個數字的組合（如2、3和5；或3、5和6），將它們放在頁面右側一縱列中，用義大利文縮寫 *term*（原 *ternario*，意指三個一組）來標識該列。然後，他也對所有可能的兩位數字組合比照辦理（同樣會有十個可能的組合）。他將這個過程稱為 *amb*，即義大利文 *ambedue* 的縮

圖 9-1：莫札特於 1782 年在創作一首學問高深的三聲部賦格曲時，轉而進行數學計算（莫札特，Skb 1782j，書籍右頁，維也納國家圖書館）。

語，意指「成雙」。在某個時候，莫札特觀察了這兩個縱列，以類似於現代數字理論家的思考模式，洞察一件事：從五個數字集中抽取所有可能的十對數字的總和（176），等於這五個數字總合的四倍（2+3+5+6+28=44），而五個數字集中，所有可能的三個數字組合之總合（264），等於這五個數字總合的六倍。對於任何五個數字的組合，結果都是如此（不信試試！）。但莫札特並沒有就此打住，他開始玩數字的倒退模式：1936:484:1936 和 44:176:264:484:264:176:44，正如他執著的計算結果所顯示的，莫札特對數字關係有濃厚的興趣。幾個世紀以來，聽眾對莫札特音樂中「完美比例」的評論，並非巧合，愛因斯坦稱之為「宇宙內在美的反映」[26]。對此，柏克萊大學心理學家唐納德・麥金農（Donald MacKinnon）的觀察，都適用於藝術和科學領域：「一些最具創造性的科學成就，是由在某個領域受過訓練、但又進入另一個領域的人所完成的」[27]。**人們需要多領域交叉訓練。**

「偷」想法的畢卡索

另一位才華洋溢的博學大師畢卡索曾說過一句名言：「我不借，我偷！」就像是竊盜狐狸一樣，畢卡索會從任何地方「偷偷取材」，不管是從十七世紀的大師那裡，還是從垃圾場。他會把腦海中的想法和所看到的影像或物體結合起來，創造出全新的東西。一台舊的自行車座椅和手把，可以與童年的鬥牛記憶相結合，形成一個現代主義雕塑。畢卡索的腦海中充滿了外在挪用，而他偷走的東西，他並無意歸還。

畢卡索的《亞維農的少女》（1907，圖9-2）可以說是二十世紀最重要的繪畫作品，是立體主義的第一部作品，也是現代藝術衝擊的開端。在《亞維農的少女》中，畢卡索的腦海中結合了兩種新的外在體驗。首先，畢卡索在一九〇七年參加巴黎小皇宮美術館（Petit-Palais）所舉辦的保羅・塞尚（1839-1906）回顧展，在此看到了一種新的繪畫形式，只利用簡單形式、二維平面和幾何形狀。同年後期，畢卡索在塞納河畔艾菲爾鐵塔對面充滿霉味的特羅卡德羅（Trocadéro）民族學博物館中，首度接觸到非洲面具[28]。對塞尚的接觸使他重新認識到藝術純粹形式的力量，非洲面具也是如此，但增添了原始恐怖的元素。看到非洲面具對畢卡索來說是決定性的一刻，「我明白我為什麼是一個畫家。那天，獨自一人在那可怕的博物館裡，面對戴著面具、紅皮膚娃娃、滿是灰塵的人體模型，《亞維農的少女》的靈感一定是在那天找上我的」[29]。畢卡索把這兩種視覺元素和個人的精神感覺結合在一起，進而改變了藝術史的發展方向。

且慢！像畢卡索那樣「偷偷取材」不是非法行為嗎？如果你把它和自己的原始素材相結合，創造出一些新穎、具變革性的東西，那就不違法。畢卡索將真實的報紙和其他有版權的物品放入他的拼貼畫藝術中，沒人提起訴訟。安迪沃荷將伊麗莎白泰勒、馬龍白蘭度、貓王、瑪麗蓮・夢露和毛澤東的照片融入他的藝術中，也沒有人上法庭阻止他。你也可以成為有創造力的狐狸，根據一九七六年美國版權法的合理使用原則，只要確保你重新利用和改造「被盜」的作品是為了社會或文化利益[30]。

圖 9-2：畢卡索的《亞維農的少女，1907》，現代主義的發端，一部分原因是他接觸到非洲面具，一部分則是因為他對保羅．塞尚的藝術有了新認識（紐約現代藝術博物館）

靈活結合理論的達爾文

達爾文是個紳士，不會偷偷取材，但他確實結合了十九世紀早期流傳的兩種不同理論：物種蛻變進化論和馬爾薩斯人口理論。物種蛻變（Transmutation）由達爾文的祖父伊拉斯謨斯・達爾文（1731-1802）所提出，而法國生物學家尚-巴蒂斯特・拉馬克（Jean-Baptiste Lamarck，1744-1829）更清楚地闡述，認為物種隨著時間發展不斷進化，適應當地的環境，然後將所獲得的特徵傳遞給下一代[31]。馬爾薩斯人口理論認為，除非受到饑荒、疾病和戰爭等「有益」影響的限制，否則人類將以無法控制的數量增長。查爾斯・達爾文在愛丁堡上大學之前和期間，曾研究過祖父和拉馬克的著作，而一直到他參加小獵犬號（1831-1836）環繞加拉帕戈斯群島航行後，才碰巧讀到湯瑪斯・馬爾薩斯（Thomas Malthus）的《人口論》（*An Essay on the Principle of Population*），此時，天才達爾文似乎經歷了結合兩者的「頓悟」時刻[32]。

> 一八三八年十月，也就是我開始進行系統調查的十五個月後，我碰巧讀到了馬爾薩斯的《人口論》一書，由於對動植物習性的長期觀察，我完全能夠理解到處都在發生的生存競爭，我突然意識到，在這種情況下，有利的變化往往會被保留，而不好的則會被摧毀。結果將是一個新物種的形成。此刻，我終於發現了一個可以探索研究的理論[33]。

當然，這個理論就是如今眾所周知的基於遺傳優勢或「自然淘汰」的「達爾文進化論」[34]。對於科學和神學而言，沒有任何理論比達爾文的「殘酷」模型更具潛在爆發力——只有那些幸運擁有適合特定環境基因的動物才能生存下來。然而，在後續二十年間，達爾文繼續驗證和微調他的偉大思想，最終在一八五九年出版了《物種起源》（*The Origins of Species*）。

那麼，達爾文是狐狸還是刺猬呢？一般會認為是後者：達爾文努力不懈追求一個最偉大的構想。但是回想一下貝佐斯提出的觀察，**創造性的想法來自於「四處探索」**，在維多利亞時代可能沒有任何人比達爾文遊歷得更久，見過更多的世面。一八三一年，達爾文離開了英國相對舒適的環境，登上小獵犬號，前往未知的領土，最終環遊全世界。但是，不同於小獵犬號上的水手們，博物學家達爾文還會下船進行陸地探索，穿越巴塔哥尼亞平原，進入亞馬遜熱帶雨林，攀登上安第斯山脈，在此期間，達爾文看到、吃到各種奇珍異物，也幾乎被所有能想像到的物種咬傷過。事實上，達爾文在小獵犬號的五年航行中，有三分之二的時間都在陸地上，像狐狸一樣四處探索[35]。到最後，他成了一個多元論者：動物學家、植物學家、地質學家和一流的古生物學家。**達爾文是一隻披著刺猬皮的狐狸**。

愛迪生與電流之戰

有時狐狸會掉進刺猬的洞裡，這發生在博學的愛迪生身上，當時他正試圖建立一個連接和供應北美各地區的電力系統。愛迪生在一八七九年發明了長時間燃燒的燈泡，現在需要牆上的插座和電路、電線、變壓器和發電機來點亮這些燈泡[36]。但是，該使用哪種電流模式，直流電還是交流電呢？直流電適用於低電壓和短距離，交流電則適用於高電壓和遠距離。不久前成功發明燈泡的愛迪生，將賭注押在直流電。一八八一年二月，他離開了位於鄉村的門洛帕克研究實驗室，把全家人和愛迪生電氣公司的製造中心搬到了曼哈頓下城。在那裡，愛迪生的員工在街道深處挖地道，鋪設直流電管線（圖9-3）。

但是愛迪生犯了一個錯誤，直流電並不是為大城市或全國供電的有效方法，因為它需要昂貴的發電機才能讓大約每半英里產生新的電流，實際取決於負荷量。為了建立資本密集的直流電系統，愛迪生需要大量資金，便決定逐步將愛迪生電力公司大量股票出售給約翰・摩根（J.P. Morgan）及其合夥人，他們在十年內將愛迪生趕下台，先是將他的公司改名為愛迪生通用電力公司（Edison General Electric），然後直接改成奇異公司（General Electric）[37]。由於愛迪生不再掌權，摩根和奇異公司換成採用交流電。

狹隘的視野往往是「沉沒成本謬誤」的結果。愛迪生已經如此投入，耗費許多資金在單一的解決方案中，以致於似乎很難承認失敗並改變方向。對於愛迪生這樣的天才來說，問題在於要有所認知，有時候決心和毅力必須屈服於常識。但是狐狸愛迪生並非只有一個興趣，他持續在一系列的實用產品上取得商業成功，不只是燈泡、留聲機、電影、還有公共廣播系統、助聽器、會說話的玩偶，甚至還有預製水泥屋。（譯註：sunk cost，沉沒成本，意指已經付出且不可收回的成本）

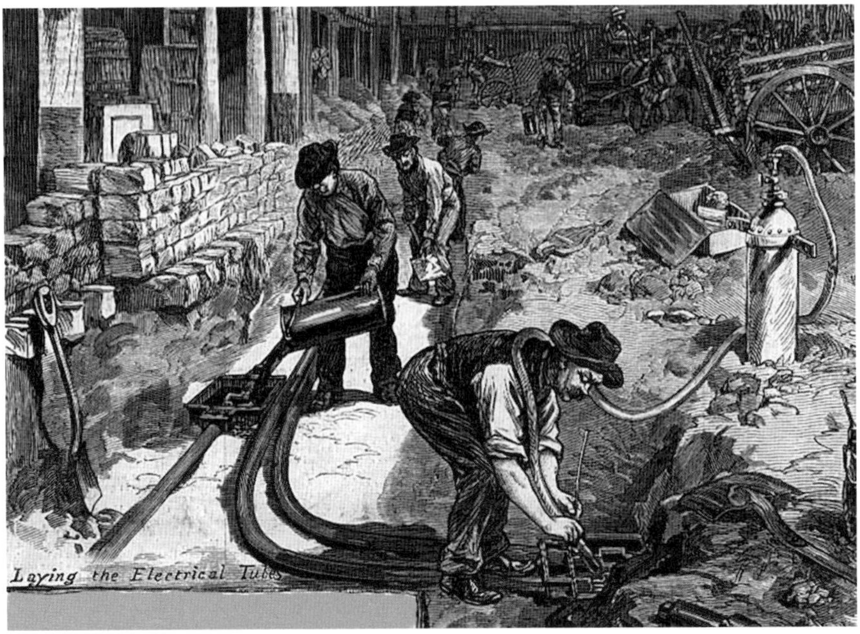

圖 9-3：1882 年 6 月 21 日《哈珀週刊》（*Harper's Weekly*）插圖，標題寫道：「房屋內的電燈——在紐約街頭鋪設電線管」。愛迪生選擇把電線埋在地下，而不是將之串在電線桿上。

無知的膽量

過度的專業自信，加上沉沒成本謬誤，使這位「門洛帕克的奇才」忽視了其他可能的解決辦法，因而導致此事失敗。大衛．羅布森（David Robson）在其二〇一九年出版的《為什麼聰明人會做蠢事？》（*The Intelligence Trap*）一書中說：「如果專家不能超越現有的思維框架，尋找應對挑戰的新方法，根深蒂固的認知就會限制創造性的解決問題之道」[38]。刺猬看不見森林裡的樹木，而狐狸經常肆無忌憚地四處扎根，看不到森林裡的危險。你有多少次曾對自己說過：「如果早知道會惹上這種麻煩，我就不會去那裡了！」創造力專家唐納德．麥金農解釋為什麼缺乏專業知識是一件好事：「專家們根據理論和實證研究的結果，往往『知道』某些事情並非如此、或根本無法辦到，**而天真的新手會冒險去做專家永遠不會嘗試的事情，往往會取得成功」**[39]。麥金農的忠告：**不要做個狹隘的刺猬，要像有遠見的狐狸尼古拉．特斯拉所敦促的：「要有無知的膽量」**[40]。

通才教育

諾貝爾獎得主暨《快思慢想》作者丹尼爾．康納曼、和《超級預測》（*Superforecasting*）作者菲利普．泰特洛克（Philip Tetlock）等經濟學家，都對此表示贊同。他們指出，**狹隘的專家，不**

管多麼出名，在預測和解決未來問題方面，都不如範圍廣泛的通才[41]。泰特洛克的研究激發了美國情報分析員團隊之間為期四年的競賽，證明了博覽群書、會說外語的通才在處理世界事務方面，比狹隘的專家做出更準確的預測[42]。近期的研究也表明，獲得諾貝爾獎的科學家從事藝術活動的可能性，高於那些不那麼傑出的同事將近三倍，其中音樂是最受歡迎的選擇[43]。同樣的，他們參與演戲、跳舞或魔術等業餘表演活動的可能性高出二十二倍。

然而，美國政治人物對這方面的消息反應很慢，至少在教育領域是如此。各州的州長和立法機構正在將教育與「就業能力」相關聯，正如《推動STEM教育及削減文科支出的呼聲日益高漲》等文章所報導的[44]，一些大學正在取消古典文學和藝術史專業[45]。就連自由派的總統歐巴馬最近也對「無用」的文科進行抨擊[46]。

然而，本章提及的天才們卻給了我們不同的啟發，他們教導我們要**四處探索**、**結合事物**、**交叉訓練**、**無所畏懼**、**眼界開闊**、**避免沉沒成本謬誤**、**同時要有無知的膽量**。他們也含蓄地告誡我們，**不要認為教育之後必須立即取得終身職業**。一九二〇年代，科技工程師的「知識半衰期」是三十五年，一九六〇年代是十年，如今最多是五年[47]。這給所有人的教訓是：**保持靈活**。科技教育領域的教育工作者開始相信，隨著我們的工作轉換，現在平均每五年就換一個新職位，我們需要的是終身學習、涵蓋廣泛學科的大學程度短期課程，這就是所謂的「六十年課程」[48]。

二〇一一年，賈伯斯表示，**要想讓科技真正輝煌，就必須與藝術相結合**，他說：「在蘋果公司的DNA中，光靠技術是不夠的，而是要讓科技與藝術、和人文學科聯姻，產生讓我們內心歡唱的結果」[49]。因此，主修STEM領域、有抱負的年輕人，不妨聽從諾貝爾獎得主兼小提琴家愛因斯坦的建議，他在一九五〇年的一次演講中貶低專業化，並下結論說道：「每一位嚴肅的科學研究者都痛苦地意識到，這種非自願降級到不斷縮小的知識領域，很有可能剝奪研究人員的廣闊視野，使他淪為技術人員」[50]，**我們都需要刺猬來修理深愛之物，但要創造一個嶄新、更美好的世界，最好還是找狐狸先生。**

第10章 逆向思考

「高科技領域，我認為很多創新都是逆向發展的。你看到一種新科技、或某種潛力在那裡……，你從解決方案反向去尋找合適的問題」

——貝佐斯

為了探索東方，哥倫布向西航行。為了讓人接種預防天花的疫苗，愛德華．詹納給人們注射牛痘。貝佐斯沒有引誘顧客購買商品，而是把商品帶給顧客。根據牛頓的第三運動定律，「每一個動作都會產生一個大小相等、方向相反的反作用力」。莎士比亞的哈姆雷特說過：「為行仁慈，我不得不殘酷」。

上述的逆反觀點體現了「逆向思考」的過程，這是一種深植於藝術、科學和工業中的古老策略。如果你想更加理解一個事物或概念，就提出相反的想法。如果你想了解一台機器是如何組裝起來的，就把它拆開。如果你想要達到一個特定結果，那就定義最終目標，然後制定一條回到開頭的發展路線。逆向思考的實際好處至少有四個：第一，它能讓我們發現潛在問題，並找到解決之道；第二，它使我們在思想上更加靈活、富有想像力；第三，它教會我們適應模棱兩可和悖論；最後，它經常使我們歡笑，這肯定是幸福快樂的標誌。

能夠看出對立的重要性是天才的潛在特質之一，特別是在科學和工業領域。為什麼會有閃電？正如富蘭克林所知，這是因為空中和地面上的正負電荷從相反的方向爭相匯合。為什麼飛機飛得起來？因為飛機的機翼將上方的空氣拉下來，迫使下方空氣和飛機上升，一如萊特兄弟所展示的。我們如何理解天體物理學中「大爆炸」的瞬間時刻？按照史蒂芬·霍金的建議，將宇宙倒退播放，直到它縮小成一個無限緊密的原子為止。

一九五三年，在劍橋大學著名的卡文迪什實驗室（Cavendish Laboratory），詹姆斯·華生和佛朗西斯·克里克（Francis Crick）的團隊發現了去氧核糖核酸（DNA）的結構，亦即所有生物的組成基礎。他們的洞察力牽涉到對立原則的理解，在每一條DNA鏈中都隱藏著一個分子回文序列，例如：

XXGATCXXXXXGATCXX—

XXCTAGXXXXXCTAGXX

這個序列一起前進和後退。每一種生物都有逆序排列的基因模式。如果細胞在繁殖時，不能精確地複製回文序列，就可能發展成惡性腫瘤或其他缺陷。理解這一點是當今生物醫學研究和基因工程的關鍵基礎。發現了DNA結構使詹姆斯·華生、佛朗西斯·克里克、及其同事莫里斯·威爾金斯（Maurice Wilkins）贏得了一九六二年的諾貝爾化學獎。

有時候，逆向思考只是小孩子的遊戲。一七八五年，數學天才約翰·卡爾·弗里德里希·高斯（Johann Carl Friedrich Gauss）八歲時，他的老師為了轉移這個早熟孩童的注意力，便要他解一道難題：「從一到一〇〇所有數字相加的總和是多少？」高斯很快回答說：五〇五〇。他沒有浪費時間把所有數字相加，而是利用一種逆向思維：五〇是中點，兩端是相互平衡的；數字一、二、三、四、五……五〇的序列，可以設定為一個回文。對於我們這些不是天才的人，讓我們把問題從一〇〇簡化成九個數字，這將有助於我們洞察高斯的觀點，他想到一種反向模式，能夠迅速提出解答。在我們的例子中，九個數字可以反向設定：

1＋2＋3＋4＋5＋6＋7＋8＋9

9＋8＋7＋6＋5＋4＋3＋2＋1

在垂直方向相加，會產生九組一〇（或9×10），總計為九〇。由於我們重複計算數字（即第二行的反向序列），因此現在必須除以二才能得到正確答案：45。多麼精彩的演算！後來，高斯透過歸納思考，發現這個過程可以做為任何此類問題的公式基礎：總數T＝N（N＋1）÷2，試著套用你自己的連續數位序列算算吧。高斯的反向洞察力展示了「逆向思考」如何節省數學家的時間。

製造火箭助推器升空和回返可以節省實業家的錢。二〇一一年，伊隆．馬斯克的SpaceX公司和之前亦敵亦友的美國航空暨太空總署（NASA）建立了合作關係[1]。從今以後，馬斯克的火箭將為NASA提供運輸工具，將貨物和太空人送入太空。SpaceX公司已經成為太空運輸的主導力量，因為它證明了火箭助推器可以安全地往返太空和地球，並可重複使用，因而使每次發射成本降低了八〇%[2]。馬斯克試了五次才成功。正如他在二〇一三年TED的一次演講中所說，「物理學其實是在研究如何發現違反直覺的新事物」[3]。

逆向思考、或相反的舉動也可以提供藝術結構。作曲家巴哈發現如何讓音樂曲調回返演奏，進而取悅國王。一七四七年，巴哈從萊比錫到柏林，會見了熱愛音樂的國王腓特烈大帝（King Frederick the Great），他遞給巴哈一首曲子，請他即興創作。巴哈回到家裡，深思熟慮，創作出《音樂的奉獻》（*The Musical Offering*），他在音樂當中顛倒皇家旋律，進行音樂倒裝（上升的音符現在下降到反向相同位階），然後逆向運行（旋律前進的音調現在變成倒退）。法蘭茲．約瑟夫．海頓（Franz Joseph Haydn）、莫札特、貝多芬、法蘭茲．舒伯特（Franz Schubert）、斯特拉溫斯基和阿諾．荀白克（Arnold Schoenberg）也採用了同樣的倒退策略。

自稱 Trazom（Mozart 的逆向拼寫）的莫札特喜歡創造性的回文。有一次，他設計了一個能朝相反方向同時發展的旋律，如下一頁圖 10-1 所示。有時，莫札特會將這種對立過程融入音樂成品，但大多數時候都是用在樂譜練習草稿，在這些作品中，他運用逆向思維來發展自己的技巧，並擴大想像力。

不管是對莫札特、或對我們來說，逆向思考都是一種挑戰，可以帶來更好的結果。為了使奏鳴曲中的音階流暢地演奏，樂器演奏者被要求用誇張的切分音來練習音階。為了成為足球中的致命前鋒，天生右腳踢球的球員必須不斷地用左腳練習。達文西自學如何正向和逆向書寫，大大提高了他的繪圖技能。所有這些逆向運動都能提高身體的靈活性，因為它們能促進神經可塑性。

達文西的反向視角

達文西屬於一〇%左撇子人口的其中之一[4]，在他所畫的十萬張草圖中清楚顯示，他也體悟到「逆向思考」的創造性價值，羅浮宮內達文西四幅精湛的作品之一、他著名的畫作《聖母子與聖安妮》（*The Virgin and Child with St. Anne*）的素描草圖，是最好的例證[5]。在一四七八至八〇年間，達文西想像了兩個版本的創作場景：聖母子與羔羊（草稿中的貓是羔羊的預留位置），一張面朝右（圖 10-2 A），另一張面朝左（圖 10-2 B），近乎鏡像對應。在面朝左的構圖中，出現了第二個女性頭像。大約十年後，一張更完善的右面版本出現，但此時第二個頭像（聖安妮）出現在聖

圖 10-1：莫札特 16 歲在學習音樂對位技巧時，寫在速寫本（Sk 1772 o）中的一段二十小節的旋律。他只寫了旋律（上半部分），但根據上下文表示，應該逆向彈奏。

母瑪利亞的鏡像中（圖10-3A），兩人慈愛地凝視著對方。在大約一五〇三年完成的畫作中（圖10-3B），聖安妮的頭像如今與聖母瑪利亞的頭像方向一致，但聖子和羔羊的頭像則旋轉了一百八十度。站在羅浮宮內觀賞達文西的傑作時，沒有人會意識到他的最終版本是掙扎了二十年關於畫中人物戲劇性對立構圖的產物。在此例子當中，「逆向思考」的過程雖然很重要，卻是全然不為人知的。

在羅浮宮《聖母子與聖安妮》展示處向西北走七十五呎，你就會看到世界上最著名的畫作：達文西的《蒙娜麗莎》，它也蘊含思維的反轉，只是以更微妙的形式。在達文西出現之前，中世紀晚期和文藝復興早期的繪畫主題，不是宗教就是歷史，例如一幅描繪基督教教義、或是記錄歷代國王和王后肖像的繪畫，透過象徵符號來表現，如鴿子宣告基督的來臨，或以一頂王冠來暗示國王。繪畫中的訊息是由畫家傳遞給觀看者，觀者可以決定要接受、或是拒絕，可以信、也可以不信。在傳統的象徵繪畫中，交流只有一種管道。

在達文西的《蒙娜麗莎》中，繪畫發生了巨大的轉變，溝通路線是相反的。不再是藝術家向觀者傳遞某訊息，而是畫中這位女士想和觀者進行對話，她神祕的微笑變成一種挑釁。此刻，繪畫不再是單向的教條，而變成了雙向的參與。要理解《蒙娜麗莎》，我們必須接受一個事實：一**幅畫的意義可能不在於作品本身，而在於觀看者，藝術史學家稱之為「反向視角」**。

心理學家將「反向心理」（reverse psychology）定義為一種策略，即刻意提出一種說法，旨在產生相反的效果。作家們有時使用「倒序編排」做為一種敘事技巧，以產生戲劇性效果，此

圖 10-2A 和 B：A. 李奧納多．達文西的草圖《聖母子與貓》（*Virgin and Child with Cat*），約 1478 年（倫敦大英博物館版畫素描部館藏）。B. 隨後所畫的《聖母子與貓》，約 1480 年（倫敦大英博物館）。

圖 10-3A 和 B：A. 達文西的素描成品，約 1499 年（倫敦國家美術館）。B. 他的畫作《聖母子與聖安妮》，約 1503 年（巴黎羅浮宮）。

手法最早可回溯至維吉爾（Virgil）的《艾尼亞斯記》（*Aeneid*）。作曲家理察・華格納（Richard Wagner）為他長達十七小時的音樂劇《尼伯龍根指環》（*The Ring Cycle*）創作劇本時，是以倒序編排完成的；他先從眾神和英雄的死亡——《諸神的黃昏》（*Twilight of the Gods*）開始，再追溯回他們早年的事件《齊格菲》（*Siegfried*）、《女武神》（*The Valkyrie*），最後才在這三部曲之前加上設定背景的序幕《萊茵的黃金》（*Rhinegold*）。喬治・盧卡斯（George Lucas）在《星際大戰》電影中也採用類似的操作手法，在開篇三部曲之後，又推出三部追溯到過去的「前傳」。一九二二年，史考特・費茲傑羅出版一部短篇小說《班傑明的奇幻旅程》（*The Curious World of Benjamin Buttons*），故事中主人公的人生以反向時序展開：他出生時八十歲，進入中年，再變年輕，小時候去世。

暢銷謀殺推理小說作家P・D・詹姆斯表示：「**在我開始寫作之前，我總是知道謎團的結局**」[6]。推理小說作家通常會確定「誰是兇手」、地點、手法，然後再從頭開始引導讀者體驗他們的故事。的確，推理作家布魯斯・黑爾（Bruce Hale）在其「寫作技巧：情節逆向規畫」文章中寫道：「謀殺懸疑小說都是倒敘的東西」[7]，雖然這裡談的是推理小說，但這個原則可以廣泛應用，任何有抱負的作家都不妨先思考一下，結局會是什麼？事實上，「逆向思考」對任何人來說都是不錯的建議，無論是書面、還是口頭的，無論是企業報告、還是婚禮演說。仔細閱讀資料，把最好的、最有說服力的東西保留到最後，再把全部東西組織起來，引導到那個方向。如此一來，不僅內容將「切中要點」，同樣重要的是，觀眾將欣賞到「爆炸性」的精彩結論。

自相矛盾的愛因斯坦

根據定義，光線是一條直線，就像噴水槍剛射出前幾呎的水流一樣。波浪是一種曲線，就像石頭扔進池塘所發出的漣漪。雖然不是完全相反，「光線」和「波」是非常不同的。光既可以是光線、又是光波，這是一個悖論，來自希臘文的*paradoxon*，意指相反的觀點。「逆向思考」有時需要適應悖論。

愛因斯坦不止一次掙扎於自相矛盾的條件。一九〇五年，他解決了長期以來關於光的本質對立理論之間的爭辯：光是粒子流（直線），還是光波？牛頓之前認為光是粒子，他稱之為「微粒」（corpuscles），與牛頓大約同期的克里斯蒂安．海更斯（Christiaan Huygens，1629-1695）則主張是光波。牛頓的理論似乎占了上風，直到詹姆斯．麥斯威爾用他統一的電磁波定律（1865）為光波的描述奠定更堅實的基礎[8]。一九〇五年，愛因斯坦展示了這些對立理論如何調和於他的「波粒二象性」（wave-particle duality）理論。光波擊中一物質，然後發射出光電子流（愛因斯坦的光電效應）。他說：「我們有兩個相互矛盾的現實觀點，各自都不能完全解釋光的現象，但兩者結合則說明了一切」[9]。這種二象性成為量子物理學的一部分，一個由悖論構成的新正統學說。此外，光電子的能量總是與光的波長成反比，這是一個隱含的對立面。解開光的謎團使愛因斯坦在一九二一年獲得了諾貝爾獎。

「一個女人從樓上墜落，在什麼情況下她不會向下墜？」答案是：「當其他一切都和她一起下墜的時候」。當愛因斯坦解開這個假設的謎題時，他也找到另一個問題的解答。一九〇七年，愛因斯坦被兩種明顯對立的理論所困擾：一是牛頓的天體引力理論，即使物體呈直線運動至其他物體的引力；另一則是他自己的狹義相對論，即物體受其特定環境的規則支配。他指出，「這裡出現的是兩種截然不同的主張，這對我來說，是無法忍受的」[10]。想像一個所有物體都同時下墜的情況，產生了「我一生中最快樂的想法」，消除了令我難以忍受的苦惱，靜止和運動如何同時存在？愛因斯坦說，「因為，對於一個從屋頂自由落下的觀察者來說，在墜落過程中，至少在他附近，是沒有引力場的。也就是說，如果觀察者放開了任何物體，它們就會對他保持相對靜止狀態」[11]。重力可能在起作用，但另一個物體可能同時以相等的力量作用於它。以科學語言來說，存在著一個「完全的物理等價性和同時性，一個統一的引力場的反作用」[12]。用外行人的話來說，力可以拉成直線和曲線，這取決於物體的速度和引力場的力。牛頓沒有錯，但他的萬有引力理論並非在所有情況下都是準確的。牛頓的蘋果可能呈直線下墜，但在愛因斯坦的時空裡，它可能會呈曲線。同樣的，在某些情況下單一原子可能出現兩種不同的運行方式，這是量子計算和未來電腦新興領域背後的基本邏輯[13]。

善用對比的莎士比亞

馬克・吐溫說：「我畢生經歷過最寒冷的冬天，是舊金山的夏天」，我們原以為他會開始詳述一個冬天的經歷，結果卻猛然轉到夏天。早在馬克·吐溫一百八十度轉彎之前，莎士比亞在他的戲劇《理查三世》（*Richard III*）的開場白中，就已用過同樣的策略：「吾等不滿之冬，已被約克的太陽照耀成光榮之夏」。莎士比亞不僅編排一個對立的戲劇（冬天屈服於夏天），還構成一個雙關語——「約克的太陽」（sun of York）意指愛德華，約克公爵之子（son of York），如今是約克王朝天空中最明亮的太陽。《理查三世》是一部黑暗的政治悲劇，但也因為對理查的反對觀點而充滿幽默感：市民視他為一股邪惡的力量，而他卻有妄想症，認為自己是仁慈的。莎士比亞對立場景最著名的例子是：謀殺者馬克白屈服於滑稽醉酒的門房，當負面和正面力量連接在一起時，舞台上就出現了如閃電般的戲劇衝擊。

莎士比亞的詩歌大多都是以類比、隱喻和明喻為基礎，亦即兩個相關概念成對出現。當詩意配對呈對立面時，效果就更強大。要想欣賞天才的造詣，不妨看看莎士比亞《羅密歐與朱麗葉》當中羅密歐所說的一段話。此刻，戀人經歷一連串矛盾急速的情感，表達於八句詩行中。有些可能是一般人都想得到的，如「憔悴的健康」和「冰冷的火焰」，但「吵吵鬧鬧的相愛」和「鉛鑄的羽毛」可就是天才隱藏的功夫了！

> 這是愛恨交織的情感。
> 啊，吵吵鬧鬧的相愛，親親熱熱的怨恨！
> 啊，無中生有的一切！

哦，沉重的輕浮！認真的虛榮！
看似完美形狀的扭曲混亂！
鉛鑄的羽毛，明亮的煙霧，冰冷的火焰，憔悴的健康！
夢中依然清醒，否定的存在！
此愛我感受到，卻感受不到彼愛。（我愛她，但她不愛我）

最後，想想莎士比亞最簡潔、強而有力的矛盾修辭法——「生存還是毀滅」（*To be or not to be*），將兩個對立、不相容的存在條件並列在一起。

逆行的汽車生產線

亨利．福特（Henry Ford）在一九一三年開始利用裝配線大規模生產廉價的T型車，徹底改變了工廠運作和汽車工業。參觀芝加哥一家屠宰場時，其速度和效率給福特留下了深刻印象：一頭死牛可以被倒掛在鋼條上、沿線逐一肢解一空。如果拆解過程能夠如此有效率，難道不能逆轉這個過程，提升拼裝速度嗎？

在車價定位上，逆勢投資者伊隆．馬斯克採取了和福特相反的做法。當馬斯克執掌特斯拉電動車公司時，他並沒有推出廉價的汽車，而是致力開發昂貴的車型，二〇一一年推出 Roadster

（售價二十萬美元），隨後在二〇一五年推出了X型車（八萬美元），最後在二〇一七年推出了Model 3（三萬五千美元）。因此，此時特斯拉汽車公司正從一個高價格、低產量的公司，轉型為一個低價格、高產量的公司。正如馬斯克在二〇〇六年的「特斯拉汽車公司總體發展祕密規畫」公開貼文中大聲宣布的，他的計畫是：

建造跑車
用那筆錢建造一輛經濟實惠的汽車
再用那筆錢建造一輛更經濟實惠的汽車……
不要告訴任何人[14]。

一九九〇年代初，貝佐斯做為對沖基金公司D.E.Shaw & Co.的一名年輕數據經理，很安於對沖賭注，正確地將一種經濟資產定位為另一種資產的平衡交易。貝佐斯看到網際網路的使用率以每年二三〇〇%的驚人速度增長，意識到全球增長是「大局」。真正挑戰在於如何將其與小人物聯繫起來並從中獲利，因此他開始尋找一個可以營利的問題。逆向思考使他發現到購物的商機：消費者開車到處買東西，但經常空手而歸，為什麼不反過來，利用網路尋找商品，再把商品送到消費者手中，進而節省時間和金錢呢？他辦到了，如今亞馬遜控制了美國四〇%的電子商務[15]。二〇〇五年貝佐斯說：「有時候人們看到問題，令他們感到惱火，於是發明了一種解決方案。有時候你可以逆向操作。事實上，**在高科技領域，我認為很多創新都是逆向發展的。你看到一種新科技、或某種潛力在那裡……你從解決方案反向去尋找合適的問題**」[16]。貝佐斯當前的執念是「我們必須進入太空，以拯救地球」[17]。

語言的逆向思考

想要搞笑，「逆向思考」吧！幽默涉及諷刺、矛盾或違反直覺的思維。反諷也是如此，當我們說「噢！真是聰明」的時候，其實我們的意思正好相反。有創意的喜劇演員是哲學家，他們有時會以諷刺的手法為我們揭露真相，我們弄錯目標了，真正的目標被隱藏了。以下是克里斯・洛克的單口喜劇特別節目「更黑更暴力」（Bigger and Blacker）中出現的小噱頭：

> 談什麼槍支管制？我們需要的是子彈管制！我認為每顆子彈應該售價五千美元。因為如果一顆子彈要價五千美元，人們在開槍前就會先思考，想想自己是否負擔得起……我們就不會再有無辜的局外人了，就算有的話，槍手也會到處說：「把我的財產還給我！」（此為濃縮及去除不雅字眼的版本）

悖論可以是具道德意義的矛盾修辭，這正是克里斯・洛克在此所建構的，將一個「感知的」

真理與事實相對照：槍枝不會殺人，子彈才會殺人，也許我們應該管制子彈。克里斯・洛克也說過「喜劇是不會唱歌的人的藍調憂鬱」，他深知笑話探索了人類經驗的兩極對立，使我們一路歡笑。正如佛洛伊德在《笑話與潛意識的關係》（*The Joke and Its Relationship to the Unconscious*，1905）書中所說，笑話揭示我們所有人內心的弱點、恐懼和衝突。有趣的是：佛洛伊德這本關於笑話的著作，會是你讀過最不好笑的一本書。

以下是過去和現在的一些天才所說的俏皮話，它們之所以有趣，是因為涉及到對立、誤解、邏輯上的不可能或是文字的重組。

- 莎士比亞：「壞蛋！你將因此被判永遠的救贖！」——《無事生非》（*Much Ado About Nothing*）
- 班傑明・富蘭克林：「如果我們不團結一致，我們肯定會各持己見」；「也許我應該爲自己的謙遜感到驕傲」
- 查爾斯・達爾文：「湯瑪斯・卡萊爾在整個倫敦晚宴上高談闊論沉默的好處，讓所有人都啞口無言」。
- 馬克・吐溫：「如果不是音樂的話，華格納聽起來不會那麼糟糕」。
- 愛因斯坦：「為了懲罰我蔑視權威，命運使我成為權威」。
- 威爾・羅傑斯（在德州乾旱期間）：「格蘭河是我見過的唯一需要灌溉的河流」。

- 溫斯頓・邱吉爾：「你回首看得越遠，向前也會看得越遠」。
- 金恩博士：「我們的科學力量已經超越了精神力量。我們引導了導彈，但卻誤導了人們」。
- 伊隆・馬斯克：「當人們問我為什麼創辦火箭公司時，我會回說『我正在努力學習如何把一筆大財富變成小財富』」；「最好的服務就是完全沒有服務」。
- 魏斯（N. C. Wyeth）：「試圖不去工作是世界上最難的工作」。
- 傑克・沃格爾：（Jack Vogel）：「一分錢一分貨」。
- 奧斯卡・王爾德（Oscar Wilde）：「工作是酗酒的禍根」；「真正的朋友在背後捅你一刀」；「失去雙親之一是極大的不幸，失去雙親可就是粗心大意了」；「除了誘惑，我什麼都能抵擋」。
- J・K・羅琳：「我們買了兩百本《看不見的隱形書》（*The Invisible Book of Invisibility*），花了一大筆錢，卻始終找不到它們」。——《哈利波特與阿茲卡班逃犯》（*The Prisoner of Azkaban*）
- 奧斯卡・黎凡特（Oscar Levant）：「世界需要更多謙卑天才，我們這種人所剩無幾了」。

笑話很好笑，但我們卻沒有發現好笑的原因正是「逆向思維」。

世界上許多偉大的宗教都包含著一種神學，相信開始與結束的不斷輪迴、或是對立力量無休止的相互牽引。在佛教中，對立和統一的力量並存，如涅盤、輪迴重生的結束、轉世，無休止的化身與轉世[18]。涅盤，終極狀態，本身就是非死亦非生。在道教中，陰陽是對立兩極、亦是普世道德原則，做為單一力量共同運行。希伯來語 אמת 意指「真理」，猶太教中上帝的名字之一，使用希伯來語字母表的第一個（Aleph）和最後一個（Taw）字母，撒旦和上帝的天使們在基督教世界末日中相互對抗。*Ego sum alpha et omega*，希臘字母表的第一個和最後一個字母，象徵著上帝，一如啟示錄所述。

金恩博士一九五一年畢業於克羅澤神學院（Crozer Theological Seminary），四年後在波士頓大學獲得神學博士學位。他知道 *Alpha et omega* 代表開始和結束，在他最著名的《我有一個夢想》演講中，大量運用這種對照詞組。

關於金恩的《我有一個夢想》已有許多研究闡述，這是他職業生涯的關鍵時刻，也是美國人思考種族問題的轉捩點。在此要強調的重點是，演說的修辭力量不僅來自於不斷重覆單一句子（首語重複法），也來自不斷運用衝突意象（矛盾修辭法）。修辭直接向前推進，而詩歌則在對立之間交替。

> 此刻是我們要從種族隔離幽暗孤寂的山谷中崛起，邁向種族平等之光明大道的時候……唯有振奮人心之自由平等的秋天到來，才能結束黑人義憤填膺的炙熱夏天。一九六三這一年並非結束，而是一個開端……
>
> 在爭取合法地位的過程中，我們絕不能做出違法的行為，我們不要企圖以仇恨苦澀的杯

水，解滿足自由之渴
我們一定要勇敢向前，絕對不能走回頭路
我有一個夢想，有一天，在喬治亞州火紅的山丘上，過去奴隸和奴隸主人的子孫們，能夠並肩坐在一起，共敘兄弟情誼。
我有一個夢想，有一天，甚至連密西西比州這個正義匿跡、壓迫成風、如同沙漠般的地方，也能夠變成自由與正義的綠洲……
我有一個夢想，有一天，遍地幽谷上昇，高山下降，坎坷曲折之路成坦途……
有了這個信念，我們才能夠把國家的紛擾不合，轉變成洋溢手足之情的美妙交響樂[19]。

在大學時期，金恩博士接觸到印度的宗教信仰，研究了印度聖雄甘地的生平，一九五九年他去了印度，向甘地的弟子學習消極抵抗。做為南方基督教領袖會議的領導人，金恩隨後將非暴力做為對抗街頭暴力的武器。在阿拉巴馬州伯明罕，針對婦女和兒童的高壓水槍和警犬產生了反效果，引起了公眾的強烈反彈。一九六四年，金恩博士的反向策略為他贏得了諾貝爾和平獎。

你可以這樣做

總而言之：本章提及的天才暗示著，**越能利用生活中矛盾衝突的人，天才的潛力就越大。**偉大的藝術家、詩人、劇作家、音樂家、喜劇演員和道德家，在他們的作品中嵌入對立的力量，以達到戲劇性、有時甚至是喜劇效果。傑出的科學家和數學家似乎不去尋找矛盾，一旦發現矛盾之處時，他們也不會感到不安。變革型企業家逆向尋求解決方案。巴哈利用對位塑造出他最偉大的作品。貝佐斯從解決方案逆向思考找出問題所在。金恩博士用矛盾詞語和積極無為來顛覆美國人民對種族的看法。

所有人都可以採用這種策略。為孩子講了一個床邊故事之後，再倒過來進行這個過程，讓孩子跟你說一個故事，鼓勵說者和聽者都有遠見的思考。在成立新公司之前，先進行一次「事前預防」，逆向檢視一下為什麼合資企業可能會失敗。想要寫出更完美的公司報告或發表更精彩的演講，先看一下資料，然後先把結尾想好，簡化你的論點，越精簡則越精彩。在做重大決策時，為了減少個人偏見和推理錯誤，先寫一份利弊清單[20]。為了檢驗你的立場是否正確，不妨找一個故意唱反調的人，和你的伴侶辯論一下是件好事，這會使你免於衝動行事。

要想在談話中展現機智，想想相反的答覆。雖然「逆向思維」的策略可能沒人會注意到，但改善的結果將是顯而易見的。

第11章

天才的命運決勝點：運氣

當幸運之風吹來時，
只有那些充分準備好順風航行的人，才能掌握最佳的時機。
天才、偉大和成功都是以同樣的方式到達港口的。

一九〇四年，天才馬克・吐溫發表了一篇題為「聖女貞德」的文章，文中提出這位女英雄以及其他變革天才何以成就偉大：「當我們試圖解釋拿破崙、莎士比亞、拉斐爾、華格納、愛迪生等傑出人物的成就時，我們明白，衡量他們的才華並不能解釋整個結果，甚至無法解釋其中一大部分；不，天才教養的環境才是關鍵，在成長過程中所受到的訓練，從閱讀、學習、和榜樣所獲得的薰陶，以及在每個發展階段的自我認知和外界認可中獲得的鼓勵：一旦了解這一切的細節時，我們就會明白，為什麼這個人在機會來臨時已經準備好了」[1]。馬克．吐溫認為，這些外在「細節」都是成就天才的先決條件，最後取決於：「機運」。「機會」（*opportunity*）一詞來自拉丁語 *opportuna*，亦指一股吹向港口的順風；「幸運」（*fortunate*）一詞來自拉丁語 *fortuna*，意指命運或運氣。**當幸運之風吹來時，只有那些充分準備好順風航行的人，才能掌握最佳的時機。天才、偉大和成功都是以同樣的方式到達港口的。**

傳奇高爾夫球選手蓋瑞．普萊爾（Gary Player）曾說：「**我練習得越努力，我就越幸運**」[2]，這句話更簡潔地表達了類似的觀點。那些努力工作、勇往直前或大膽行動的「幸運兒」，都會有更好的結果，誰能否認這一點呢？這些行動可能是一個明智的決定、也可能是實際的離鄉背景。有些天才一出生時好運就跟著來，奇怪的是，有一些則是死後好運才降臨。但我們是從幸運出生那一刻就開始。

對天才來說，生來富有和生來幸運是兩碼子事。**天才幾乎從未在極度富裕的環境中出現。**達爾文年輕時就得到經濟支持，最終繼承一筆小財產，或許是這個規則的例外。同樣地，天才往往並非來自貴族或政治統治階級。天才一心想改變世界，而貴族卻常常沉溺於現狀。何必要改變什麼呢？事實上，天才並非來自社會極端階層，經濟極端貧困，幾乎沒有機會；擁有巨大財富，就沒有動力。想想這些天才和他們父親的職業：莎士比亞（手套製造商）、牛頓和林肯（農民）、班傑明．富蘭克林（蠟燭匠）、巴哈（鎮上小號手）、勃朗特姊妹（教區牧師）、麥可．法拉第（鐵匠）、愛迪生（酒館老闆）、瑪里．居禮（學校教師）、金恩（傳教士）、托尼．莫里森

（焊工）和貝佐斯（自行車店老闆）。對天才來說，天生幸運就是出生在中產階級。

運氣不管是好是壞，有時也會出現在天才死後，因為時間和事件改變了人們對他的看法。莎士比亞在他那個時代，是一位非常成功的劇作家，吸引了倫敦觀眾的想像力，但他的觀眾卻很少。在十八世紀，隨著英國商業影響力的擴大，莎士比亞的戲劇逐漸被翻譯成法語、德語和西班牙語。如今，隨著英語成為世界主要語言，他的影響力繼續擴大，甚至遍及亞洲[3]。莎士比亞如今被公認是有史以來最偉大的劇作家，是全人類道德的指南針，他的重要性部份是由於現代語言發展的結果。在莎士比亞的時代，世界上只有百分之八的人口會說英語，而如今大約佔了百分之二十。莎士比亞很幸運：一股漲潮讓他死後聲名崛起。

一九一一年八月二十二日清晨，一名維修工人文森佐．佩魯賈（Vincenzo Peruggia）從羅浮宮偷走了《蒙娜麗莎》。被竊的新聞和這幅畫的照片登上了世界各大報紙的頭版，展開一場國際性的藝術品搜索行動，《紐約時報》高呼「六十名警探追查被盜的《蒙娜麗莎》」[4]。就連畢卡索也被拖下水了，因為他曾買過羅浮宮失竊的骨董半身像而被追查。佩魯賈把《蒙娜麗莎》藏在床底下好一段時間。兩年後，他試圖把畫賣給佛羅倫斯的烏菲齊畫廊的經紀人，真不夠聰明啊，因為整個西方世界都已看過這幅畫了。警方接獲報案，佩魯賈被捕，這幅畫被送回巴黎。報紙上又出現了更多的照片和報導。在羅浮宮重新展出的頭兩天，吸引超過十二萬名觀眾前來觀看[5]。

《蒙娜麗莎》是世界上幾乎每個人都能辨認的一幅畫，但為什麼呢？在某種程度上，其聲望部份歸功於藝術品失竊案的持久影響，這可是一九一二年四月十四日鐵達尼號沉船之前西方最轟動的新聞[6]。在紀念失竊一百週年的廣播節目中，全國公共廣播電台稱之為「使《蒙娜麗莎》成為傑作的竊盜案」，也許過於誇張，但統計證據支持此一說法。我利用耶魯大學圖書館的館藏數據，計算了一九一一年以前以「米開朗基羅」或「李奧納多．達文西」為主題的書籍和文章數量，結果是六八％比三二％，明顯傾向於前者。但是在一九一一年以後的書目資料，這個比例變成大約各佔一半。比較兩位藝術家的標準參考文獻和各自的字數，再次以一九一一年為分界點，之前的比例是米開朗基羅以七：五勝出，之後變成達文西以二：一超前。如果說公眾興趣可以當成衡量天才的指標，那麼博物館工作人員的竊盜行為偶然地提高了達文西的地位。

與諾貝爾獎擦身而過的女科學家

DNA被稱為生命的基石[7]。DNA嵌入人體每個細胞的細胞核中，包括基因形式的遺傳特徵，這是驅動每一個生物體生長發育最微小的加密物。到了一九五〇年代初期，人們知道DNA的存在已經將近一世紀了，但是科學家們還不知道DNA內部構造如何，更重要的是，人體內每個分子是如何自我複製，進而形成完整生物體的，而這正是破解遺傳密碼的關鍵之鑰。這把鑰匙在一九五三年四月二十五日被人類取得，英國劍橋大學卡文迪什實驗室兩位年輕科學家佛朗西斯．克里克和詹姆斯．華生的研究成果，發表在《自然》期刊上一篇題為「去氧核糖核酸之構造」的簡短科學論文[8]。誰才是現代史上最重要的一項科學公告的首要功臣呢？他們擲了一枚硬幣，優先權歸華生所有。

華生和克里克並不是唯一試圖解釋生命祕密過程的人。一九四四年，奧斯瓦爾德．埃弗里（Oswald Avery）證明了DNA是「轉化因子」，遺傳資訊的載體。莫里斯．威爾金斯、羅莎琳．富蘭克林、與華生和克里克共同研究X射線晶體學，以生成單個DNA分子的影像。此外，著名的化學家萊納斯．鮑林（Linus Pauling）還製作了一個（事實證明是錯誤的）三維三鏈結構DNA模型[9]。華生和克里克借鑑他人的研究結果和自己的直覺，把這些部分組合起來，建立了一個分子模型，描述在他們的論文中，精確地反映了DNA的結構，亦即著名的連鎖雙螺旋。華生和克里克洞察的關鍵資訊，是羅莎琳．富蘭克林顯示DNA的雙螺旋結構的X光「五十一號照片」。從DNA結構的發現進而衍生出人類基因組排序、在刑事案件中使用的基因鑑定、重組DNA研究及其基因編輯和治療等，都推動了價值數十億美元的生物技術產業的發展。一九六二年，諾貝爾委員會將生理學或醫學獎頒給克里克、華生和威爾金斯。那麼，羅莎琳．富蘭克林呢？答案是：時運不濟。

羅莎琳．富蘭克林重要的X光照片被人偷走了。一九五三年二月，富蘭克林的指導者未經同意就向華生和克里克展示這些照片。從這些照片中，兩人看到了DNA的結構、尺寸以及每轉有多少鹼基對[10]。富蘭克林在劍橋大學取得化學學士和博士學位，當時可說是世界上科學領域最頂尖的大學。她於一九五一年搬到倫敦，在著名的國王學院從事博士後研究員工作。富蘭克林受過高等教育，在她的專業領域頗有聲望，而且雄心勃勃，這些都是天才的先決條件。但在這個時代，身為女人成了對她極為不利的一個障礙。以下是華生所寫的一段話，關於富蘭克林和她名義上的指導者莫里斯．威爾金斯：

莫里斯是X射線衍射領域的初學者，他需要得到一些專業協助，希望羅西（羅莎琳）這位訓練有素的晶體學家能夠加快他的研究。然而，羅西並不這麼認為。她聲稱，她被指派獨立進行DNA研究，並不認為自己是莫里斯的助手。我懷疑莫里斯一開始希望羅西冷靜下來，然而，一看就知道她是不會輕易屈服的人。她沒有刻意展現自己的女性特質，雖然她的五官剛毅，但並不難看，如果她能注意一下穿著打扮的話，可能會是令人驚豔的，但她並沒有，從來不抹一點口紅，柔和一下她一頭直直的黑髮，在她三十一歲的時候，她的衣著展現了英國一本正經青少年一切的想像力。很明顯，羅西得離開，或是她要安份一點[11]。

羅莎琳．富蘭克林拒絕展現女性魅力，並大膽地證明女性可能是DNA尖端科學領域的領導者，可惜「羅西」對男孩子們不假辭色，最後遭到他們懲罰，被剝奪了她研究發現的一切榮耀——不僅被她的男性同行所否定，也被一條在她死後追加的致命規則所否定，運氣真不好。諾貝爾獎基金會章程中有一兩條看似武斷的條款，第四節第一段：

獎金數額可以平均分配於兩件作品之間，每件作品都被認為值得獲獎。如獲獎作品由二人或三人完成，應當共同獎勵。在任何情況下，獎金金額分配不得超過三人以上[12]。

直到一九六一年，諾貝爾委員會才認識到DNA及其雙螺旋結構的巨大影響。但名利該歸誰呢？當然歸於主要研究人員華生和克里克；也可能是接近目標的萊納斯・鮑林；還有自認為是羅莎琳・富蘭克林指導者的莫里斯・威爾金斯；或是實際的功臣富蘭克林本人。但是，看看此時第四節第二段的條款：「去世之後才發表的研究成果，不得考慮授予。然而，如果獲獎者在頒獎之前去世，則此獎項仍可頒發」。在提出對DNA深具影響力的研究四年之後、此領域獲得諾貝爾獎的四年之前，羅莎琳・富蘭克林死於卵巢癌，享年三十七歲。名和利都被剝奪。

為了深入了解DNA結構發現命運攸關的故事，二〇一七年三月，我與現任耶魯大學教務長、亨利・福特二世（Henry Ford II）生物物理和生物化學教授史考特・斯特羅貝爾（Scott Strobel）共進午餐。斯特羅貝爾首先向我指出，華生和克里克很幸運，而萊納斯・鮑林則是運氣不佳。如果鮑林先看到富蘭克林的照片，這個發現可能就是他的。但是一九五三年初，鮑林為了親睹富蘭克林的照片走訪倫敦，但他的簽證被拒，因此不得離開希思洛機場去和她碰面。斯特羅貝爾還強調，雙螺旋的發現是一個團隊努力的結果。正如他向我解釋的：「觀測科學變得越來越複雜，沒有人能夠控制任何一個領域的全部。越來越多的科學發現是公共實驗室的產物。意外的結果是，這個孤獨的天才被列入瀕危物種名單」。至於未來諾貝爾獎是否有可能頒給「常間回文重複序列叢集」（CRISPR）這個令人興奮的基因科學新領域，斯特羅貝爾指出一個諷刺的事實：「一個領先的候選人是我在柏克萊的前合作者珍妮佛・杜德納（Jennifer Doudna）。問題是，在柏克萊和麻省理工學院以及其他地方，CRISPR的諾貝爾獎候選人太多了，以至於諾貝爾委員會很難選出三位獲獎者。CRISPR獎可能會延遲」[13]。

幸運地做對決策

也許我們都可能成為宿命論者，認同這樣一個觀念：我們死後的命運掌握在幸運女神手中。然而，本章的重點是提出完全相反的意見：儘管有時靠因緣際會，但天才通常有意識做出一些決定，明顯帶來更好的結果。

一五八八年，英國女王伊莉莎白一世很幸運，當時西班牙無敵艦隊到達英國海岸之前就遭到颶風襲擊；但在過去三十年來，她的外交政策一直是不涉入，因此看著敵人自行毀滅。一八九五年，威廉・倫琴（Wilhelm Röntgen）很幸運，在實驗陰極射線管時，碰巧把感光板留在實驗室裡，後來看到印在板上的光條紋。做為一名研究高能波的物理學家，他立刻明白其他人可能會錯過之事——為什麼射線能穿透某些物體並在其他物體留下印記：X射線現象。一九四五年，珀西・史賓塞（Percy Spencer）很幸運，有一次站在磁控管旁邊，口袋裡的糖果融化了，身為一名訓練有素的電力工程師，他了解金屬盒內微波的熱功率，很快用玉米做了爆米花實驗，隨後發明了微波爐並申請專利。一八七九年，路易・巴斯德運氣好，他無意間將用於消滅雞霍亂的培養菌放任一個月沒人照看，後來發現，只有那一批「變質」的疫苗才有功效的事實，隨後善加利用。身為一名經驗豐富的微生物學家，路易・巴斯德於一八五四年在法國杜埃的一次醫學會議上闡述了他很早就學到的經驗：「**在觀察科學中，運氣只偏愛頭腦準備好的人**」[14]。

亞歷山大・佛萊明與青黴素

先是雞，然後是人類，亞歷山大・佛萊明（Alexander Fleming）青黴素的發現，據說是醫學史上最著名的「意外天才」實例。但真的完全是意外嗎？佛萊明是一八八一年出生於蘇格蘭農村的農家子弟，十三歲時移居倫敦，最終獲得醫學學位。一九二一年，佛萊明發現了一種具抗菌作用的溶菌酶（從中衍生 Lysolac 產品），隨後繼續試驗一種細菌可能摧毀另一種細菌的過程。佛萊明習慣放任實驗室雜亂無章，一九二八年八月，他準備要去度假一個月，便將一套充斥細菌的培養皿堆疊著，但沒有清理。回來之後，他發現所有培養皿都充滿大量的細菌，只除了一個之外。結果發現，幾乎沒有細菌存活的培養皿存在一種「青黴菌」（*Penicillium notatum*），它的孢子從附近實驗室意外地吹進來，落在器皿中。

我在耶魯大學的同事、化學教授邁克・麥克布萊德（Michael McBride），曾對我說：「**科學家沒有『頓悟』靈感，而是經歷了『咦，這真奇怪』的瞬間**」。佛萊明看到這個培養皿奇怪的狀況，喃喃自語道：「太有趣了」⓯，自問是什麼東西殺死細菌的，然後才很快確認是意外飄入的青黴素黴菌。於是，他開始猜測黴菌的治療能力，從這個幸運的機會中，衍生出神奇的藥物青黴素。科學家們一直將青黴素的發現與路易．巴斯德對細菌（病原體）的認識、華生和克里克發現的DNA結構，並列為歷史上三大醫學進步之一。隨著青黴素（第一種抗生素）的出現，西醫進入了現代，挽救了無數人的性命。如果天才體現的是改變世界的洞察力，那麼佛萊明在實驗室裡的洞察力就是偶然誕生的，至少，故事正是如此。

但是，佛萊明意外發現青黴素的歷史遠不止於偶然機緣。邱吉爾談到他在二戰中的角色時曾說：「我覺得自己好像是與命運同行，而我過去一生都是為了此刻和這場考驗做準備」⓰。佛萊明也做好了充分的準備。當時他並不知道，在近三十年的職業生涯中，他一直在為自己的機運做準備，發展了觀察技能和科學知識，得以理解並運用他眼前的重大發現。醫學歷史學家約翰．沃勒簡明扼要地總結說道：「佛萊明很有天賦，能夠看透別人所忽略的東西」⓱。

佛萊明的準備和之前在溶菌酶方面的突破也使他在科學界享有一席之地，代表其他人會尊重他的研究。事實上，早就已經有人發現青黴素的治療作用，只是沒有人注意到。一八九七年，法國里昂一所軍事大學的學生厄內斯特．杜森（Ernest Duchesne，1874-1912）向巴黎巴斯德研究所（Pasteur Institute）提交一篇論文，描述的許多內容都是佛萊明後來的發現⓲。但是二十三歲的杜森卻很不幸。他完全沒有得到任何關注或認可，後來參軍，早年死於肺結核（用抗生素或許可以治癒的）。三十年後，佛萊明做為世界級的細菌學家，地位崇高，在科學界人脈很廣，引起人們的注意。杜森擊中了一個隱藏的目標，但他沒有地位，所以沒有人注意到，也未造成任何改變。

最後，亞歷山大・佛萊明本人並沒有將神奇的青黴素藥物推向市場，那是在十幾年之後才由牛津大學霍華德・弗洛里（Howard Florey）所領導的一個細菌學家團隊實現的。但佛萊明雄心勃勃，對他所謂的「我的老青黴素」保留了專利[19]。隨著歐洲戰爭持續，英國需要一顆「靈丹妙藥」來造福軍隊和提振士氣，佛萊明急切成為這種新藥的宣傳員。一九四五年，諾貝爾醫學科學家委員會決定將生理學或醫學獎頒給三個人：亞歷山大・佛萊明、霍華德・弗洛里和牛津大學的同事恩斯特・柴恩（Ernst Chain）。

為什麼我們只記得佛萊明呢？因為「幸運發現」造就了一個迷人故事，雖然過於簡化事實。顯然不僅僅是靠運氣而已，佛萊明做好了充分準備，也致力維護自己的「大人物」形象，而有意識的團隊努力使他最初的希望得以實現。因此，**除了路易・巴斯德孩子氣的格言「做好準備」，可以再加上與偉大成就相關的兩點：「向前邁進」和「不要失去你所發現的」**。

冒險創業的馬克・祖克柏

「命運眷顧勇敢的人」，這句諺語在古羅馬時代就已流傳許久，有人說是老普林尼、特倫斯或維吉爾所說的。大膽代表敢於冒險。但冒險究竟是什麼意思呢？是否代表雖然不確定結果，但若可以量化的話，如果只有「五五成機會」仍願意採取行動？還是意味著純粹相信機運，就像

「純屬巧合」一樣？**臉書的創始人馬克・祖克柏證明他既沒有被刻意計算的風險嚇倒，也不光靠機運。**

若說天才可以用社會影響力來衡量，那就幾乎不能否認祖克柏是個天才，當然，祖克柏最近才與隱私專家、聯邦貿易委員會和美國四十七個州的司法部長發生衝突（另見第十二章）。儘管如此，如今有近乎二十億的人口，每天花將近一小時在他創辦的臉書上互動[20]。二〇一〇年，《時代》雜誌將祖克柏評選為年度風雲人物，他當時二十六歲，是獲此殊榮第二位最年輕的人。祖克柏是一個電腦程式設計天才，有著無限的抱負，他在二十一歲之前所採取的冒險行動，顯示了他大膽（或許有時不合法）的積極行動能力。

冒險行動之一：侵入哈佛大學電腦系統，從臉譜書上「借用」學生個資

二〇〇三年十月二十八日晚間，祖克柏坐柯克蘭德塔樓H33套房的書桌旁，寫了一整晚的程式。那個學期剛開始的時候，他創立了Coursematch，讓哈佛學生知道他們的朋友在上哪些課程，也許還可以組成學習小組。但現在祖克柏開始進行一件更大膽的事：一個線上「交友」（hookup）網站，可以讓哈佛學生看到其他學生，判斷對方是否「夠火辣」。他剛開始甚至考慮把學生們的照片貼在農場動物旁邊，邀請人們進行評比，後來改變心意沒有執行。

為了開發這個程式，牽涉到盜竊或至少是未經許可的取用，祖克柏進入哈佛的伺服器，從各宿舍的臉譜書上下載了學生的照片和資料。套用班・梅茲里奇（Ben Mezrich）在《偶然的億萬富翁》（*The Accidental Billionaires*）書中的話，「當然，從某種意義上來說，這是偷竊行為，他沒有

合法的權利使用這些照片，而大學把照片放在那裡肯定也不是要供人下載的。但是，如果資訊是可以取得的，難道馬克沒有權利得到它嗎？[21]」在二十九日清晨，祖克柏推出了他當時稱之為 Facemash 的網站。

影響是立即可見的，由於太多學生加入 Facemash，以至於哈佛大學伺服器速度開始變慢，女性團體抗議，校方要求祖克柏立即關閉網站，並要求他出席哈佛大學懲戒行政委員會，兩者他都照辦了。最後，祖克柏只因入侵哈佛電腦和竊取學生資料而受到譴責[22]。

冒險行動之二：出賣哈佛大學校內競爭對手

Facemash 的慘敗讓個頭只有五呎七吋（一百七十公分）的馬克．祖克柏成為校園內知名人物，此事的發展引起兩個塊頭更大的男同學注意，他們是一對六呎五吋（一百九十五公分）的雙胞胎泰勒和卡梅隆．溫克沃斯（Tyler and Cameron Winklevoss），在哈佛大學以雙人組划船的實力而聞名，也將繼續努力組成二〇〇八年奧運會美國賽艇隊。但在二〇〇三年十一月，溫克沃斯這對雙胞胎有了新的想法，他們計畫建立一個遍及全國新的社交網站，名為「哈佛連線」。為了完成最後一道程式設計，這對雙胞胎口頭上邀請祖克柏，後者同意研究所需的電腦程式碼和圖形介面。這對雙胞胎和祖克柏見面、也交換了五十二封電子郵件[23]。他看了他們的程式碼，也讓他們以為他會提供協助。但二〇〇四年二月四日，祖克柏推出了自己的競爭網站：Thefacebook.com，六天後，祖克柏再次出現在哈佛大學行政管理委員會面前，這次他被溫克沃斯雙胞胎指控剽竊他們的想法，違反了學生榮譽守則。溫克沃斯的律師也向祖克柏提出了停止並終止的命令（cease and desist order），實質上指控他盜竊知識產權。七個月後，兩人正式起訴祖克柏。雙方於二〇〇八年達成庭外和解，據報導，這對雙胞胎獲得了一百二十萬股（價值六千五百萬美元）的「臉書」股票[24]。律師敦促他們賣掉變現，但這對雙胞胎卻大膽地保留臉書股票，最終自己成了億萬富翁。他們隨後進行一個風險更大的投資，進入區塊鏈經濟，在那裡成立 Gemini 公司（拉丁語為「雙子」之意），打算讓比特幣成為世界上的虛擬貨幣。至於祖克柏，他持續經營自己創立的公司，在臉書建立了公司治理結構，確保無論公司出了什麼問題，他都不會被趕下台[25]。

冒險行動之三：大二時輟學

祖克柏就是這麼做的。想像一下，他的父母收到這樣的消息：「爸爸、媽媽，我要從哈佛大學休學，成立自己的公司了」。但這種大膽的舉動已經有了先例。二〇〇三年秋天，祖克柏參加比爾蓋茲的一次電腦科學講座，蓋茲在演講中說：「哈佛的偉大之處在於你總是能回來完成學業」[26]。兩人都離開了學校，再也沒有回來過，除了後來回來接受哈佛大學的榮譽學位。他們大膽的行動得到了回報。

冒險行動之四：二十歲時，搬到加州自力更生

離開大學後，馬克．祖克柏現在加倍賭注，離開家人在紐約市外舒適的家，搬到了加州帕羅

奧圖的「矽谷」中心。這是一個勇敢的舉動，但似乎也合乎邏輯，因為該地區是電腦工程師和風險投資家的聖地。正如祖克柏後來回憶說道：「矽谷給人一種感覺，你不去不行，因為所有的工程師都在那裡」[27]。甲骨文創辦人拉里・埃里森（Larry Ellison）、伊隆・馬斯克、謝爾蓋・布林、貝佐斯、比爾蓋茲和祖克柏所採取的大膽行動，都包括改變環境去冒險。

天才擇木而棲

莎士比亞在《辛白林》（*Cymbeline*）曾經說過，「命運帶來一些漂流的船隻」。然而，它不會帶來任何一艘牢固地錨定、無法航行的船隻。**天才隱藏的習慣？他們都搬到大都市或大學去實現自己的目標。**

想想本章中的天才們及其把握機會的行動：莎士比亞、富蘭克林和佛萊明去倫敦；華生和克里克去劍橋大學；巴斯德去里爾，然後去巴黎；祖克柏去矽谷。每一個年輕人都移居到大都會地區或大城市內的大學。「我不相信運氣」，歐普拉在二〇一一年表示：「運氣就是準備好把握機會來臨的時刻」[28]。是的，但首先你得碰得上機會。歐普拉搬到了芝加哥。

看看本書中所提到的天才，再想想他們在哪些城市完成偉大的成就。雅典：蘇格拉底和柏拉圖出生於此，而亞里斯多德十七歲時搬到那裡。倫敦：麥可・法拉第出生於此，而莎士比亞、狄更斯和吳爾芙則是新來者。維也納：舒伯特和荀白克是本地人，而海頓、莫札特、貝多芬、布拉姆斯和馬勒則是移民，佛洛伊德也是。亞歷山大・漢密爾頓移民到紐約，並遙遙啟發了另一位移民之子林・曼努埃爾・米蘭達創作出精彩的《漢密爾頓》音樂劇。如果藝術家草間彌生、傑克森・波拉克、羅伯特・莫瑟韋爾（Robert Motherwell）、馬克・羅斯科（Mark Rothko）和安迪沃荷沒有來到紐約，後現代藝術的世界會是何種面貌？草間彌生在談到她一九五三年從保守的日本農村搬到紐約時說：「我必須走出去」[29]。

至於大學：牛頓在劍橋大學，愛因斯坦在柏林的馬克斯・普朗克研究所，之後轉到普林斯頓高等研究院任教。科技界天之驕子伊隆・馬斯克、謝爾蓋・布林、賴利・佩吉（Larry Page）和彼得・提爾（Peter Thiel）在史丹佛大學度過不同時期。**天才不會待在家裡：他們會搬到環境更有利的地方。**

讓我們把這種必然的前進動力稱為「天才反慣性定律」。當然也有例外，比如萊特兄弟，他們住在俄亥俄州的戴頓小鎮附近。植物學家格雷戈爾・孟德爾和喬治・華盛頓・卡佛（George Washington Carver）需要接觸廣闊的田野。博物學家，如達爾文；和外光派畫家，如克勞德・莫內（Claude Monet）和喬治亞・歐姬芙（Georgia O'Keeffe），由於職業所需，也是例外。但一般來說，天才不會留在鄉下農場。就連《星夜》的畫家梵谷年輕時也說過：「**我不認為你能合理地要求我為了每個月可能省下五十法郎而回去鄉下，因為我的未來完全取決於我必須在城裡建立的關係，無論是在安特衛普，還是後來在巴黎**」[30]。一八八六年，梵谷搬到巴黎。

在這個時期或不久之後，來到巴黎的畫家包括畢卡索、馬蒂斯、莫迪利亞尼、馬克・夏加爾（Marc Chagall）、布拉克、康斯坦丁．布朗庫西（Constantin Brancusi）、胡安．米羅（Joan Miró）和迪亞哥．里維拉（Diego Rivera）；作曲家克勞德．德布西（Claude Debussy）、斯特拉溫斯基和亞倫．科普蘭（Aaron Copland）；詩人和作家艾茲拉．龐德（Ezra Pound）、紀堯姆．阿波利奈爾（Guillaume Apollinaire）、詹姆斯．喬伊斯、葛楚．史坦、海明威和費茲傑羅。夏加爾說：「如果我當初沒有去巴黎，就不會有現在的我了」。海明威說「不論我們怎麼變，巴黎總是值得眷戀」[31]。

是什麼把天才吸引到美好年代的巴黎、二十世紀中葉的紐約、或者矽谷這種大都市？創意城市在歷史上一直處於交叉路口，不同的人聚集於此，通常是新近移民，有著不同的想法[32]。這些新來的人在現有知識氛圍中播種新的概念，因此孕育出新的思維方式。矽谷透過積極使用H1B簽證計畫（被稱為「天才簽證」），接受高技能的外國移民工作者，吸引了全世界最優秀的科技人才。歷史學家肯尼斯．克拉克（Kenneth Clark）表示：「**幾乎所有文明偉大的進步……都發生在國際主義最活躍的時期**」[33]。我們對美國西南部所設的邊境牆，還抱持同樣的看法嗎？

最後，要交相孕育，多元化的想法必須流通，不受政府指責。約翰．史都華．彌爾說：「**天才只能在自由的氛圍中自由呼吸**」[34]，必須予以鼓勵。矽谷投資者提供的風險資本比世界上任何地方都多，他們在二〇一八年的慷慨程度（一〇五億美元），是最近的競爭對手（波士頓三十億美元）的三倍以上[35]。**財力支援，獲得新思想、言論表達的自由、競爭與自我挑戰登峰造極的機會，這些都是自然的吸引力。**

這個城市必須有多大呢？要大到達到臨界點。作曲家需要劇院、表演者、製作人、觀眾和評論家。畫家不僅需要同行的支持，還需要經紀人、畫廊、節日、展覽空間和贊助人。科技工程師需要其他科技工程師、設備和研究資金。他們都需要競爭對手，也都需要工作。機會的聚合促使天才們展開行動。

就像天才一樣，這些創造力中心也總是在移動。從歷史上來看，它們從東到西，從中國到近東，再到歐洲和英國、美國，從東海岸，再到西海岸。下一個矽谷將在哪裡出現？天才會回到亞洲嗎？還是已經在新加坡出現了？現在巴黎到處都是遊客，紐約市的租金是天文數字，下一個創意中心會在哪裡呢？跟隨不安分的天才去尋找答案吧。更重要的是，弄清楚有利的風向吹往哪邊，收拾好行李，率先抵達那裡。

第12章 天才的黑暗面

天才的衡量標準是基於成就，而不是性格，我們沒有發現成就和道德可能是兩碼子事。就性格而言，天才似乎並不比普通人強，事實上，他們通常更糟……

「一個人必須是個非常偉大的天才，才能彌補自己令人厭惡的事實」，這是著名的戰爭記者瑪莎·蓋爾霍恩（Martha Gellhorn）在一九四五年離婚前不久，對她的丈夫海明威的總評[1]。海明威於一九五四年獲得諾貝爾文學獎，他同時也是一個渣男，打架鬥毆、通姦、愛酗酒之人，最終自我了結性命。我們習慣期待天才成為超級英雄，人類物種的最高形式。愛因斯坦在一九三四年說：「對於提升人類精神和生命做出最大貢獻者，應該是最受愛戴的人」[2]，然而天才們總是讓我們失望，至少在私生活層面上是如此。

是我們的錯，我們忘了**天才的衡量標準是基於成就，而不是性格，我們沒有發現成就和道德可能是兩碼子事。就性格而言，天才似乎並不比普通人強，事實上，他們通常更糟，沉迷於追求想要改變世界的欲望。然而，時間是站在天才這邊的，隨著時間的流逝，天才對社會的巨大貢獻掩蓋了他們所造成的私人傷害。**我們往往忘記了諾貝爾獎項背後的財源主要來自炸藥、炸彈和炮彈；而塞西爾・羅德斯（Cecil Rhodes）在牛津大學成立的羅德斯獎學金，憑靠的是當時在羅德西亞（Rhodesia）強迫非洲勞工致富的財產。當我們的記憶逐漸模糊，負面的形象關聯就會消失，扭曲的個人特質就不存在了。誠如作家埃德蒙・岡古特（Edmond de Goncourt）在一八六四年所言：「天才只有在死後才會受人愛戴」[3]。

從古至今，有沒有天才是模範人類？回顧歷史，達文西、瑪里・居禮和達爾文似乎是值得尊敬之人，亞歷山大・佛萊明和喬納斯・索爾克也是為人類利益而研究。然而，對於一個人真正的道德指標或動機，我們究竟能了解多少呢？當今的一些天才，無論是真心的、還是有抱負的，都宣稱有利他主義的目的。歐普拉曾說過：「我喜歡為人們提供一些不可能的機會，因為有人給過我機會」[4]，我們沒有理由懷疑她的誠意。伊隆・馬斯克宣稱他的主要目標是拯救人類：「我想讓人類成為一個多星球的物種，盡我所能做出貢獻」，暗指如果地球變得不宜人類居住，他的目標是要把人類送上火星[5]。然而，根據所有報導，私下的馬斯克對待家人、朋友和員工總是盛氣凌人，給人的印象是無禮又不寬容[6]。祖克柏不止一次說過，「臉書是關於連結與分享，讓你與朋友、家人和社區保持聯繫，並與他們分享資訊」[7]。然而，正當大家都在臉書上聯繫和分享資訊之際，祖克柏卻一直在出售用戶個資以從中牟利，並透過許多帳戶破壞全球的民主制度。

破壞是另一種創新

有些天才是有道德的，會在有意或無意中（根據意外後果的規律）破壞事物。有些則是邪惡或不道德的，也會摧毀事物。有些天才摧毀制度，做為改變不可避免的一個過程；也有一些則以摧毀人類做為產生精神能量的手段，來滿足他們的執著。**破壞事物並不能使人成為天才，但所有具創造力的天才都有這種習慣**。

一九九五年，中國藝術家艾未未（Ai Wei-Wei）將一個價值百萬的漢代花瓶，高高舉起砸在地上，全世界的藝術愛好者都感到震驚不已，但艾未未卻想傳達一個訊息：要創造新的藝術，就必須摧毀舊的風俗習慣和文化。一九四二年，哈佛大學經濟學家約瑟夫．熊彼德（Joseph Schumpeter）提出了「創造性破壞」的概念，認為沒有破壞原有的科技或產業，任何新技術或新產業都將無法立足[8]。美國聯邦儲備委員會前主席艾倫．葛林斯潘（Alan Greenspan）如此表達這種共生關係：「破壞不僅僅是創造力衍生的不幸副作用，它是整體的一部份」[9]。在近期創造性破壞的「不幸」受害者中，包括了銀行出納員、雜貨店員工、旅行社、圖書管理員、記者、計程車司機、和裝配線工人等，這些都是因數位革命而被取代的人。正如艾未未戲劇性舉措所暗示的，破壞是我們為了進步而付出的代價。

是天才還是混蛋？

賈伯斯是一位精通科技、有遠見之人，他使祕書、電話接線員、相機製造商和唱片公司失業倒閉。他的目的是讓我們生活變得更美好，當然，他憑直覺認為革命性的蘋果個人電腦和iPhone將創造比他們所淘汰的更多的就業機會。二〇一一年《富比士》發表一篇題為《史蒂夫・賈伯斯：創造、顛覆、毀滅》的文章中說：「顛覆既有的行事方式，沒有人比賈伯斯先生更厲害」[10]。那麼，有沒有人比賈伯斯更令人討厭的呢？在天才的傳記當中，只有在華特・艾薩克森（Walter Isaacson）的《賈伯斯傳》中，你才能找到像這樣的索引條目：「傲慢無禮的行為」。

賈伯斯是「傲慢的混蛋」，此事眾所周知，就連他自己也說：「我就是這樣的人」。在《紐約時報》二〇〇八年的文章中，商業作家喬・諾塞拉（Joe Nocera）回憶接到賈伯斯打來的一通電話：「我是史蒂夫・賈伯斯。你認為我是個傲慢（粗話省略）的混蛋，自認為淩駕於法律之上，而我認為你是一個大錯特錯的卑鄙小人」[11]。按照賈伯斯的標準，他這樣算很客氣了。更典型的是他對蘋果員工的問候方式，正如產品經理黛比・科爾曼（DebiColeman）所描述的，「你這個混蛋，什麼事都做不好。像這類的話，好像是每小時都會發生」[12]。一九八一年，賈伯斯與全錄公司（Xerox）的電腦工程師鮑勃・貝爾維爾（Bob Belleville）通電話，他說：「你這輩子所做的一切都是狗屎，何不來為我工作呢？」[13]。正如艾薩克森所寫的：「賈伯斯的尖刻行為一部份是由於他的完美主義，以及他對那些為了及時按預算推出產品而妥協的人感到不耐煩」[14]。

但是，賈伯斯惡意行為的另一個驅動力，只是純粹傷人的習慣，看不到任何產品收益，他刻意貶低別人，顯示自己更聰明，只為了滿足虐待別人的快感。賈伯斯會無緣無故羞辱他遇到的那些人，不管是服務員、還是大公司老闆，這類的故事比比皆是[15]，就算是他的親人也不能倖免於難。雖然賈伯斯是千萬富翁，但他拒絕承認自己的女兒麗莎・布倫南-賈伯斯（Lisa Brennan-Jobs），否認自己的父親身分，直到他被告上法庭。在她的回憶錄《小人物》（*Small Fry*）書中，布倫南-賈伯斯描述她父親如何經常用金錢來迷惑或嚇唬她，她寫道：「有時候他會在最後一刻決定不付錢，像是沒有結帳就離開餐廳」[16]。某天晚上在外用餐時，麗莎的表妹莎拉因為點了肉類無意間冒犯了素食主義的賈伯斯，他對莎拉說：「妳有沒有想過妳的聲音有多難聽？請不要用那種可怕的聲音說話，妳真該好好想想自己的問題，並設法解決」。麗莎的母親克莉絲安・布倫南（Chrisann Brennan）回憶道，「他是一個很聰明又很殘酷的人，真是一個奇怪的組合」[17]。為什麼殘酷呢？

賈伯斯認為人類行為的黃金法則並不適用於他，他覺得自己很特別，是一個被選中的人，「一個聰明的人」，「凌駕於法律之上」，他拒絕在自己車上貼車牌，還把車子停在公司的殘障專用車位。最初與賈伯斯在Mac團隊共事的軟體工程師安迪・赫茲菲爾德（Andy Hertzfeld）表示：「他認為有些人很特別，比如愛因斯坦和甘地、和他在印度遇到的大師，而他自己也是其中之一」[18]。有時賈伯斯知道，現在正是摧毀自己產品的最佳時機（如iPod），再推出一款更具革命性、潛在利潤更豐厚的產品（iPhone）。有時賈伯斯執著的熱情——他粗俗地稱之為「我屁股上有個蟲子」（a bug up my rear）[19]——改變了科技世界，有時只會造成無謂的人身傷害。有時賈伯斯是個天才，有時只是個混蛋。

缺乏同理心

愛迪生也同樣難以捉摸，他本身並不是有意傷害他人，只是缺乏同情心。一九二二年，也就是愛迪生去世前九年，一次民意調查顯示，有七十五萬名美國人認為愛迪生是「歷史上最偉大的人」[20]，畢竟，他發明了一種燃時較長的白熾燈泡，終結了黑夜，想必，燈泡使蠟燭製造商倒閉，並使捕鯨業陷入困境。而提到對其他生物的同情心時，愛迪生有如在黑暗之中，他對待家庭和一般人的態度，可以從他向第一任妻子瑪麗・史迪威（Mary Stilwell）求婚中窺知一二，她當時是新澤西州紐瓦克市實驗室一名十六歲的員工，根據《基督教先鋒報與時代標誌》（*Christian Herald & Signs of the Times*）幾年後的報導：

「小姑娘，妳覺得我怎麼樣？你喜歡我嗎？」

「怎麼了，愛迪生先生，你嚇到我了。我……這……我……」

「別急著告訴我。不要緊，除非妳願意嫁給我……，我是認真的。不過別急，仔細想想。跟妳媽媽談談，星期二方便時告訴我。星期二怎麼樣？我是說，下星期二吧」[21]。

愛迪生於一八七一年耶誕節與史迪威結婚。那天下午，愛迪生就回到實驗室工作，據傳記作家尼爾・鮑德溫（Neil Baldwin）所述，她「完全成了長期受到丈夫忽視的一個犧牲品」[22]。一八七八年，愛迪生的助手愛德華・強森對《芝加哥論壇報》的記者表示：「他會好幾天都不回家吃飯或睡覺」，隨後又想起愛迪生曾經警告過他：「我們必須小心電線短路發生，要是不小心造成顧客死亡，那對生意是非常不利的」[23]。然而，若要充分了解愛迪生在追求某個想法時的癡迷程度，我們只需要重溫一下「電流之戰」和電死「大象托蒲西」的歷史。

簡言之，一八八五年，愛迪生與主要競爭對手西屋電氣公司（Westinghouse Electric）喬治・威斯汀豪斯交戰，爭辯愛迪生的直流電（DC）、或是威斯汀豪斯的交流電（AC）哪個系統能照亮美國。為了詆毀對手的系統，愛迪生開始進行宣傳活動，意圖詆毀威斯汀豪斯，證明交流電足以致命。愛迪生開始在狗身上用交流電進行電力實驗，付給男孩們每隻二十五美分的賞金，圍捕各地的流浪狗；一八九〇年，在紐約州刑事系統的要求下，促成了一個人的電擊死刑。如果交流電能殺死一個人，為什麼不能更進一步殺死一頭大象呢？因此，一九〇三年一月三日，一頭名叫托蒲西的馬戲團母象，在康尼島的公共遊樂園被電死，全程公開供大眾觀看。愛迪生指示如何將電極放在毫無戒備的厚皮動物腳上。為了確保所有人都能看到交流電的破壞力，他派了一個攝影小組用他全新的錄影設備記錄下這個事件[24]。愛迪生的短片流傳至今，你可以在 YouTube 上看到。「敬告觀眾酌情觀看」的警告標語通常是為了吸引更多的觀眾，但絕不適用於這部短片。

詆毀他人

長久以來，聰明人的強烈破壞傾向是顯而易見的。一七一一年，牛頓爵士在有關誰先發明了微積分的爭議之中，試圖破壞哥特佛萊德・萊布尼茲（Gottfried Leibniz）的聲譽；牛頓身為皇家科學院的院長，任命一個委員會來審理此案，但後來他親自做出判決，並寫下詆毀萊布尼茲名譽的意見書[25]。牛頓還在他的實驗中偽造證據[26]，盜用同事的數據而沒有給予應得的功勞，一切都是以科學進步為名[27]。小說家阿道斯・赫胥黎略為誇張地諷刺地說：「做為一個男人，牛頓是一個失敗者，做為一個怪物，他的表現出色極了」[28]。同為物理學家的史蒂芬・霍金僅用七個字給予評價：「艾薩克・牛頓不是一個令人愉快的人」[29]。（Isaac Newton was not a pleasant man.）

物理學家愛因斯坦也不是，至少對他的親人來說是如此。他有一個私生女，但與她沒有任何聯繫，他把第二個兒子送到瑞士一家療養院裡，從一九三三年到五五年愛因斯坦去世前，都沒有去探望過兒子。誠如他的第一任妻子米列娃・馬里奇（Mileva Marić）於一九一二年十二月所說的：「他孜孜不倦地鑽研自己的問題；可以說是只為這些問題而活。我必須有點慚愧地承認，我們對他來說並不重要，只排在第二位」[30]。愛因斯坦也承認他以自我為中心的本性，他說「我完全沒有想要和其他人類或社區有所接觸，我是一個真正的『獨行俠』，我的心從來不曾屬於我的國家、家庭、朋友，甚至我最親的家人」[31]。

為什麼天才有把別人貶到第二位的習慣？難道純粹是出於自我中心，天才一定要爭得第一才行？如愛迪生在一八七八年所說：「我不太在乎創造財富，更在意我如何能超越他人」[32]。或是純粹出於執著？諾貝爾文學獎得主賽珍珠稱創造力為「難以抗拒的必要性」，雖然她在下文中以男性代名詞指稱，但她大概是指所有天才：「創造、創造、創造，一股令人難以抗拒的必要性，強大到如果沒有創造音樂、詩歌、書籍、建築或其他有意義的東西，他就好像失了魂似的。他必須創造，必須發揮一切創造力。由於一股莫名、未知、內在的迫切感，除非他在創造，否則就像不存在似的」[33]。貝多芬曾說過：「我完全活在音樂創作之中，我一首曲子幾乎還沒有完成，就已經開始譜寫下一首曲子了」[34]。畢卡索也以不同的說法表達出同樣的情感：「最糟糕的是，藝術家從來沒有結束的一刻，從來沒有一刻你可以說，『我工作進行順利，明天星期天休息』」。愛迪生說過，「好動就是不滿足，而不滿足是進步的先決條件。若你能舉出一個心滿意足的人，我就可以告訴你什麼是失敗」[35]。

這些都是老實表達的情感。事實上，我們當中有多少人常以「工作」做為逃避家庭或社會責任的藉口？許多忙於工作的父母每晚都要面對的難題：繼續工作、還是陪著孩子做作業？在這種情況下，執著的天才們會透過負面教材讓我們學到一些教訓嗎？

但執著也有正面的好處，也就是高生產力。莎士比亞寫了三十七部戲劇，每部平均長度三小時，還有一百五十四首十四行詩。一些評論家認為莎士比亞的戲劇歸於一個團隊或作家委員會，認為沒有一個人能夠完成這麼多的作品。這些評論家很可能沒聽說過達文西的十萬幅繪畫和一萬三千頁的筆記；巴哈以每週一首的速度所創作的三百首清唱套曲；莫札特三十年來創作的八百首作品（包括幾部三小時長的歌劇）；愛迪生的一千零九十三項專利；畢卡索的兩萬件藝術作品；或是佛洛伊德的一百五十本書及文章和兩萬封信。愛因斯坦以一九〇五年發表的五篇論文而聞名，但他另外也發表了二百四十八篇論文。**執著的生產力是天才的習慣**，這一點無庸置疑。

莎士比亞是否應該留在亞芬河畔史特拉福家中幫助養家餬口，而不是拋棄家人去倫敦這個造就他的都市呢？或許吧，但正如威廉・福克納（William Faulkner）在女兒吉兒苦勸他戒酒時惡意對她說的：「沒人記得莎士比亞的孩子們」㊱。保羅・高更是否應該留在哥本哈根與妻子和五個孩子在一起，而不是航向大溪地一去不回呢？要是高更真這麼做的話，將會有幸福的家庭，但是卻少了許多玻里尼西亞的傑作。總而言之，天才應該得到自由通行證嗎？

我們能為天才開脫罪行嗎？

當然，傳記作家們都非常樂意為天才的任何破壞行為提出辯解。一七九一年十二月五日，莫札特去世一星期後，維也納的一家報紙寫道：「不幸的是，和一般偉大人物一樣，莫札特對家庭情況漠不關心」㊲。但他的姐姐南妮兒在一八〇〇年的簡短傳記中，為莫札特的過去辯護：「不難理解一個偉大的天才，全神貫注於自己豐富的思緒當中，以驚人的速度從人間飛升天堂，極其不願意貶低自己去關注和處理平凡瑣事」[38]。經常在《紐約客》上報導羅賓威廉斯的記者莉蓮．羅斯（Lillian Ross），在二〇一八年談到這位喜劇演員時說：「羅賓是個天才，天才不會是一個普通的鄰家男人，一個會照顧家庭和妻小的新好男人。天才需要有自己的觀點和生活方式，並不總是與傳統的生活方式相容」[39]。

我們能夠恨一個藝術家卻熱愛其創作嗎？幾十年來，以色列國家一直說「不行」，禁止音樂廳演奏狂熱的反猶太主義者理察．華格納的變革性音樂。二〇一八年，華盛頓特區國家美術館的策展人延後了查克．克洛斯作品的展覽，因為有女性模特兒指控他性騷擾。自從紀錄片《離開夢幻島》（2019）指控麥可傑克森有戀童癖之後，他的音樂銷量和媒體播放流量都有所下降[40]。二〇一九年，加州大學系統的兩萬名學生要求取消涉嫌猥褻兒童的伍迪艾倫（Woody Allen）所開設的熱門電影課程[41]。同年，倫敦國家美術館提出「是否該停止展出高更的作品」，因為這位藝術家「多次與年輕女孩發生性關係」[42]。

然而，正如耶魯大學美術館名譽館長喬克．雷諾茲（Jock Reynolds）所問的：「我們打算對每一位藝術家過去的行為舉止做多少檢測呢？[43]」畫家卡拉瓦喬（Caravaggio）幾乎是一手創造巴洛克藝術中戲劇性明暗對比風格的天才，被指控謀殺；二〇一八年獲得殊榮在紐約、巴黎、倫敦和維也納舉辦一百週年紀念展覽的埃貢．席勒（Egon Schiele），因被控強姦一名十三歲女孩罪名成立，曾被判入獄二十四天，那是一百多年前的事了。藝術家的惡意行為是否有法定時效？如果沒有，那麼我們該如何看待西方最偉大的畫家、天才和殘忍的怪物畢卡索呢？

身為創作者與毀滅者的畢卡索

一九六五年，文化評論家萊昂內爾・特里林（Lionel Trilling）寫道，藝術的偉大時刻是以「他們能造成多大的傷害」來衡量的[44]。畢卡索一生中對女人造成了很大的傷害，他在情感上和身體上都是虐待狂，恐嚇他的妻子、伴侶和情婦，並讓她們互相攻擊。列表有助於理解他一生中的女人：

- 菲爾南德・奧利維亞（Fernande Olivier, 1904-1911）：一幅畢卡索立體派畫作，她的肖像，在二〇一六年以六千三百四十萬美元的價格售出。
- 奧爾加・霍赫洛娃（Olga Khokhlova, 1917-1955）：第一任妻子，直到她去世，兩人育有一子保羅。
- 瑪麗－特蕾絲・沃爾特（Marie-Thérèse Walter, 1927-1935）：瑪雅的生母，他畫沃爾特的次數是其他女人的兩倍。
- 朵拉・瑪爾（Dora Maar, 1935-1943）：在畢卡索畫作《格爾尼卡》（*Guernica*）的創作中發揮重要影響力。

- 弗朗索瓦絲・吉洛特（Françoise Gilot, 1943-1953）：克勞德和帕洛瑪的生母，定居於紐約的成功畫家
- 吉納維芙・拉波特（Geneviève Laporte，1950年代）：第一次見到畢卡索時，她還是一名高中生。
- 賈桂琳・羅克（Jacqueline Roque, 1953-1973）：第二任妻子，直到他一九七三年去世。

這樣的清單或許顯現出畢卡索的女人是按順序排列的，但她們卻是成群的。一九三八年畢卡索去摩金斯避暑時，他的新情婦朵拉隨行，而他的妻子奧爾加和瑪麗-特蕾絲也遠遠跟著。一九四四年，當畢卡索住在巴黎奧古斯汀大道時，奧爾加、朵拉、瑪麗-特蕾絲和弗朗索瓦絲來來去去。在朵拉挑選的那座住宅裡，她和瑪麗-特蕾絲曾經發生過衝突。畢卡索回憶道：「我最美好的回憶之一」[45]。

如果畢卡索的女人們沒有自相殘殺，他會出手幫忙。他最喜歡掛在嘴邊的其中一句話是：「對我來說，只有兩種女人——女神和任人踐踏的可憐蟲」[46]。至於身體虐待：奧爾加被擊倒在地上，被扯著頭髮在拉博蒂街公寓的地板上拖行。朵拉曾被打昏在奧古斯汀大道的畫室裡。弗朗索瓦絲被三隻地中海蠍子襲擊，而畢卡索開心地笑說致命的天蠍座是他的星座。有一次在法國的戈爾夫胡安，他用點燃的香烟燙了弗朗索瓦絲的臉。燃燒似乎對畢卡索有股吸引力，正如他在一九五二年兩人關係破裂時對弗朗索瓦絲說的，「每次我換妻子，我都要燒掉最後一個。那樣我就

可以擺脫她們了，從此不會再來擾亂我的生活，或許也能讓我找回青春。你殺了那個女人，抹去她所代表的過去」[47]。

畢卡索在恐嚇過他身邊的女人之後，此時精力充沛的他會開始將這股負面精神能量轉移到藝術作品中。瑪麗-特蕾絲·沃爾特回憶道：「他先強姦了那個女人，然後開始作畫，不管是我，還是別人，都是這樣」[48]。畢卡索手執畫筆，讓瑪麗-特蕾絲曲線優美的身體陷入他的性幻想中；他不止一次在她額頭上加了一個大陰莖，大概是他自己的複製品。美麗、才華橫溢的朵拉·瑪爾最初在畢卡索心目中是一個時尚的偶像，後來逐漸變成《哭泣的女人》（*The Weeping Woman*），她的五官變得越來越稜角分明，從時尚的女神轉變成歇斯底里的可憐蟲。瑪麗-特蕾絲、朵拉和弗朗索瓦絲各自以不同的精神狀態出現，包括脆弱的女人和牛頭怪，她是犧牲的受害者，他是一頭決心強姦的可怕野獸。當畢卡索審視其中一幅畫時，他沉思道：「他（牛頭怪）正在研究她，試圖看透她的心思，想要知道她是否正因為他是個怪物才愛他，你知道女人在這方面很奇怪的。很難說他（牛頭怪）是想叫醒她、還是殺了她」[49]。受害者什麼時候才會逃離牛頭怪，甚至逃離天才？「對我來說，她就是那個哭泣的女人」，畢卡索表示，「這麼多年來，我都畫她受折磨的形象」。

關於畢卡索的牛頭怪惡行，還有更多可以說的，但重點已經傳達到了，他過去是個怪物。就像每一個革命者一樣，這個怪物只能存活於大眾的許可之下，如同他自己意識到的，「大眾期望受到震驚和恐懼……如果怪物只是微笑，他們就會感到失望」[50]。畢卡索沒有讓人失望，但他的藝術恐懼留下了附帶的傷害。

對畢卡索來說，這並不重要。他曾對弗朗索瓦絲說過：「沒有任何人對我是真正重要的……在我看來，其他人就像那些漂浮在陽光下的塵埃顆粒，掃把一揮就不見了」[51]。半瘋狂的第一任妻子奧爾加走了，她過去曾無時無刻跟蹤著畢卡索，直到一九五四年去世；瑪麗-特蕾絲一九七七年自縊身亡；第二任妻子賈桂琳一九八六年自殺；朵拉·瑪爾接受電擊治療，進入修道院，一九九七年去世。受傷後倖存的是弗朗索瓦絲，她後來嫁給了第二個天才，前文提及的喬納斯·索爾克博士。《赫芬頓郵報》（*The Huffington Post*）的創辦人艾莉安娜·赫芬頓（Arianna Huffington）一九八八年出版的藝術家傳記《畢卡索：創作者與毀滅者》，書名一針見血。

販售隱私的臉書

二〇〇九年，馬克·祖克柏說：「快速突破、除舊立新，除非打破現狀，否則無法快速進步」[52]。矽谷的電腦工程師們迅速從大型電腦主機轉移到工作站、桌上型電腦、平板電腦，最後轉向智慧型手機，每一個新產品都摧毀了前者的獨特性。祖克柏想要打破的現狀是什麼，產品、制度還是人？

如今，臉書的市值接近五千億美元，祖克柏本人的淨資產超過六千億美元。臉書是達全球規模的天才，擁有二十七億名用戶（包括子公司 Instagram、WhatsApp 和 Messenger），佔世界人口的三分之一，成為全球新聞和與他人聯繫的主要來源。臉書的優勢顯而易見：透過一個平台（金錢、資訊、人物搜索、新聞提要、照片、影片、視訊會議、焦點小組等）聚合多條通信和商業路線，將人和產品以空前的速度和效率彙集在一起。如今不再需要用油漆和張貼標語來召集市民參加反槍枝示威，也不再需要親自通知鄰居你在庭院舊貨拍賣。一切可以快速、高效、大規模地完成，而且都是「免費」的，你必須樂於付出的代價是，犧牲個人隱私，也許還有自由。

然而，正如《侍女的故事》（*The Handmaid's Tale*）的作者瑪格麗特．艾特伍德所觀察到的，「人類技術各個方面都有陰暗的一面，包括弓箭」[53]。臉書明顯的陰暗面始於數據外洩和未經授權使用出售給廣告商的個人資訊。在臉書「監視資本主義」的世界裡，機密資訊直接流向臉書本身，或是透過合作供應商或手機應用程式開發商。用戶的聯絡人、所在地、服用的藥物、心率、政治派別、度假興趣等，全都變成臉書「彈出廣告」可利用的資訊[54]。

人們並不了解的是，臉書演算法將人們組織成焦點團體的能力，這些團體吸收到越來越精密的資訊，可能導致極端主義組織的活躍。二〇一九年二月十二日，《紐約時報》連續兩頁刊登兩篇頭條新聞：「法國記者臉書群組長年騷擾女性」、「當臉書散佈仇恨時，一名德國警察採取不尋常的舉動」。兩則新聞都顯示了臉書科技騷擾或誤導人的能力。二〇一九年三月十五日，一名白人極端份子在紐西蘭一座清真寺殺害了五十名穆斯林，部分原因是他能夠在臉書線上直播影片。到目前為止，臉書已經證明無法控管假訊息、騷擾、霸凌和仇恨言論。在二〇一六年美國總統大選期間，俄羅斯特工假扮成美國人，獲得偽造的臉書身分，加入政治文宣組織，發布消息，購買臉書廣告，針對一．二六億名用戶[55]。有時這些「美國人」用盧布（俄羅斯貨幣）來支付廣告費（真不夠天才！）[56]。二〇一九年二月十四日，英國下議院的一個委員會發布一份關於干預「脫歐」投票的報告，一名發言人總結表示，臉書的行為就像是「數位黑幫」[57]。同一個月，長期從事矽谷投資和觀察的羅傑．麥克納姆（Roger McNamee）發表了一篇譴責臉書的文章，題為「搞砸了：從臉書災難中覺醒」（*Zucked*）。在不受管制的壟斷勢力操縱下，自由民主國家確實被「搞砸了」。

至於天才祖克柏本人，他是否預見了竊取數據造成的破壞，還是只是純粹意外後果的受害者？記得二〇〇三年十一月十九日發表在《哈佛緋紅》校刊上的報導說，祖克柏差點被哈佛開除，罪名是「違反安全、侵犯版權和個人隱私」。當時祖克柏似乎是一個有社交障礙、沉迷於程式的電腦怪咖[58]，他當時的想法就是在網上對朋友說的話，正如《商業內幕》所報導的[59]：

祖克柏：是的，所以如果你需要哈佛大學任何人的資訊。

祖克柏：就問我吧。

祖克柏：我有超過四千封電子郵件、照片、地址、社交網路。

朋友：什麼！？你怎麼辦到的？

祖克柏：大家自行提交的。

祖克柏：我不知道為什麼。

祖克柏：他們「信任我」。

祖克柏：蠢貨。

發生了什麼變化？顯然沒什麼改變，除了蠢貨的人數（用戶）已經增加到二十七億名之多。

我們可以從這章得到什麼？

莎士比亞在《凱撒大帝》（1599）的戲劇中說：「人所行之惡，常留存後世，而所行之善，則與屍骨一同埋葬」。莎士比亞雄辯的力量如此之大，以至於我們看不清，當談到天才時，這位詩人可能是錯的，我們堅持美好的部份，忘記破壞性的一面，這種集體健忘症的能力可能是一種進化優勢，促成進步。我們容忍改革創新的混蛋、和他們在私人層面和制度上造成的破壞，因為總體而言，這麼做符合我們的長遠利益。正如小說家亞瑟．庫斯勒（Arthur Koestler）在一九六四年所說的：「**天才的主要標誌不是完美性格，而是獨創性，開拓新的領域**」[60]。如果天才的創新帶來巨大的益處，我們往往會選擇原諒和忘卻黑暗的一面。

第13章

靈感總在放鬆時刻到來

「我夢著繪畫，然後就畫了我的夢。」

——梵谷

因創作《美國哥德式》（*American Gothic*, 1930）標誌性油畫而聞名的畫家格蘭特．伍德（Grant Wood）說：「我所有精彩的點子都是在擠牛奶的時候想到的」❶。你是在何時、何地得到靈感的呢？在什麼情況下？晚上小酌放鬆之際？晨間洗澡的時候？還是坐在桌前第一杯咖啡之後？牛頓有辦法站著一動也不動地不斷思考，如此強烈的專注力和堅持不懈的邏輯探索，是創造性洞察力的關鍵嗎？不一定。記得嗎，阿基米德是在洗澡時出現他「頓悟」的時刻。從許多天才的工作習慣來看，要想有創造力，就應該好好放鬆一下身心——擠牛奶、聽音樂、慢跑，甚至坐火車，也許對於創造性思維來說，最重要的是：睡個好覺，好夢連連。

睡個好覺

夢是什麼？我們為什麼會做夢？我們的夢境代表什麼意義？天才佛洛伊德在《夢的解析》（*The Interpretation of Dreams*, 1900）一書中試圖為這些問題提供解答。佛洛伊德認為夢是隱藏在潛意識中尚未實現的欲望表達，這是一個絕妙的理論，但尚未有人能以科學方法證明或反駁，隨著大腦成像機器的出現，夢境心理治療的領域從佛洛伊德的分析轉向了神經生理學。

如今科學界認為解釋「夢工廠」的關鍵，在於理解「快速動眼」（Rapid Eye Movement，REM）睡眠時期發生的狀況。REM是人在睡眠週期結束時經歷的一種深層的、準幻覺的狀態，但有時甚至在午睡時。核磁共振成像掃描顯示，在REM睡眠期間，大腦某些部分會實際關閉，而其他部分則會啟動，負責決策和邏輯思維的前額葉皮質最左側和最右側關閉，而負責記憶、情緒和影像的海馬迴、杏仁體和視覺空間皮質則變得高度活躍[2]。結果是，或許有違直覺，當記憶、情感和影像自由運作時，會產生更好的解決問題之道、和更具創造性的想法[3]。關於解決問題，現代神經科學證明了一句格言的真實性：「先睡一覺再說吧」。

根據哈佛大學教授羅伯特·斯蒂戈爾德（Robert Stickgold）及柏克萊大學教授馬修·沃克

（Matthew Walker）合作的實驗結果顯示，受試者從ＲＥＭ睡眠狀態中醒來後解讀字謎遊戲，與從非ＲＥＭ睡眠狀態中醒來後、或在清醒狀態中相比，解讀效率高出十五%到三五%[4]。斯蒂戈爾德在另一個測試中證明，如果ＲＥＭ夢境是關於特定問題，而夢境內容與醒來後要解決的問題相關，那麼受試者找到解決方案的可能性要高出十倍（這個特定實驗內容是如何逃離迷宮）[5]。沃克在他二〇一七年的《為什麼要睡覺？》（*Why We Sleep*）暢銷書中指出，在ＲＥＭ睡眠的超放鬆的狀態下，大腦忙於透過整個記憶庫自由聯想來理解事情，把遙遠而不同的資訊串在一起。沃克說：「在夢境睡眠狀態下，大腦會慎重思考獲得的大量知識，然後提取最重要的規則和共同點，亦即『要旨』……從這個夢境過程中，我稱之為由抽象概念引發的感覺（ideasthesia），已為人類的進步取得一些最具革命性的發展」[6]。

一八六九年，俄羅斯化學家德米特里．孟德列夫苦思所有已知化學元素之間的關係，在一次睡夢中想出了元素周期表。作家史蒂芬．金說，他的驚悚片《撒冷地》（*Salem's Lot*）源於童年時期反覆出現的噩夢。百老匯《獅子王》劇作家朱莉．泰莫（Julie Taymor）表示，「我很多最奇怪的想法都來自清晨的睡眠，這真是一個不可思議的時刻，我一醒來之後，事情很快變得很清楚」。梵谷說，或許是隱喻的說法，「我夢著繪畫，然後就畫了我的夢」。超現實主義薩爾瓦多．達利（Salvador Dali）的許多藝術作品，看起來就像是人們在夢境中所經歷的幻覺。達利十分癡迷於夢的創造力，因此會故意拿著勺子入睡，當他打盹的時候，勺子會掉到地板發出聲響將他喚醒，促使他捕捉半夢半醒之際出現的意念，將之呈現在畫布上[7]。

如同藝術家在夢境中補捉概念，音樂家則是在夢中聽到音樂聲。一八五三年，理察・華格納散步後，在沙發上打瞌睡，聽到了他的《尼伯龍根指環》開場。斯特拉溫斯基在回憶他的管樂器八重奏創作源起時說道：「八重奏是從一個夢境衍生的，在夢中，我看到自己在一個小房間裡，周圍是一小群樂器演奏家，演奏著一些迷人的音樂。我很認真地聽，但沒有認出那是什麼音樂，第二天我也記不起來它的任何特徵，但我確實記得我在夢中的好奇心，想知道當中有多少音樂家……我從這場小型音樂會夢中醒來，懷着極大的喜悅和期待，第二天早上我開始作曲」[8]。比利・喬爾（Billy Joel）說他夢到了他的流行歌曲改編成管弦樂版本。基思・理查茲（Keith Richards）聲稱，「無法滿足」——*(I Can't Get No Satisfaction)*——這首歌是他在佛羅里達州一家飯店房間睡覺時夢到的，當時他用一台慢速錄音機捕捉到這首曲子的開場主題[9]。而對於超現實睡夢中衍生音樂靈感最完整的描述來自保羅麥卡尼爵士。

保羅麥卡尼的《昨日》（*Yesterday*）被列為二十世紀最流行的歌曲之一，它誕生於一九六三年一場夢境，先是歌曲旋律，然後逐漸衍生歌詞。麥卡尼在二〇一〇年美國國會圖書館一場音樂會上介紹這首歌曲時表示：「我們最後要為大家表演的這首歌曲是在我夢中出現的，使我不得不相信魔法」[10]。麥卡尼多次講述「昨日」的創作起源，當時他在女友家睡覺時夢到的旋律，醒來後到鋼琴前為它配上和弦。他不相信一首旋律會是夢境的產物，於是他連續數週四處問人，詢問製作人喬治・馬丁（George Martin）、以及披頭四樂團成員約翰藍儂和喬治哈里森（George Harrison）等朋友這首旋律的出處：「這首歌是什麼，一定是從什麼地方來的吧，我不知道它是從哪裡來的。沒有人認得出來，我只好自己認領了。真是太神奇了，你某一天早上醒來，歌曲旋律就浮現在腦海裡，然後大約有三千人錄製。原本的歌詞是『炒蛋，哦寶貝，我多麼愛妳的腿』，但我把它改了」。

是什麼原因引起保羅麥卡尼的夜間靈感？科學家們說，是神經遞質那些電化學刺激物、或說是抑制物，可以在人體內各個細胞之間傳遞脈衝。在醒著的時候，化學物質去甲腎上腺素（noradrenaline）流經大腦，使其活動，它的功能類似於腎上腺素，是一種在體內作用的「行動召喚」激素。然而，在REM睡夢中，去甲腎上腺素消失，乙醯膽鹼（acetylcholine）這種鎮定、安全的神經遞質出現，使大腦開始放鬆、聯想的自由飛馳[11]。德國化學家奧托．勒維（Otto Loewi, 1883-1961）是第一個發現乙醯膽鹼作用的人，他顯然也是在夢境中發現的。

更早期的化學家亨利．哈利特．戴爾（Henry Hallett Dale）在一九一五年發現了乙醯膽鹼，但人們並不清楚它做為神經遞質的功用，一直到一九二一年三月二十五日晚上勒維上床睡覺時才發現的。具體細節不如勒維產生洞察力的背景那麼重要——不是一晚，而是連續兩晚的夢境：

> 一九二一那年復活節星期日的前一天晚上，我醒來，打開燈，在一張薄薄的小紙條上草草記下幾句話，又再度入睡。早上六點鐘，我突然想起，前晚我寫下一些很重要的東西，但我無法辨認潦草的字跡。第二天半夜三點鐘，這個想法又出現了，這是一個實驗的設計，以確定我十七年前所說的化學傳遞假說是否正確。我立刻起床，去了實驗室，

按照夜間設計對青蛙心臟做了一次實驗[12]。

勒維根據他夜間的洞察力，設計了一個實驗，將乙醯膽鹼注入青蛙的心臟，使其跳動，進而證明心臟不僅會受外部電荷的刺激，也會受到內源化學電荷的刺激（如今，電子迴路記錄器和心律調節器等裝置可以監控心臟內電流）。勒維的發現使他在一九三六年榮獲諾貝爾化學獎。

在此要提出三個很實用的重點。首先，和許多睡夢中解決問題的人一樣，勒維不止一次做了同樣的夢。第二，他似乎長期以來都在鑽研同樣的問題，日以繼夜，他的洞察力是十七年潛伏期的終點。最後一點，勒維連睡覺時都有所準備，將紙筆放在身邊。科學家愛因斯坦也決心在「頓悟」時刻來臨時，做好萬全準備。有一次在紐約一個朋友家過夜，主人問愛因斯坦是否需要睡衣，他回答：「我睡覺時，無拘無束回歸自然」[13]，但愛因斯坦的確要了筆和記事本放在他的床頭櫃上[14]。自我提醒：隨時把紙筆放在床邊。

或許也可以把紙筆放在浴室旁。根據《商業內幕》二〇一六年的一項調查顯示，七二%的美國人在淋浴時得到最好的靈感。賓夕法尼亞大學心理學家史考特．考夫曼（Scott Kaufman）說：「我們進行了一項跨國研究，結果顯示人們在洗澡時得到的創意靈感，比在工作時更多」[15]。神經科學家解釋原因如下：影響夢境的神經遞質如乙醯膽鹼，在早上不會像開關一樣啟動或關閉，而是如潮水般來回波動[16]。當然，淋浴是令人放鬆的，熱水和持續的「白噪音」背景，可以消除外界干擾。但最重要的是，我們醒來之後，在大腦完全清醒之前，會有長達二十分鐘的時滯[17]，在這個「迷離境界」中，大腦在感官上是清醒的，但仍能體驗到思緒的自由流動。因此，不妨把握時機，或至少在開始的二十分鐘內，紙筆隨時放在身邊。

沉浸在音樂之中

洗個澡可以讓我們放鬆，還有平靜諧和的音樂及輕柔搖擺的節奏，即使是對子宮內的胎兒亦然。愛因斯坦也有同樣的感覺，因此無論走到哪裡，總是隨身帶著他的小提琴。據愛因斯坦第二任妻子艾爾莎（Elsa）一九三一年向演員查理卓別林（Charlie Chaplin）講述的故事，可見在一個重要的突破時刻，音樂可能並非只是個沉默的搭檔：

> 愛因斯坦博士像往常一樣穿著睡衣下來吃早飯，但他幾乎什麼也沒碰，我覺得不太對勁，便問他有什麼困擾，他回說：「親愛的，我突然有個靈感」，喝完咖啡後，他走到鋼琴前開始彈琴，他不時地停下來，做一些筆記[18]。

愛因斯坦繼續以這種興致彈奏了半個小時，一邊思考著自己的重大研究。然後他進了書房，據說，兩週之後他離開書房時，手裡拿著幾張紙，上面記載著他的廣義相對論方程式[19]。這個故事或許有些誇張，但愛因斯坦的大兒子漢斯・阿爾伯特（Hans Albert）也報導說，當他父親在研究上陷入僵局時，就會回到客廳，開始拉小提琴，讓自己的思緒轉移到另一種狀態，「每當他覺得已經遇到了瓶頸，或研究陷入困境時，他就會用音樂尋求慰藉，這樣就能解決他的一切困難」[20]。

有時，即使是有經驗的音樂家也要放鬆一下，擺脫自己的困境。多年來，我在耶魯大學教授「傾聽音樂」這門課時，我會告訴學生，莫札特能夠倒著彈鋼琴。然後我會說，「這其實沒有那麼難」，為了證明這一點。我會仰臥在鋼琴凳上，雙手交叉，手伸向琴鍵，開始彈奏（我的網站上有一段示範影片）。久而久之，我發現如果我把注意力集中在手指指法，我就會犯錯，但是如果我對自己說，「這些東西你都很熟悉了，只要深呼吸、放輕鬆，自然就會表現得很好」。有一年，一個學生向我指出一件我不曾注意到的事，她說：「你有沒有發現你在彈奏時會閉上眼睛？」哦，我沒注意到，但這是有道理的。大家都應該明白，我們已有大量的研究資料儲存在長期記憶中，就只需要放鬆一下，讓它自然浮現。

固定運動

在寫作上遇到了創作瓶頸嗎？如果是這樣，穿上你的運動鞋，到外面去跑個兩英里。至少這是二〇一四年《衛報》一篇文章所提的建議，文中報導近期關於創造力和運動兩者關係的研究結果[21]。事實上，一些神經學家和心理學家的最新研究證明，加強運動，即使是走路，都能加強認知功能、不同的思維及創造力[22]。而歷史上的天才們無論自覺與否，早已意識到這一點。

在古希臘，亞里斯多德及其追隨者建立的「漫步學派」（Peripatetics），會在呂克昂學院（Lyceum）一邊散步一邊進行哲學探索。查爾斯．狄更斯在構思《聖誕頌歌》（*A Christmas Carol*, 1843）時，每天游走於倫敦街道十五英里[23]。馬克．吐溫的兒子回憶說，他父親會一邊工作一邊踱步：「有時口述文句時，父親會來回走動，然後，似乎總有新的靈感飛進房間」[24]。比爾蓋茲也是愛好散步的人，他的妻子梅琳達說：「這有助於他釐清思緒，看清別人看不見的東西」[25]。熱衷散步的亨利．大衛．梭羅（Henry David Thoreau）在一八五一年曾說過：「從我雙腿開始移動的那一刻，我的思緒也開始流動」[26]。小說家露意莎．梅．奧爾柯特在她那個時代是個很特別的女性，熱衷於跑步，她在一八六八年《小婦人》的創作期間寫道：「我滿腦子都是工作，幾乎廢寢忘食，無法做任何事，除了每天跑步以外」[27]。

無論你是散步還是跑步、在大自然中還是在健身房裡，神經遞質都在發揮作用，導致抑制力減弱、思想上的約束力減少、記憶力增強。但要提醒所有的創意工作者：**雖然運動的地點並不重要，但節奏卻很重要**。例如，將步行速度加快，從每英里十七分鐘縮短到十二分鐘，或在跑步時從每英里跑十分鐘縮短成八分鐘，會導致大腦機制從放鬆狀態轉移到專注於行走或跑步[28]。因此，如果你在跑步機上運動，就別管所有的電子顯示器了；如果在戶外運動，把 Fitbit 追蹤器丟掉，活動時，集中注意力是創造力的敵人。

一八八二年某天傍晚，尼古拉．特斯拉輕鬆地漫步在布達佩斯市立公園，當時特斯拉二十六歲，為新成立的布達佩斯電話公司工作，他的朋友安妮塔・西吉蒂（Anital Szigety）一直在提醒他定期運動的重要性，因此兩人養成一起散步的習慣[29]。特斯拉在自傳中回憶說道：

> 我至今仍記憶鮮明，有一天下午，我和朋友在市立公園悠閒地散步，朗誦詩歌。在那個年紀，我能夠熟記整本書的內容，一字不差。其中一本書就是歌德的《浮士德》，那天正好日落之際，讓我想起一段壯麗的描述：
>
> 夕陽西斜，暮色四合，結束了勞碌的一天；
> 然而，它加速前進，邁向新生；
> 啊，可惜我沒有能夠追逐太陽的翅膀
> 一次又一次追隨它的軌跡前進！
> 一個輝煌的夢想啊！
>
> 就在我朗誦這段發人深省的詩句時，腦海中靈光乍現，瞬間揭示了真理[30]。

特斯拉所發現的是一種透過交流電誘導磁場旋轉的方法，進而迫使驅動軸以恒定的方向旋轉。從這個洞察力發展出多相電動機，使歐洲、更使美國成為工業巨擘。洗衣機、吸塵器、電鑽、水泵和電風扇等，至今仍然是由特斯拉散步得來的洞察力所驅動的。

很重要的是：特斯拉早在一八七五年在格拉茨大學（University of Graz）就讀工程學系時，就一直在尋找交流發電機問題的解決之道。特斯拉在一九二一年被問及其思考過程時，他說：「這個問題可能會存在我腦海裡好幾個月或好幾年」[31]。「頓悟」的洞察力終於出現在特斯拉沒有刻意思考電動機問題的時刻。他在公園裡散步，向朋友朗誦歌德的《浮士德》，享受著因地球旋轉產生的夕陽，上述相關段落的德語原文中有 *rucken*（*to turn back*），暗指地球的旋轉及交流電驅動的磁場旋轉。或許並非巧合，他朗誦的那一段詩以「一個輝煌的夢想」（*Ein schöner Traum*）結尾。特斯拉很放鬆，也許處於半意識或夢境般的狀態，有意識和無意識的感覺融合在一起，產生了一種「頓悟」，但這種靈光乍現的頓悟卻是經歷七年才形成的。

在交通工具上

假設你不想透過運動達到有洞察力的境界，交通工具能把你送到那裡嗎？天才們的答案是肯定的。許多天才在火車、公共汽車、馬車或船上都曾得到最佳靈感。前文提及喬安娜・羅琳如何在火車旅途中構思了《哈利波特》系列，因而成為暢銷書作者J・K・羅琳。迪士尼也是在火車上想出米老鼠的。林・曼努埃爾・米蘭達說，他在紐約搭捷運要去參加一個聚會的途中，浮現《漢密爾頓》合唱曲「為此等待」《*Wait for It*》的靈感，他將這首旋律副歌用 iPhone 錄下，在聚會上待了一會兒之後，在搭地鐵回家的路上完成了這首歌[32]。這些經驗的共同點是：穩定持續的晃動和柔和的背景節奏，這就是我們經常在火車上睡著的原因嗎？

在一八一〇年的一封信中，貝多芬講述他從巴登到維也納馬車旅途中睡著的故事：「昨天我去維也納的途中，在馬車裡睡著了。我在熟睡之際，夢見自己到了遠方旅行，遠至敘利亞、印度，也到了阿拉伯，最後甚至到了耶路撒冷……。此刻在我的旅途夢境中，出現了下面的卡農曲（音樂劇輪唱）。然而，我一醒來，音樂就不見了，我連一個音符或一個字都記不起來」[33]。第二天，貝多芬碰巧坐上同一輛馬車回巴登，正如他所描述的，「說來奇怪，根據創意聯想的定律，同樣的卡農曲浮現在我的腦海裡；這次我很快把握住，就像過去墨涅勞斯（Menelaus）捕捉到普洛特斯（Proteus）一樣，只給它最後一個恩惠，那就是讓它自己變成三種聲音」。運動、放鬆、睡眠和聯想記憶（同一個舒適的場所）都促成了貝多芬兩次在馬車上出現的卡農短曲靈感。

（譯註：普洛特斯 [Proteus] 是希臘神話中的海神，擁有預知未來的能力，但他經常變化外形使人難以捉摸，捕捉到他的人，就能知道自己的未來）

因此，從蘇格拉底的《臨終之夢》到保羅麥卡尼的《昨日》，歷史上的天才們都肯定，創造性的洞察力來自於白天和夜晚的放鬆時刻。從這些故事可以推斷出良好的建議給如今有抱負的創作者。如果你需要一個新的創意，不妨去散步或慢跑，或者乾脆搭乘令你放鬆的交通工具，讓思緒可以更自由奔馳。不要開車去市區，因為你得注意交通狀況，而是要前往開闊的地方，拋下需要集中注意力的有聲讀物或廣播新聞。事實上，**任何一種涉及重複運動的「無意識」體力活**

動，都能夠讓想像力得到自由。小說家湯妮．莫里森在修剪草坪時會「沉思、思考想法」[34]。編舞家喬治．巴蘭欽聲稱：「我在熨衣服的時候，我大部分的工作都是此時完成的」[35]。你早上醒來時，躺在床上隨想幾分鐘，不要伸手去拿手機！此時此刻你的思緒可能正處於最佳狀態。同樣地，不要把白日夢或午睡看作是浪費時間，將之視為獲得洞察力的機會。最後，學學愛因斯坦，把紙筆放在床邊或淋浴間附近，以便隨時捕捉最佳的靈感。**我們都習慣於想要全神貫注，想要「有生產力」，天才們卻知道何時該適時放鬆一下**。

第14章 驚人的專注力

「一旦我成功避開，關上門，不讓任何人打擾我，我就能夠全速前進，全心投入在我的工作中」。

——阿嘉莎．克莉絲蒂（Agatha Christie）

有時需要督促自己放鬆，有時則需要督促自己集中注意力，先分析問題，再將「產品」落實，不僅天才是如此，成功人士亦然。我們都知道必須全神貫注想出解決方案，但會立刻執行、還是會一再拖延呢？正如我們將要看到的，達文西具有非凡的分析能力，而一旦發現解決方案之後，他通常就會失去興趣，沒有做出成果，這或許可以解釋為什麼他留給後世的完整畫作不到二十五幅。漫畫家查爾斯．舒爾茨（Charles Schultz）畫了一萬七千八百九十七幅《花生》連環漫畫，大家都知道他會好幾個小時用鉛筆塗鴉，任憑自己的思緒飄蕩。但根據傳記作家大衛・米迦勒斯（David Michaelis）表示：「一旦有了想法，他會立刻集中精力，在靈感枯竭之前把它畫在紙上」[1]。無論是來自放鬆之際的胡思亂想、還是高度專注的分析，那些有能力改變世界的想法都必須經過具體化、驗證並公諸於世，才能產生革命性影響。**分析和執行都需要專注努力。**

在執行之前先進行專注分析。畢卡索在下筆作畫之前，常常只透過眼睛和冥想進行分析。畢卡索一九四〇年代的謬思女神弗朗索瓦絲・吉洛特描述他如何專注地分析他最喜愛的主題——女性身體：

> 第二天他說：「妳最好為我擺個裸體姿勢」，我脫下衣服之後，他要我站在入口處，全身挺直，雙手放在兩側。除了從我右邊的高窗照射進來的一縷陽光外，整個地方都籠罩在陰影邊緣、昏暗而均勻的光線中。巴勃羅站在離我三、四碼遠之處，看似神情緊繃又遙遠，眼睛一刻也沒有離開過我，也沒有碰他的畫板，手上甚至沒有拿著畫筆。好像經過了很長一段時間。
>
> 最後他說，「我知道該怎麼做了。妳現在可以穿上衣服，不用再擺姿勢了」。我去穿衣服的時候，才發現我已經在那兒站了一個多小時[2]。

達文西也會一直站著凝視。事實上，他分析米蘭聖母瑪利亞恩典修道院《最後的晚餐》

（*Last Supper,* 1485-1488）的構圖所花的時間，似乎與完成繪畫的時間一樣長。正如他的當代作家馬特奧．班德羅（Matteo Bandello）所報導的，「達文西有時會連續幾天不碰畫筆，每天卻花好幾個小時站在作品前，雙臂交叉，自言自語地檢視和批評畫中人物」❸。達文西把那種專注力稱為「精神話語」（*discorso mentale*）。

《最後的晚餐》進展緩慢激怒了修道院院長，他向達文西的贊助人米蘭公爵抱怨，要求達文西解釋原因，達文西宣稱：「**最偉大的天才有時在非工作的時候成就更大，因為他們在腦海中尋找創意，形成完美的構想，然後才將智慧思索的結果用手具體表達、複製出來。**」❹達文西的特異之處在於，一旦牢記了《最後的晚餐》的創意構想，他會繼續集中心力，開始瘋狂地執行。班德羅表示：「他有時從早到晚都待在那兒，筆刷片刻不離手，廢寢忘食，不停地作畫」。

同樣的，畢卡索最後也會像著了魔似的完成他的畫作，據他的長期祕書詹姆．薩巴特茨（Jaime Sabartés）的報告：

> 即使他在專注調色時，他還是會從眼角繼續凝視這幅畫。畫布和調色盤爭奪他的注意力，但他沒有忽略任何一個，兩者都在他關注的想像之內，包含單一整體，並將兩者融合在一起。他全心全意地投入到繪畫創作中，這是他存在的價值，用充滿愛意的手勢，將刷毛蘸上油性顏料，所有的感官都集中在一個目標上，彷彿被施了魔法似的❺。

不管身在何處，愛因斯坦都可以完全沉浸在自己的精神世界當中。一位朋友描述一九〇三年左右剛升格作父親的愛因斯坦在巴塞爾公寓工作的情形：

房間裡彌漫著尿布味和陳腐的烟味，爐子上不時冒出陣陣炊煙，但這些事情似乎並沒有困擾愛因斯坦。他把嬰兒放在單膝，另一個膝蓋上則放著便條本，每隔一段時間就會在便條本上寫下方程式，在嬰兒開始哭鬧時才趕緊搖一搖安撫一下[6]。

後來，那個兒子長大後說：「即使是最宏亮的嬰兒哭聲，似乎也不會干擾父親，他可以繼續專注工作，完全不受噪音干擾」[7]。據愛因斯坦的妹妹瑪雅說，在人群中可能也一樣，「在相當嘈雜的一大群人當中，他可以獨自坐到沙發上，手裡拿著紙筆，完全沉浸在思索問題當中，許多人談話的聲音會激發他，並不會造成干擾」[8]。

有時候愛因斯坦的專注力衍生了一些趣事。有一次在為愛因斯坦舉行的招待會上，別人在致詞時，他拿出筆，開始在流程表的背面潦草地寫下方程式，顯然完全沒有注意到別人對他的評價，「演講以熱烈掌聲結束。每個人都站起來轉向愛因斯坦鼓掌致意。海倫（他的祕書）低聲請他站起來，他照做，渾然不知大家在向他鼓掌致意，竟也跟著一起拍手」[9]。

莫札特也有同樣的本事進入「渾然忘我」的境界。他的妻子康絲坦茲（Constanze）回憶說道，一七八七年在一次戶外草地滾球派對上，莫札特繼續創作歌劇《唐．喬萬尼》，對周遭的人視而不見，輪到他上場的時候，他站了起來，打完之後「又繼續投入創作，完全不受別人的談話和笑聲干擾」⑩。康絲坦茲覺得最有趣的是，一七八三年她生下他們第一個孩子雷蒙德時，莫札特在她床邊譜寫弦樂四重奏第十五號，他會簡短地安慰她一下，然後又繼續他的音樂創作⑪。

如今，在混亂中想要全神貫注可能需要建造「第四面牆」，這個概念來自戲劇表演，要求演員建立一個虛構的屏障，以便與前面的觀眾隔離，進而置身於自己的心理空間之內。下次當你在拉瓜迪亞機場或希思洛機場等候、或是在嘈雜的航班中躋身於中間座位時，試著豎起你的第四面牆，在裡面找到你私人專屬的禪境。在你自己的精神領域內，你就會像愛因斯坦和莫札特一樣，可以無視於外界一切的干擾。

牛頓的專注力似乎已近精神瘋狂的程度，據他的男僕漢弗萊．牛頓（無親屬關係）表示：「他如此專心，如此認真投入研究，都吃得很少，不，應該說他常常連飯都忘了吃，走進他的房間，我發現他的膳食完全沒被碰過，我提醒他時，他會回答說：『真的嗎』，然後走到餐桌前，站著吃一兩口，我不敢說我曾見過他坐在餐桌前吃飯」⑫。為了了解牛頓的專注能力，請看看圖14-1。圖中，我們看到他正在計算一個無限序列的開始：五十五列數字排成一行，排得整整齊齊，一切盡可能地在他腦海裡完成。另一位天才經濟學家約翰．梅納德．凱恩斯總結牛頓的專注力表示：「我認為他的卓越是因為他的直覺力是人類有史以來最強大、最持久的。任何曾經嘗試過純科學或哲學思考的人都知道，一個人如何能暫時在腦海中思索一個問題，全神貫注想要穿透問題核心，而問題又會突然消失不見，你會發現你所探究之事變成一片空白。我相信牛頓可以把一個

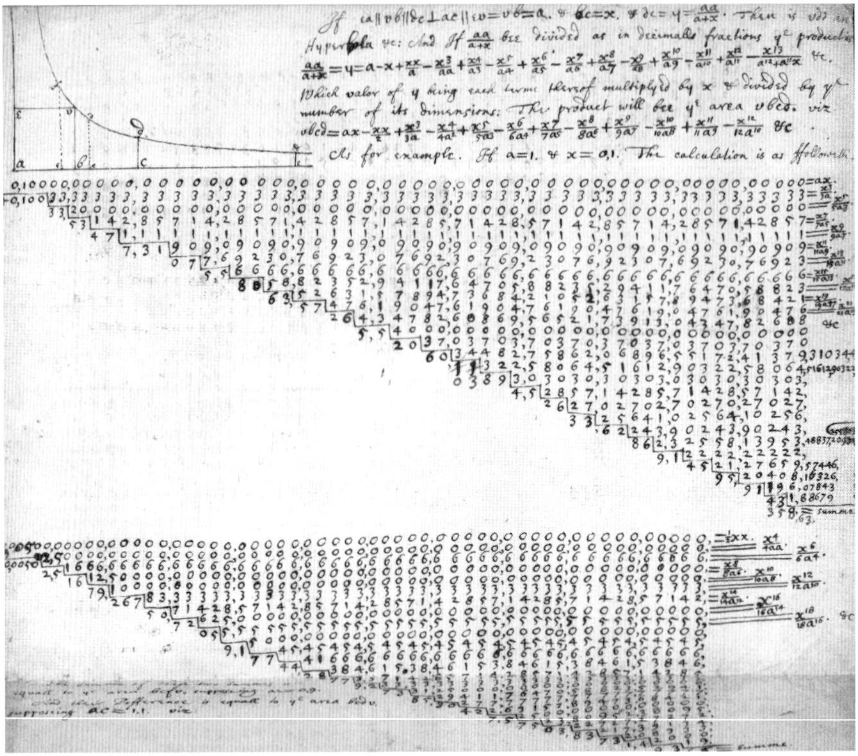

圖 14-1：牛頓透過從無窮級數每個項中加值，計算出雙曲線下的面積至小數點 55 位。牛頓寫下這頁（他微積分發展的一部分）時，顯然正在林肯郡的家中「隔離」，躲避當時肆虐劍橋大學城的瘟疫（英國劍橋大學圖書館額外手稿 3958，fol. 78v)。

問題持續留在腦海中數小時、數日、數週，直到謎題揭曉為止」⓭。正如凱恩斯所說，當我們試圖集中注意力時，我們都有思考目標突然「消失不見」的經驗，專注需要良好的記憶力。

過目不忘的記憶力

羅伯特・赫斯（Robert Hess）二〇一一年剛上耶魯大學，是美國本土出生、排名第一的西洋棋選手。兩年前，他十七歲時就獲得了「國際大師」的稱號。二〇〇八年，西洋棋記者傑瑞・漢肯（Jerry Hanken）稱赫斯最近的一場比賽是「自鮑比・菲舍爾全盛時期以來，美國青少年最偉大的表演之一」⓮。出於對大一新生羅伯特的好奇，我找到他，邀請他來參加耶魯大學天才班的「西洋棋日」。為了讓這件事更有趣一點，我另外找來了三位有經驗的選手，同時與蒙著眼睛的羅伯特挑戰，由觀察員在他喊出棋步時替他移動棋子（例如 P 到 K4）。學生們和參觀者圍在一起，緊盯著棋盤。每個對手在十到十五分鐘內，都被他打敗了，全場觀眾為之瘋狂。

實在令人印象深刻，但接下來的事情更令人吃驚。我問羅伯特：「你的記憶力怎麼樣？⓯你還記得剛才那些比賽嗎？」他輕描淡寫地說道：「我記得所有的棋步」，然後在黑板上寫下了三場比賽每一局十到二十步的順序。他表示「我也可以蒙著眼睛接受十位選手的挑戰」，不是吹牛，而是簡單地陳述事實。一個學生尖聲說，「當然囉，他有過目不忘的記憶力」。另一位學生則反駁說道：「想想看，他被蒙上眼睛，什麼也看不見啊」。也許羅伯特可以「捕捉」他腦海中看到的東西。

歷史上許多偉大的人物似乎都有一種過目不忘的超凡記憶力，只看過一次影像就可以立刻記住，並將之做為集中注意力的工具。有一次，在一家酒館裡，米開朗基羅和其他藝術家爭論誰能創造出最醜的形象，他所畫的東西最終贏得勝利，他表示這要歸功於他看過、也記住了羅馬所有的塗鴉[16]。畢卡索身邊的人都相信他對視覺影像也有過目不忘的記憶力，他曾經鉅細靡遺地描述過一張被認為遺失的照片細節，後來照片被找到時，他的記憶能力得到驗證[17]。詹姆斯・喬伊斯在克朗戈斯伍德學院（Clongowes Wood College）的耶穌會教師們都稱呼他為「吸收力超強的男孩」[18]，伊隆・馬斯克的母親稱他為「天才男孩」，因為他有過目不忘的記憶力[19]。一九五一年，指揮家阿圖羅・托斯卡尼尼（Arturo Toscanini）想讓N. B. C.交響樂團演奏約阿希姆・拉夫（Joachim Raff）的第五號四重奏慢樂章，但是在紐約到處找不到這首名不見經傳的樂曲短譜。因此，多年沒見過這首曲子的托斯卡尼尼費了一番功夫把它的音符逐一寫下來。後來，一位簽名紀念音樂的收藏家找到了原始樂譜，並與托斯卡尼尼的手稿核對，只發現一處錯誤[20]。

我們很少有人像上述天才那樣擁有過目不忘的記憶力，即使是天賦異稟的人也必須靠努力獲得記憶能力。羅伯特・赫斯從五歲起就在付費教師的監督下棋；他日復一日地練習，背誦標準的開局、位置佈局、殘局、以及歷史上著名的棋賽。李奧納多・達文西會刻意練習提高記憶力，據他同時代的傳記作家喬治・瓦薩里表示：「李奧納多非常喜歡相貌怪異、留著像野人似的鬍子和頭髮的人，他會一整天跟蹤著一個引起他注意的人，將這個人的容貌牢牢記住，回到家裡，他會把他畫下來，好像此人就在他眼前一樣」[21]。晚上，達文西躺在床上休息時，會試圖在腦海中重現白天看到的畫面[22]。我們可以效法達文西的精神，進行一些挑戰思維的活動，如下棋或玩數獨遊戲、看樂譜、或組裝一些需要嚴格按部就班操作的東西。根據哈佛健康出版公司表示，**我們可以透過避免飲酒和定時運動，增加腦部的血液流通，來改善記憶力**[23]。正如傳記作家弗里喬夫·卡普拉（Fritjof Capra）報導的，達文西本人經常舉重[24]。

設定完成期限

不想要鍛煉舉重？我們也可以採取另一個實用技巧：設定截止期限。天才具有天生動力，對自己的工作充滿熱情，但有時他們也會從最後一刻的外部驅動力中獲益，以確保工作完成。查爾斯·舒爾茨必須在二千六百份報紙下次出刊前完成他聯合刊登的漫畫作品；莫札特有出租的劇院及前來聆聽《唐·喬萬尼》的觀眾；伊隆·馬斯克必須達到特斯拉汽車的生產配額；貝佐斯得確保亞馬遜 Prime 用戶能夠在一、兩天內收到貨物。**即使隨意設定一個截止期限也能提高我們的專注力，幫助我們刪除無關緊要的事情。**

鍛鍊腦力

史蒂芬・霍金是一個不管重不重要事情都不在意的人，他被稱為「繼愛因斯坦之後最偉大的天才」[25]，也被稱為「輪椅上的天才」，霍金本人認為，後者的稱號「是媒體炒作，出自於大眾對英雄的渴求」[26]。可以肯定的是，公眾對於身體有殘缺的天才總是特別心軟。想一想《鐘樓怪人》、《歌劇魅影》、以及《哈利波特》中的瘋眼穆敵，每個人都是隱藏在殘缺外表之下的天才。

霍金在二十一歲時才開始認真專注，他不得不這麼做，因為他患了肌萎縮性脊髓側索硬化症（也稱為盧・賈里格症）。在那一年之前，他似乎只是個成績不佳、好享樂的人。他自己承認，他直到八歲才開始讀書；在學校的課業表現，只是班上的中等程度；上大學後，他把時間都花在社交上，每天只學習一小時[27]。但是在一九六三年，二十一歲的霍金突然面對人生的「最後期限」，他被診斷出患有ＡＬＳ，預估只剩下二到三年的生命。坐在輪椅上的他，幾乎沒有可分心之事。到了一九八五年，他失去了說話的能力，必須透過電腦才能與人溝通，他開始專注於自己選擇的領域——天體物理學。我詢問霍金的朋友兼主要傳記作者凱蒂・弗格森（Kitty Ferguson），霍金的與世隔絕是否提升了他的專注能力，她提出一個重要的見解：「我認為，霍金的殘疾可能並沒有提升他的專注能力，但確實強化了他專注的意願、他終於長大、認真、不再虛度光陰，就像他曾經對我說的，『我別無選擇吧？』[28]」

到一九七〇年代初期，霍金失去了雙手的行動力，這下出現了一個問題，因為所有的物理學家都會一邊寫下方程式一邊思考問題，不停地在紙上、黑板、牆壁、門上、或幾乎任何平面上書寫程式，分析與執行交互進行。為了能夠繼續這麼做，霍金發展出一個解決之道：他會在腦海中看到問題，並牢牢記住，集中注意力的方法類似牛頓。霍金的朋友、也是諾貝爾獎得主的基普．索恩說：「他學會了完全在腦海裡操作（數學和物理），而不必寫下來。他不僅在三維空間、更在加上時間的四維空間，操縱著物體形狀、曲線形狀、表面形狀的影像。霍金之所以在所有物理學家中獨樹一幟，是因為他卓越的廣泛計算能力，遠比沒有患病時更強」[29]。霍金坦言，在分心時，他會像愛因斯坦一樣，透過進入自己的專注思考區來集中注意力：「**在我的腦海中反覆思索問題，是我大半輩子以來的研究發現之道。當我周圍的人都在對話交談時，我常常會飄到很遠的地方，沉浸在自己的思緒中，試圖探究宇宙是如何運作的。**」[30]凱蒂．弗格森總結霍金的專注力說道：「很少有人有霍金那種專注力和自制力，很少有人有他那種天才」[31]。這位黑洞的主人成功地靠自己的力量茁壯成長。

二〇一四年七月一日，我突然缺血性中風，妻子急忙把我送到佛羅里達州薩拉索塔市我們住家附近的醫院。電子掃描顯示我的左頸內動脈完全阻塞，想要透過動脈內膜切除術清除它，是不太可能的。三天以來，我全身接滿管線躺在病上，陷入自己的黑洞中，我可以思考，但無法說話，一個虛擬的囚犯在我身體內，我對自己說，「克雷格，這是很嚴重的，你得自己努力度過這個難關，想辦法集中精神，振作起來」。我開始做一些我發明的腦力練習，努力使我的短期記憶和言語重新結合起來，並逐步增加困難度：一）說「藍色、公牛、狗」，做完第三個單詞後記住複述第一個單詞；二）找出介於巴哈和布拉姆斯年代之間的兩位作曲家；三）說出長船礁（Longboat Key）從南到北的三家餐館；四）說出從坦帕到邁阿密之間，所有四個音節的公路名。我一連數個小時持續保持專注，別無選擇。我不敢說這種意志力的鍛煉是否讓我的情況突然好轉，但是在第三天，被阻塞的血流通暢了，此後的幾個月裡，我逐漸恢復了正常的認知功能。我很幸運。當然，我的經歷雖然在當下很嚴重，但與霍金的ALS相比，是微不足道的，可是卻讓我親身體驗到他的精神世界可能的狀態。霍金曾說：「保持頭腦活躍是我生存的關鍵」[32]，他比醫生最初預估的多活了五十多年。有時候在生活中，你必須要放鬆一下、拋開專注力，讓你的思緒將你引導至原始的洞察力。但有時候，無論你是像霍金這樣的天才，還是像我這樣認真的人，在太空或其他地方都有現實問題需要解決，在這種時刻，你必須找到專注的自制力。

建立儀式感

每個天才都有工作和完工的時間、地點和環境[33]。你可以稱之為「習慣」；托爾斯泰和普利茲獎得主約翰・厄普代克（John Updike）所謂的「例行公事」；科幻小說家艾薩克・阿西莫夫、草間彌生和史蒂芬・金所謂的「進度表」；安迪沃荷所謂的「慣例」；或孔子和美國舞蹈家特薇拉・薩普（Twyla Tharp）所謂的「儀式」。這些天才的習慣既不吸引人、也不崇高。「靈感是給業餘愛好者的」，畫家查克・克洛斯說，「我們其他人只要出現，就開始工作了」[34]。

每個天才都不一樣，全部都各有自己獨特的專注方法。作家湯瑪斯・沃爾夫（Thomas Wolfe）身高一九八公分，會在午夜時站在廚房冰箱前在上面寫作。海明威則是一早開工，在他位於西礁島住家隔壁工作室的書架上，用 Underwood 手提打字機寫作。約翰・齊弗（John Cheever）會在早上穿上他唯一的西裝，好像準備和其他人一起去上班，搭乘他在紐約市公寓的電梯到地下室，然後脫下西裝，靠在儲物箱上寫作，直到中午，然後再穿上外套回家吃午飯[35]。

在某些情況下，高度專注力需要休息一下，從事體能活動。維克多・雨果會休息兩個小時，走去海邊，在海灘上大力鍛煉身體。如果精神和注意力開始衰退，斯特拉溫斯基會倒立一小段時間。諾貝爾獎得主索爾・貝婁（Saul Bellow）也會這麼做，也許是為了促進大腦的血液流通。舞蹈指導特薇拉・薩普每天早上五點半去健身房，身體訓練是她創作過程的一部分，但正如她在《創意習慣》（*The Creative Habit*）一書中所說：「我的儀式並不是每天早上在健身房進行的伸展和負重訓練，而是搭計程車。當我告訴司機該去哪裡的時候，我已經完成了這個儀式」。**有紀律的儀式使生活更簡單，並提高生產力。**「這是強烈的反社會行為」，薩普說，「但換個角度看，卻是有助於創造力的」[36]。

大多數天才在辦公室、實驗室或工作室創作，與外界隔絕。一進畫室，畫家 N・C・魏斯就在眼鏡兩側貼上紙板「眼罩」，以此阻絕畫布之外的視線。托爾斯泰會把門鎖上。狄更斯在書房裡多加一扇門，以防噪音。納博科夫在創作《蘿莉塔》時，每天晚上都會在他停放的汽車後座上工作，他說：「這是全國唯一沒有噪音和氣流的地方」。馬塞爾・普魯斯特（Marcel Proust）在公寓牆壁加了軟木內襯。這一切的關鍵是：天才需要集中注意力。愛因斯坦不止一次鼓勵初出茅廬的科學家，去找一份燈塔守護者的工作，以便能夠「不受干擾」投入思考[37]。

不管是燈塔或安全屋，所有天才都有一個讓他們能夠「全神貫注」的空間。推理小說家阿嘉莎・克莉絲蒂（Agatha Christie）經常苦於社交和職業上的干擾，正如她所描述的，「一旦我成功避開，關上門，不讓任何人打擾我，我就能夠全速前進，全心投入在我的工作之中」[38]。

效法她的方法，但是更進一步：不要讓自己分心上網或回覆電子郵件；務必給自己信心和鼓勵，把你以前的成就（文憑、證書、獎項）和崇拜的偶像照片放在眼前看得到的地方。布拉姆斯把貝多芬的石版畫放在鋼琴上方。愛因斯坦在他的書房裡保留了牛頓、麥可・法拉第和詹姆斯・麥斯威爾勵志的肖像；而達爾文則在書房存放他的偶像肖像——胡克（Hooker）、萊爾（Lyell）、和維傑伍德（Wedgewood）。創作過程本身就令人害怕，「偉大的作品」常常會突然顯得毫無價值，而這些簡單的技巧可以幫助你。**有了一個可以依靠的儀式，你可以振作起來，明天重新出發**。約翰・厄普代克說：「一套扎實的例行公事可以使你免於放棄」[39]。

因此，這本書的天才們給我們的最後一課是：想要提高效率和生產力，不妨為自己建立一套日常例行公事，創造一個不受干擾的安全區，讓自己能夠集中注意力。去辦公室、書房或者工作室，爭取一些內部思考的空間和時間。當然，讓自己獲得廣泛的意見和資訊，但請記住，到最後，你得自己負責整合這些資訊並提出成果。我們需要成功的人使今日的世界順利運作，也需要天才來保證未來的世界更美好。

結語

打破對天才的迷思

我們教導孩子要「守規矩」、遵守規範，許多孩子會持續到上大學，他們會在大學裡接觸到像我這種研究天才的學習課程，才會發現**那些對西方文化造成影響力的天才，其實都是「不守規矩」、「打破規範」的人**。這只是我在耶魯大學教授「天才課程」的十幾年來、以及在本書撰寫的過程中，發現的意料不到的結果。另外還有一些發現，如下所述：

迷思一：天才都很聰明？

在課程剛開始時，我腦海中浮現出一幅天才的形象：是個智商超高的人，即使很年輕，會突然出現「頓悟」的洞察力，也是古怪、又不可預測的人。我現在了解到，這種刻板印象的每一個特質，在大多數情況下都是錯誤或不準確的。比如說，天才是一個聰明的人，在人生中所有的標準化測試都取得優異成績。事實上，我對天才的研究揭示了，優等生聯誼會成員中許多都是成績不佳、或是中等程度的學生。霍金直到八歲才讀書，而畢卡索和貝多芬連基礎數學都不會。馬雲、約翰藍儂、愛迪生、邱吉爾、迪士尼、達爾文、威廉．福克納和賈伯斯同樣都是課業成績遜色的學生。這些天才是「聰明的」，但都是以異於常規、不可預知的方式展現。因此，我研究的天才告訴我，幾乎不可能預測誰將會成為天才，**我不再以標準化的考試和成績或是神童的表現來判斷年輕人的潛力了**。事實上，我要提醒所有父母不要將自己的孩子推向神童之路。讓我們一起回顧二十年，看看神童是否開始改變世界——幾乎很少。

迷思二：天才是基因遺傳？

其他意外的啟示：成功的人可能會生出成功的後代，但事實證明，天才並不會生出小天才王朝。天才不是遺傳的特徵，而是一種「空前絕後」的現象。成功人士需要導師（我們都知道這一點），但是天才顯然可以靠自己，天才通常吸收能力很強，直覺更敏銳，也能很快地超越任何導師。沒錯，天才的定義就是以不平等的結果為前提（愛因斯坦的卓越思想或巴哈的非凡音樂），也伴隨著不平等的獎勵（巴哈的永久聞名於世，貝佐斯的驚人財富），世界就是這麼運作的。同樣的，天才行為通常伴隨著破壞行動，一般人稱之為進步。

迷思三：不需要努力就能成為天才？

天才也不是一夕之間形成的，「頓悟」那一刻其實是大腦漫長的醞釀期達到的頂點。記住，愛因斯坦與廣義相對論掙扎了兩年，才有了「最快樂的想法」；特斯拉花了七年的時間才發明了感應電動機；奧托．勒維需要二十年時間才有了關於乙醯膽鹼的夜間頓悟。那麼，為什麼好萊塢電影中的每個天才都會突然出現「驚喜時刻」呢？因為觀眾不能坐著二十年看這部電影啊，甚至兩年也不可能。

迷思四：天才都是完美無缺？

喜劇演員格魯喬．馬克思（Groucho Marx）說：「所有天才都英年早逝」，但統計數字證明了這說法是錯誤的；頑固的執著驅使天才繼續前進。天才改變了世界，是的，但事實上，一切是出於偶然，有時社會變得更加美好是因為創作者尋求自我救贖的意外結果。有多少傑作是畫家追求心靈慰藉而創作的？有多少好書是作者為自己，而不是為讀者而寫的？

最後，我和耶魯學生們洞察了一件事，或許早該在我們預料之中：許多天才原來並不是多麼偉大的人。在課程開始的時候，為了博得大家歡笑和激發討論，我總是問學生：「這裡有誰是天才？所有的天才請舉手」。少數幾位怯生生地舉了手；班上愛搞笑的學生們大方地舉起手讓大家看到。我接下來再問，「如果你還不是天才，有多少人願意成為天才呢？」全班約四分之三的人對此作出肯定的答覆。在這門課的最後一節課上，我又問了：「課堂研究了所有的天才之後，你們當中還有多少人想成為天才呢？」現在，只有四分之一的人回答「願意」。正如一位學生主動發表的意見：「在課程開始的時候，我覺得我想成為天才，但現在我不太確定了，這些天才當中，許多人似乎是很執著、以自我為中心的混蛋，而不是那種我想要成為朋友或室友的人」。沒錯，執著或以自我為中心。

儘管我們從天才習慣的行為中獲益，但如果你身邊有天才的話，還是要小心。如果你為天才工作，你可能會遭到謾罵或虐待，或者可能會失去工作。如果你身邊的人是個天才，你會發現他們總是將自己的工作或熱情排在第一位。然而，對於那些被虐待、被裁員、被剝削或被忽視的人，我們真誠地感謝他們「為集體利益犧牲」，使我們所有人日後從「你的」天才所帶來的重大文化影響中受益。套用作家埃德蒙．岡古特的話來說，「天才只有在死後才會受人愛戴」。但我們確實愛天才，因為他們讓今日的生活變得更美好了。

致謝

我的書獲得許多人的協助，其中包括我們的四個孩子，這本書是獻給他們的。同樣要獻給佛雷德博士和蘇・芬克斯坦（Sue Finkelstein），他們是我們四十五年來最好的朋友、也是精力充沛的辯論夥伴。最後要獻給我最嚴格的批評者——我親愛的妻子雪莉，她不止一次細心審閱本書。同樣的，我也要感謝我的經紀人彼得・伯恩斯坦（Peter Bernstein），他對這個計畫保持信心；以及我在 Dey Street 、HarperCollins 的編輯潔西卡・辛德勒（Jessica Sindler），她有種不可思議的資料編輯能力，使現代讀者易於了解。我在耶魯大學的全盛時期，有幾位資深同事每年都會應邀擔任我的天才課程「演講嘉賓」，他們的見解和善良使我受益匪淺，其中包括物理學教授道格拉斯・史東，我從他那裡學到很多東西；數學家吉姆・羅爾夫（Jim Rolf）；微生物學家、現任耶魯大學教務長史考特・斯特羅貝爾；最後還有首席投資官大衛・史雲生（David Swensen），我總是把他留到最後一堂課上，因為他做為一個慷慨的慈善家，深知雖然天才需要錢的助力，但有錢未必是天才。此外，多年來，我從下列六次課堂講座中受益匪淺，包括目前在達特茅斯的天才神經科學家卡洛琳・羅伯遜（Caroline Robertson）、已故的小說家安妮塔・史瑞夫（Anita Shreve）、已故的藝術歷史學家大衛・羅桑德、企業家羅傑・麥克納姆和凱文・瑞安（Kevin Ryan）、大都會歌劇院導演彼得・蓋伯（Peter Gelb）、以及傑出的藝術評論家亞當・格利克（Adam Glick）。對於像天才這種廣泛的話題，我不斷在特定主題上尋求幫助，我從長期友人萊昂・普蘭丁加（專研貝多芬）、凱蒂・弗格森（霍金）、諾貝爾獎得主基普・索恩（物理學家的思維）、盧卡斯・斯溫福德（Lucas Swineford，線上教育）和洛克菲勒檔案館館長傑克・邁耶斯（Jack Meyers）等人的慷慨協助。一些人善意地評論了幾個章節，其中包括我兒子克里斯多佛、兒媳梅蘭妮、我的同事基斯波克（Keith Polk）、我的鄰居潘・雷特（Pam Reiter）、肯・馬許（Ken Marsh）、和巴沙爾・內吉維（Bashar Nejidwi），還有文學批評者克拉克・巴克斯特（Clark Baxter），他有一種特殊的天賦，能提出「精闢見解」擊中別人沒看見的要點。在此感謝大家！

圖片來源

圖 2-1：紐約大都會藝術博物館：克雷格・萊特
圖 2-2：Alamy 圖庫
圖 3-1：Alamy 圖庫
圖 5-1：丹尼斯・哈里南（DennisHallinan）：Alamy 圖庫
圖 5-2：亞納卡・達馬塞納（Janaka Damasena）：Alamy 圖庫
圖 5-3：科學史圖像：Alamy 圖庫
圖 7-1：IconicPix：Alamy 圖庫
圖 7-2：dbimages：Alamy 圖庫
圖 8-1：檔案庫：Alamy 圖庫
圖 9-1：維也納國家圖書館，莫札特，Skb 1782j：克雷格・萊特
圖 9-2：彼得・巴瑞特（Peter Barritt）： Alamy 圖庫
圖 9-3：Alpha 圖類：Alamy 圖庫
圖 10-1：巴黎國立圖書館，莫扎特 Sk 1772o：克雷格・萊特
圖 10-2A：大英博物館資料庫 1856,0621.1：維基共享資源
圖 10-2B：大英博物館資料庫 1856,0621.1 左頁：維基共享資源
圖 10-3A：倫敦國家美術館，作者不詳：維基共享資源
圖 10-3B： 巴黎羅浮宮博物館，Docetzee：維基共享資源
圖 12-1：史蒂夫・維德勒（Steve Vidler）：Alamy 圖庫
圖 12-2：歷史圖類：Alamy 圖庫
圖 14-1：劍橋大學圖書館，額外手稿 3958，fol. 78v：數位資料組

資料來源與註釋

前言

1. George Eliot, *Middlemarch* (Ware, Hertfordshire, UK: Wordsworth Editions, 1994), 620.
2. Darrin M. McMahon, *Divine Fury: A History of Genius* (New York: Basic Books, 2013), 229.
3. 關於愛因斯坦大腦遺骸的離奇歷史事跡，參見 Michael Paterniti, *Driving Mr. Albert: A Trip Across America with Einstein's Brain* (New York: Random House, 2001)。
4. Paul G. Bahn, "The Mystery of Mozart's Skull: The Face of Mozart," *Archeology* (March–April 1991): 38–41; Luke Harding, "DNA Detectives Discover More Skeletons in Mozart Family Closet," *Guardian*, January 8, 2006, https://www.theguardian.com/world/2006/jan/09/arts.music.
5. "Leonardo da Vinci's DNA: Experts Unite to Shine Modern Light on a Renaissance Genius," EurekAlert!, May 5, 2016, https://www.eurekalert.org/pub_releases/2016-05/tca-ldv050316.php.
6. Paul Israel, *Edison: A Life of Invention* (New York: John Wiley & Sons, 1998), 119-120.
7. 翻譯自叔本華的德語原著：Arthur Schopenhauer, *Die Welt als Wille und Vorstellung*, 3rd ed., vol. 2, book 3, chap. 31 (Leipzig: Brockhaus, 1859), https://www.amazon.com/Die-Welt-Wille-Vorstellung-German/dp/3843040400, 627.
8. Dylan Love, "The 13 Most Memorable Quotes from Steve Jobs," *Business Insider*, October 5, 2011, https://www.businessinsider.com/the-13-most-memorable-quotes-from-steve-jobs-2011-10.
9. Nikola Tesla, *My Inventions: The Autobiography of Nikola Tesla*, edited by David Major (Middletown, DE: Philovox, 2016), 55.
10. Immanuel Kant, *Critique of Pure Reason*, 引述來源：McMahon, *Divine Fury*, 90.
11. 參見 Mihaly Csikszentmihalyi, "Implications of a Systems Perspective for the Study of Creativity," in *Handbook of Creativity*, edited by Robert J. Sternberg (Cambridge, UK: Cambridge University Press, 1999), 311–34.

第 1 章

1. Plato, *Apology*, translated by Benjamin Jowett, para. 8, http://classics.mit.edu/Plato/apology.html. http://classics.mit.edu/Plato/apology.html.
2. Charles Darwin, *The Autobiography of Charles Darwin*, edited by Nora Barlow (New York: W. W. Norton, 1958), 38.
3. Simone de Beauvoir, *The Second Sex*, edited and translated by H. M. Parshley (New York: Random House, 1989), 133.
4. Giorgio Vasari, *The Lives of the Artists*, translated by Julia Conaway Bondanella and Peter Bondanella (Oxford, UK: Oxford University Press, 1991), 284.

5. Leonardo da Vinci, *Codex Atlanticus*, 引述來源：Walter Isaacson, *Leonardo da Vinci* (New York: Simon & Schuster, 2017), 179.
6. Carmen C. Bambach, *Michelangelo: Divine Draftsman and Designer* (New Haven, CT: Yale University Press, 2017), 35, 39.
7. 引述來源：Helia Phoenix, *Lady Gaga Just Dance: The Biography* (London: Orion Books, 2010), 84.
8. Lewis Lockwood, *Beethoven: The Music and the Life* (New York: W. W. Norton, 2003), 12.
9. Tom Lutz, "Viewers Angry After Michael Phelps Loses Race to Computer-Generated Shark," *Guardian*, July 24, 2017, https://www.theguardian.com/sport/2017/jul/24/michael-phelps-swimming-race-shark-discovery-channel.
10. Danielle Allentuck, "Simone Biles Takes Gymnastics to a New Level. Again," *New York Times*, August 9, 2019, https://www.nytimes.com/2019/08/09/sports/gymnastics-simone-biles.html.
11. Sade Strehlke, "How August Cover Star Simone Biles Blazes Through Expectations," *Teen Vogue* (June 30, 2016), https://www.teenvogue.com/story/simone-biles-summer-olympics-cover-august-2016.
12. "Simon Biles Teaches Gymnastic Fundamentals," MasterClass, 2019, lesson 3, at 0:50.
13. Francis Galton, *Hereditary Genius: An Inquiry into Its Laws and Consequences* (London: MacMillan, 1869), http://galton.org/books/hereditary-genius/1869-FirstEdition/hereditarygenius1869galt.pdf, 1.
14. 關於馬的育種和近親繁殖，參見 Allison Schrager, "Secretariat's Kentucky Derby Record Is Safe, Thanks to the Taxman," *Wall Street Journal*, May 3, 2019, https://www.wsj.com/articles/secretariats-kentucky-derby-record-is-safe-thanks-to-the-taxman-11556920680.
   針對生物決定論的相關主題，參見 Stephen Jay Gould, *The Mismeasure of Man* (New York: W. W. Norton, 1981), chap. 5.
15. 參見 Robert Plomin, *Nature and Nurture: An Introduction to Human Behavioral Genetics* (Belmont, CA: Wadsworth, 2004).
16. Andrew Robinson, *Sudden Genius? The Gradual Path to Creative Breakthroughs* (Oxford, UK: Oxford University Press, 2010), 9.
17. 引文出處同上，頁 256。
18. Dean Keith Simonton, "Talent and Its Development: An Emergenic and Epigenetic Model," *Psychological Review* 106, no. 3 (July 1999): 440.
19. David T. Lykken, "The Genetics of Genius," in *Genius and the Mind: Studies of Creativity and Temperament*, edited by Andrew Steptoe (Oxford, UK: Oxford University Press, 1998), 28; Robinson, *Sudden Genius?*, 256.
20. Havelock Ellis, *A Study of British Genius* (London: Hurst and Blackett, 2017 [1904]), 94 ff.
21. Gilbert Gottlieb, "Normally Occurring Environmental and Behavioral Influences on Gene Activity: From Central Dogma to Probabilistic Epigenesis," *Psychological Review* 105, no. 3 (1995): 792–802.
22. K. Anders Ericsson, Ralf Th. Krampe, and Clemens Tesch-Römer, "The Role of Deliberate Practice in the Acquisition of Expert Performance," *Psychological Review* 100, vol. 3 (July 1993): 363–406. 另請參見John A. Sloboda, Jane W. Davidson, Michael J. A. Howe, and Derek G. Moore, "The Role of Practice in the Development of Performing Musicians," *British Journal of Psychology* 87 (May 1996): 287–309.
23. Ericsson et al., "The Role of Deliberate Practice," 397.
24. Ellen Winner, *Gifted Children: Myths and Realities* (New York: Basic Books, 1997), 3.
25. 有關保羅・塞尚的職業生涯，參見 Alex Danchev, *Cézanne: A Life* (New York: Random House, 2012), 106, 110, 116; Lawrence Gowing, *Cézanne: The Early Years* (New York: Harry N. Abrams, 1988), 110.
26. 原始出處 1895年2月21日《加利西亞之聲》（*La Voz de Galicia*），引述自 John Richardson, *A Life of Picasso: The Prodigy, 1881-1906* (New York: Alfred A. Knopf, 1991), 55.
27. Richardson, A Life of Picasso, 67.
28. David W. Galenson, *Old Masters and Young Geniuses* (Princeton, NJ: Princeton University Press, 2006), 24.
29. 出處同上，頁 23。
30. Danchev, *Cézanne*, 12.

31. “ ‘The Father of Us All,’” Artsy, February 6, 2014, https://www.artsy.net/article/matthew-the-father-of-us-all.

32. Brooke N. MacNamara, David Z. Hambrick, and Frederick L. Oswald, “Deliberate Practice and Performance in Music, Games, Sports, Education, and Professions: A Meta-analysis,” *Psychological Science* 8 (July 2014): 1608–18.

33. 引述於 2019 年 8 月 4 日與陳巍的電子郵件，其中包括以下內容：「順便一提，我把這篇唸給我的（中國）母親聽，但她不同意我 80% 比 20% 的論點，她認為勤奮努力才是王道，應該是 80% 後天努力，再加上 20% 的機運。虎媽心態，對吧？看看不同的文化、教養如何影響人們對這些問題的看法，實在很有意思。」

34. 關於標準化智商測試的發展，參見 Simonton, “Talent and Its Development,” 440–48; Darrin McMahon, *Divine Fury: A History of Genius* (New York: Basic Books, 2013), 178–85.

35. Deborah Solomon, “The Science of Second Guessing,” *New York Times,* December 12, 2004, https://www.nytimes.com/2004/12/12/magazine/the-science-of-secondguessing.html.

36. Martin André Rosanoff, “Edison in His Laboratory,” *Harper's Magazine* (September 1932), https://harpers.org/archive/1932/09/edison-in-his-laboratory/.

37. Gould, *The Mismeasure of Man.* 56-57.

38. *Griggs v. Duke Power Company*, 1971. IQ and similar tests can continue to be used, however, if they are a predictor of job performance and do not discriminate on the basis of race, religion, nationality, or gender.

39. William E. Sedlacek, *Beyond the Big Test: Noncognitive Assessment in Higher Education* (San Francisco: Jossey-Bass, 2004), 61–63.

40. Catherine Rampell, “SAT Scores and Family Income,” *New York Times*, August 27, 2009, https://economix.blogs.nytimes.com /2009/08/27/sat-scores-and-family-income/; Zachary Goldfarb, “These Four Charts Show How the SAT Favors Rich, Educated Families,” *Washington Post*, March 5, 2014, https://www.washingtonpost.com/news/wonk/wp/2014/03/05/these-four-charts-show-how-the-sat-favors-the-rich-educated-families/; Sedlacek, *Beyond the Big Test*, 68.

41. Aamer Madhani, “University of Chicago Becomes the First Elite College to Make SAT, ACT Optional for Applicants,” *USA Today*, June 14, 2018, https://www.usatoday.com/story/news/2018/06/14/university-chicago-sat-act-optional/701153002/.

42. Anemona Hartocollis, “University of California Is Sued over Use of SAT and ACT,” *New York Times*, December 10, 2019, https://www.nytimes.com/2019/12/10/us/sat-act-uc-lawsuit.html.

43. 例如Lenora Chu, *Little Soldiers: An American Boy, a Chinese School, and the Global Race to Achieve* (New York: HarperCollins, 2017), 252; Sedlacek, *Beyond the Big Test*, 60.

44. Caitlin Macy, “AP Tests Are Still a Great American Equalizer,” *Wall Street Journal*, February 22, 2019, https://www.wsj.com/articles/ap-tests-are-still-a-great-american-equalizer-11550854920.

45. 參考例子：Caroline Goldenberg, “School Removes AP Courses for Incoming Freshmen,” *Horace Mann Record*, June 5, 2018, https://record.horacemann.org/2078/uncategorized/school-removes-ap-courses-for-incoming-freshman-class/.

46. Adam Grant, “What Straight-A Students Get Wrong,” *New York Times*, December 8, 2018, https://www.nytimes.com/2018/12/08/opinion/college-gpa-career-success.html.

47. Tom Clynes, “How to Raise a Genius,” *Nature* (September 7, 2016), https://www.nature.com/news/how-to-raise-a-genius-lessons-from-a-45-year-study-of-super-smart-children-1.20537.

48. 此結論概述於 Nancy Andreasen, *The Creating Brain: The Neuroscience of Genius* (New York: Dana Foundation, 2005), 10–13. 另請參見 Barbara Burks, Dortha Jensen, and Lewis Terman, *Genetic Studies of Genius*, vol. 3: *The Promise of Youth: Follow-Up Studies of a Thousand Gifted Students* (Stanford, CA: Stanford University Press, 1930).

49. Marjorie Garber, “Our Genius Problem,” The Atlantic (December 2002), https://www.theatlantic.com/magazine/archive/2002/12/our-genius-problem/308435/.

50. Malcolm Jones, “How Darwin and Lincoln Shaped Us,” *Newsweek* (June 28, 2008), https://www.newsweek.com/how-darwin-and-lincoln-shaped-us-91091.

51. Thomas Montalbo, “Churchill: A Study in Oratory: Seven Lessons in Speechmaking from One of the Greatest Orators of All Time,” International Churchill Society, https://winstonchurchill.org/publications/finest-hour/finest-hour-069/churchill-a-study-in-oratory/.
52. Ann Hulbert, *Off the Charts* (New York: Alfred A. Knopf, 2018), 56. Andrew Robinson, “Is High Intelligence Necessary to be a Genius?,” *Psychology Today* (January 2, 2011), https://www.psychologytoday.com/us/blog/sudden-genius/201101/is-high-intelligence-necessary-be-genius.
53. J. K. Rowling, Very Good Lives: The Fringe Benefits of Failure and the Importance of Imagination (New York: Little, Brown, 2008), 23.
54. Walter Isaacson, *Albert Einstein: The Life and Universe* (New York: Simon & Schuster, 2007), 48.
55. Duncan Clark, *Alibaba: The House That Jack Ma Built* (New York: HarperCollins, 2016), 44.
56. Michael Barrier, *The Animated Man: A Life of Walt Disney* (Berkeley: University of California Press, 2007), 18–19.
57. Jaime Sabartés, *Picasso: An Intimate Portrait* (London: W. H. Allen, 1948) 36-39. 另請參見 Roland Penrose, *Picasso: His Life and Work,* 3rd ed. (Berkeley: University of California Press, 1981), 18–19; Richardson, *A Life of Picasso*, 33.
58. Howard Gardner, *Frames of Mind: The Theory of Multiple Intelligences* (New York: Basic Books, 1983), esp. chap. 4.
59. Rowling, *Very Good Lives,* 11-23.
60. Alison Flood, “JK Rowling's Writing Advice: Be a Gryffindor,” *Guardian,* January 8, 2019, https://www.theguardian.com/books/booksblog/2019/jan/08/jk-rowlings-writing-advice-be-a-gryffindor.
61. 一些心理學家已經這麼做了，參見 Robert Sternberg, Juan-Luis Castejon, M. Prieto, et al., “Confirmatory Factor Analysis of the Sternberg Triarchic Abilities Test in Three International Samples: An Empirical Test of the Triarchic Theory of Intelligence,” *European Journal of Psychological Assessment* 17, no. 1 (2001): 1–16.
62. Abraham J. Tannenbaum, “The IQ Controversy and the Gifted,” in *Intellectual Talent*, edited by Camilla Benbow and David Lubinsky (Baltimore: Johns Hopkins University Press, 1996), 70–74; Anders Ericsson and Robert Pool, *Peak: Secrets from the New Science of Expertise* (Boston: Houghton Mifflin Harcourt, 2016), 235. 另請參見 Robert Sternberg, *Wisdom, Intelligence, and Creativity Synthesized* (Cambridge, UK: Cambridge University Press, 2003).
63. 引述來源：Casey Miller and Keivan Stassun, “A Test That Fails,” *Nature* 510 (2014): 303–4, https://www.nature.com/naturejobs/science/articles/10.1038/nj7504-303a. 另請參見 Robert J. Sternberg and Wendy M. Williams, “Does the Graduate Record Exam Predict Meaningful Success and Graduate Training of Psychologists? A Case Study,” *American Psychologist* 52, no. 6 (June 1997): 630–41.
64. 引述於威廉·塞德萊契克 2019 年 10 月 2 日發給作者的電子郵件。
65. George Anders, “You Can Start Anywhere,” in Anders, *You Can Do Anything: The Surprising Power of a "Useless" Liberal Arts Education* (New York: Little, Brown, 2017), esp. 58.
66. Malcolm Gladwell, *Outliers: The Story of Success* (New York: Little Brown, 2008), 80-84.
67. Billy Witz, Jennifer Medina, and Tim Arango, “Bribes and Big-Time Sports: U.S.C. Once Again Finds Itself Facing Scandal,” *New York Times,* March 14, 2019, https://www.nytimes.com/2019/03/14/us/usc-college-cheating-scandal-bribes.html.
68. Melissa Korn and Jennifer Levitz, “In College Admissions Scandal, Families from China Paid the Most,” Wall Street Journal, April 26, 2019, https://www.wsj.com/articles/the-biggest-clients-in-the-college-admissions-scandal-were-from-china-11556301872.
69. John Bacon and Joey Garrison, “Ex-Yale Coach Pleads Guilty for Soliciting Almost $1 Million in Bribes in College Admissions Scandal,” *USA Today*, March 28, 2019, https://www.usatoday.com/story/news/nation/2019/03/28/rudy-meredith-ex-yale-coach-expected-plead-guilty-college-admissions-scam/3296720002/; Melissa Korn, “How to Fix College Admissions,” *Wall Street Journal,* November 29, 2019, https://www.wsj.com/articles/how-to-fix-college-admissions-11575042980.
70. 此為愛因斯坦的至理名言，參見：Long attributed to Einstein, but see “Everybody Is a Genius. But If You Judge a Fish by Its Ability to Climb a Tree, It Will Live Its Whole Life Believing That It Is Stupid,” Quote Investigator, April 6, 2013, https://quoteinvestigator.com/2013/04/06/fish-climb/.

第 2 章

1. Catherine Nichols, "Homme de Plume: What I Learned Sending My Novel Out Under a Male Name," Jezebel, August 4, 2015, https://jezebel.com/homme-de-plume-what-i-learned-sending-my-novel-out-und-1720637627.
2. 例如，參見 "Employers' Replies to Racial Names," National Bureau of Economic Research, https://www.nber.org/digest/sep03/w9873.html.
3. 例如，參見 "Publishing Industry is Overwhelmingly White and Female, US Study Finds," *Guardian*, January 27, 2016, https://www.theguardian.com/books/2016/jan/27/us-study-finds-publishing-is-overwhelmingly-white-and-female.
4. Sheryl Sandberg, "Women at Work: Speaking While Female," *New York Times*, January 12, 2015, https://www.nytimes.com/2015/01/11/opinion/sunday/speaking-while-female.html.
5. Christopher F. Karpowitz, Tali Mendelberg, and Lee Shaker, "Gender Inequality in Deliberative Participation," *American Political Science Review* 106, no. 3 (August, 2012) : 533–47, https://pdfs.semanticscholar.org/c0ef/981e1191a7ff3ca6a63f205aef12f64d2f4e.pdf?_ga=2.81127703.1000116753.15841352521227194247.1574373344.
6. Catherine Hill, Christianne Corbett, and Andresse St. Rose, *Why So Few? Women in Science, Technology, Engineering, and Mathematics*, AAUW, February 2010, https://www.aauw.org/aauw_check/pdf_download/show_pdf.php?file=why-so-few-research.
7. Suzanne Choney, "Why Do Girls Lose Interest in STEM? New Research Has Some Answers—and What We Can Do About It," Microsoft Stories, March 13, 2018, https://news.microsoft.com/features/why-do-girls-lose-interest-in-stem-new-research-has-some-answers-and-what-we-can-do-about-it/.
8. Dean Keith Simonton, *Greatness: Who Makes History and Why* (New York: Guilford Press, 1994), 33–34.
9. 出處同上，頁 37。
10. Virginia Woolf, *A Room of One's Own* (New York: Fountain Press, 2012 [1929]), 24.
11. 出處同上，頁 48。
12. 出處同上，頁 56。
13. 引述來源 George Gordon, Lord Byron, *The Works of Lord Byron, with His Letters and Journals, and His Life*, vol. 2, edited by Thomas Moore (New York: J. & J. Harper, 1830–31), 275.
14. Sean Smith, *J. K. Rowling: A Biography: The Genius Behind Harry Potter* (London: Michael O'Mara Books, 2001), 132.
15. Woolf, *A Room of One's Own*, 53–54.
16. 出處同上，頁 56。
17. 出處同上，頁 35。
18. Byron, *The Works of Lord Byron*, vol. 2, 399.
19. 引述來源 Cecil Gray, *A Survey of Contemporary Music* (London: Oxford University Press, 1924), 246.
20. Charles Darwin, "This Is the Question," in *The Autobiography of Charles Darwin, 1809–1882*, edited by Nora Barlow (New York: W. W. Norton, 1958), 195–96.
21. Françoise Gilot and Carlton Lake, *Life with Picasso* (London: McGraw-Hill, 2012 [1964]), 77.
22. Arthur Schopenhauer, *The World As Will and Idea*, 6th ed., vol. 3, translated by R. B. Haldane and J. Kemp (London: Kegan Paul, 1909), Project Gutenberg, http://www.gutenberg.org/files/40868/40868-h/40868-h.html, 158.
23. Arthur Schopenhauer, *The Essays of Schopenhauer*, edited by Juliet Sutherland, Project Gutenberg, https://www.gutenberg.org/files/11945/11945-h/11945-h.htm#link2H_4_0009.
24. 引述來源 Darrin McMahon, *Divine Fury: A History of Genius* (New York: Basic Books, 2013), 161.
25. Emma Brockes, "Return of the Time Lord," *Guardian*, September 27, 2005, https://www.theguardian.com/science/2005/sep/27/scienceandnature.highereducationprofile.
26. Suzanne Goldenberg, "Why Women Are Poor at Science, by Harvard President," *Guardian*, January 18, 2005,

https://www.theguardian.com/science/2005/jan/18/educationsgendergap.genderissues.
27. Alexander Moszkowski, *Conversations with Einstein,* translated by Henry L. Brose (New York: Horizon Press, 1970), 79.
28. Nikolaus Pevsner, *Academies of Art, Past and Present* (Cambridge, UK: Cambridge University Press, 1940), 231; Linda Nochlin, "Why Have There Been No Great Women Artists?," 1971, http://davidrifkind.org/fiu/library_files/Linda%20Nochlin%20%20Why%20have%20there%20been%20no%20Great%20Women%20Artists.pdf.
29. Peter Saenger, "The Triumph of Women Artists," *Wall Street Journal*, November 23, 2018, https://www.wsj.com/articles/the-triumph-of-women-artists-1542816015.
30. Anna Klumpke, Rosa Bonheur: Sa vie, son oeuvre (Paris: Flammarion, 1908), 308–9.
31. Alan Greenspan and Adrian Wooldridge, *Capitalism in America: A History* (New York: Random House, 2018), 363.
32. 引述來源 Jerome Karabel, *The Chosen: The Hidden History of Admission and Exclusion at Harvard, Yale and Princeton* (New York: Mariner Books, 2014), 444.
33. Celestine Bohlen, "Breaking the Cycles That Keep Women Out of Tech-Related Professions," *New York Times*, November 26, 2018, https://www.nytimes.com/2018/11/20/world/europe/women-in-stem.html?searchResultPosition=9.
34. 這句話和孟德爾頌的引文節錄於 Craig Wright, *Listening to Music*, 7th ed. (Boston: Cengage Learning, 2017), 252–53.
35. Mason Currey, *Daily Rituals: How Artists Work* (New York: Alfred A. Knopf, 2018), 44.
36. Alexandra Popoff, *The Wives: The Women Behind Russia's Literary Giants* (New York: Pegasus, 2012), 68.
37. "Hatshepsut," Western Civilization, ER Services, https://courses.lumenlearning.com/suny-hccc-worldhistory/chapter/hatshepsut/.
38. 紐約大都會藝術博物館中哈特謝普蘇特的相關雕塑及其歷史，參見 "Large Kneeling Statue of Hatshepsut, ca. 1479–1458 B.C.," https://www.metmuseum.org/art/collection/search/544449 and especially "Sphinx of Hatshepsut," https://www.metmuseum.org/toah/works-of-art/31.3.166/.
39. 有關聖赫德嘉的生平概述，參見 Barbara Newman's introduction to her *Saint Hildegard of Bingen: Symphonia* (Ithaca, NY: Cornell University Press, 1988) and Mathew Fox, *Hildegard of Bingen: A Saint for Our Times* (Vancouver: Namaste, 2012). 有關她的著作選集，參見 Sabina Flanagan, *Secrets of God: Writings of Hildegard of Bingen* (Boston: Shambhala, 1996). 有關她的書信選集，參見 Matthew Fox, ed., *Hildegard of Bingen's Book of Divine Works with Letters and Songs* (Santa Fe, NM: Bear & Co, 1987).
40. 其中一個例子是托萊多美術館（Toledo Museum of Art）一幅以前被誤認爲是貝爾納多・卡瓦利諾的畫作《羅特和女兒們》（*Lot and his Daughters*），參見 Josef Grabski, "On Seicento Painting in Naples: Some Observations on Bernardo Cavallino, Artemisia Gentileschi and Others," *Artibus et Historiae* 6, no. 11 (1985): 23–63. 另請參見 Sarah Cascone, "Sotheby's Offers Lost Artemisia Gentileschi Masterpiece," Artnet News, June 10, 2014, https://news.artnet.com/market/sothebys-offers-lost-artemisia-gentileschi-masterpiece-37273.
41. 關於這場審判，參見 Tracy Marks, "Artemesia: The Rape and the Trial," http://www.webwinds.com/artemisia/trial.htm.
42. 關於艾達・洛芙蕾絲的事跡，參考文獻如下 Betty A. Toole, *Ada, the Enchantress of Numbers: Prophet of the Computer Age* (Moreton-in-Marsh, Gloucestershire, UK: Strawberry Press, 1998) and William Gibson and Bruce Sterling, *The Difference Engine: A Novel* (New York: Bantam Books, 1991). 關於艾達・洛芙蕾絲對於電腦的遠見卓識，完整概述參見 Walter Isaacson, *The Innovators: How A Group of Hackers, Geniuses, and Geeks Created the Digital Revolution* (New York: Simon & Schuster, 2014), 7–33.
43. 參見 Ruth Levin Sime, *Lise Meitner: A Life in Physics* (Berkeley: University of California Press, 1996), https://www.washington post.com/wp-srv/style/longterm/books/chap1/lisemeitner.htm?noredirect=on.
44. Adam Parfrey and Cletus Nelson, *Citizen Keane: The Big Lies Behind the Big Eyes* (Port Townsend, WA: Feral House, 2014).
45. Ariane Hegewisch and Emma Williams-Baron, "The Gender Wage Gap: 2017 Earnings Differences by Race and Ethnicity," Institute for Women's Policy Research, March 7, 2018, https://iwpr.org/publications/gender-wage-gap-2017-race-ethnicity/.

46. Rachel Bachman, “Women's Team Sues U.S. Soccer,” *Wall Street Journal*, March 9, 2019, https://www.wsj.com/articles/u-s-womens-soccer-team-alleges-gender-discrimination-11552059299.
47. Gené Teare, “In 2017, Only 17% of Startups Have a Female Founder,” TC, April 19, 2017, https://techcrunch.com/2017/04/19/in-2017-only-17-of-startups-have-a-female-founder/; Valentina Zarya, “Female Founders Got only 2% of Venture Capital in 2017,” *Fortune* (January 31, 2018), https://fortune.com/2018/01/31/female-founders-venture-capital-2017/.
48. Adnisha Padnani, “How an Obits Project on Overlooked Women Was Born,” *New York Times*, March 8, 2018, https://www.nytimes.com/2018/03/08/insider/overlooked-obituary.html.
49. AMary Ann Sieghart, “Why Are Even Women Biased Against Women?,” BBC Radio 4, February 4, 2018, https://www.bbc.co .uk/programmes/b09pl66d. 另請參見 Caroline Heldman, Meredith Conroy, and Alissa R. Ackerman, *Sex and Gender in the 2016 Presidential Election* (Santa Barbara, CA: Praeger, 2018).
50. Adrian Hoffmann and Jochen Musch, “Prejudice Against Women Leaders: Insights from an Indirect Questioning Approach,” *Sex Roles* 80, nos. 11–12 (June 2019): 681–92, https://link.springer.com/article/10.1007/s11199-018-0969-6.
51. Mahzarin R. Banaji and Anthony G. Greenwald, *Blind Spot: Hidden Biases of Good People* (New York: Bantam Books, 2013).
52. Hill et al., Why So Few?, 74.
53. Corinne A. Moss-Racusin, John F. Dovidio, Victoria L. Brescoll, et al., “Science Faculty's Subtle Gender Biases Favor Male Students,” *Proceedings of the National Academy of Sciences of the United States of America*, October 9, 2012, https://www.pnas.org/content/109/41/16474.
54. Banaji and Greenwald, *Blind Spot*, 115.
55. Brigid Schulte, “A Woman's Greatest Enemy? A Lack of Time to Herself,” *Guardian*, July 21, 2019, https://www.theguardian.com /commentisfree/2019/jul/21/woman-greatest-enemy-lack-of-time-themselves.
56. Seth Stephens-Davidowitz, “Google, Tell Me. Is My Son a Genius?,” *New York Times*, January 18, 2014, https://www.nytimes.com/2014/01/19/opinion/sunday/google-tell-me-is-my-son-a-genius.html.
57. Simonton, *Greatness*, 37.

第 3 章

1. 另請參見 Melissa Eddy, “A Musical Prodigy? Sure, but Don't Call Her ‘a New Mozart,’” *New York Times*, June 14, 2019, https://www.nytimes.com/2019/06/14/world/europe/alma-deutscher-prodigy-mozart.html.
2. “British Child Prodigy's Cinderella Opera Thrills Vienna,” BBC News, December 30, 2016, https://www.bbc.com/news/world-europe-38467218.
3. Otto Erich Deutsch, *Mozart: A Documentary Biography*, translated by Eric Blom, Peter Branscombe, and Jeremy Noble (Stanford, CA: Stanford University Press, 1965), 9.
4. 莫札特有兩個兒子，音樂造詣不淺：卡爾・托馬斯（Carl Thomas，1784-1858），他曾接受音樂訓練，但最終在米蘭公家機關服務；弗朗茲・薩韋爾（Franz Xaver，1791-1844），是職業作曲家、鋼琴老師，偶爾參加公眾演出。兩人都沒有留下後代。
5. Erich Schenk, “Mozarts Salzburger Vorfahren,” *Mozart-Jahrbuch* 3 (1929): 81–93; Erich Schenk, *Mozart and His Times*, edited and translated by Richard and Clara Winston (New York: Knopf, 1959), 7–8; Erich Valentin, “Die Familie der Frau Mozart geb. Pertl,” in Valentin, *“Madame Mutter”: Anna Maria Walburga Mozart* (1720–1778) (Augsburg, Germany: Die Gesellschaft, 1991).
6. Deutsch, *Mozart*, 445.
7. 出處同上，頁 27。
8. “Prodigy,” *The Compact Oxford English Dictionary* (Oxford, UK: Oxford University Press, 1991).
9. *Inside Bill's Brain: Decoding Bill Gates*, Netflix, September 2019, episode 1.
10. 馬友友於 2011 年 8 月 14 日在麻薩諸塞州坦格伍德（Tanglewood）與作者的對話。

11. Dean Keith Simonton, Kathleen A. Taylor, and Vincent Cassandro, "The Creative Genius of William Shakespeare: Histiometric Analyses of His Plays and Sonnets," in *Genius and the Mind: Studies of Creativity and Temperament*, edited by Andrew Steptoe (Oxford, UK: Oxford University Press, 1998), 180.
12. Deutsch, *Mozart*, 360.
13. Cliff Eisen, *New Mozart Documents: A Supplement to O. E. Deutsch's Documentary Biography* (Stanford, CA: Stanford University Press, 1991), 14.
14. Alissa Quart, *Hothouse Kids: The Dilemma of the Gifted Child* (New York: Penguin, 2006), 77; My Kid Could Paint That, Sony Pictures Classic, 2007.
15. Deutsch, *Mozart*, 494.
16. 2017 年 5 月 22 日瑪琳・阿爾索普在康乃狄克州紐哈芬（New Haven）與作者的對話。
17. Scott Barry Kaufman and Carolyn Gregoire, *Wired to Create: Unraveling the Mysteries of the Creative Mind* (New York: Random House, 2016), 151.
18. 引述來源 Helia Phoenix, *Lady Gaga: Just Dance: The Biography* (London: Orion House, 2010), 44–45.
19. 引述來源 Dean Keith Simonton, *Greatness: Who Makes History and Why* (New York: Guilford Press, 1994), 243.
20. Ellen Winner, *Gifted Children: Myths and Realities* (New York: Basic Books, 1996), 10; Alissa Quart, *Hothouse Kids: The Dilemma of the Gifted Child* (New York: Alfred A. Knopf, 2006), 204–5; Ann Hulbert, *Off the Charts: The Hidden Lives and Lessons of American Child Prodigies* (New York: Alfred A. Knopf, 2018), 283, 291.
21. Maynard Solomon, *Mozart: A Life* (New York: Simon & Schuster, 1995), 177–209.
22. 李奧波德寫給莫札特的家書，1778 年 2 月 12 日，參見*The Letters of Mozart and His Family*, edited by Emily Anderson (London: Macmillan, 1985), 478.
23. 出處同上，頁 423。Leopold, letter to Wolfgang, December 18, 1777, in ibid., 423.
24. 出處同上，頁 587。Wolfgang Mozart, letter to Leopold, July 21, 1778, in ibid., 587.
25. Liz Schumer, "Why Mentoring Matters and How to Get Started," *New York Times*, September 30, 2018, https://www.nytimes.com/2018/09/26/smarter-living/why-mentoring-matters-how-to-get-started.html.
26. 引述來源John Richardson, *A Life of Picasso: The Prodigy, 1881–1906* (New York: Alfred A. Knopf, 2007), 45.
27. 道格拉斯・史東，耶魯大學「天才課程」客座演講，2014 年 2 月 2 日。
28. 最初（無法重複）的研究結果發表於 Frances H. Rauscher, Gordon L. Shaw, and Catherine N. Ky, "Music and Spatial Task Performance," *Nature* 365, no. 611 (October 14, 1993).「使你更聰明」的延伸發展，始於一位音樂評論家，參見 Alex Ross in "Listening to Prozac . . . Er, Mozart," *New York Times*, August 28, 1994, https://www.nytimes.com/1994/08/28/arts/classical-view-listening-to-prozac-er-mozart.html.
29. Tamar Levin, "No Einstein in Your Crib? Get a Refund," *New York Times*, October 23, 2009, https://www.nytimes.com/2009/10/24/education/24baby.html.
30. Winner, *Gifted Children*, 280–81.
31. Hulbert, *Off the Charts*, 291. On the "regrets of the prodigy," see Quart, *Hothouse Kids*, 210.

第 4 章

1. 關於當晚的描述，引述來源 Mary Shelley, *History of a Six Weeks' Tour Through a Part of France, Switzerland, Germany and Holland, with Letters . . .* (London: T. Hookham and C. and J. Ollier, 1817), https://archive.org/details/sixweekhistoryof00shelrich/page/98/mode/2up, 99–100. The identification of the day is given in Fiona Sampson, *In Search of Mary Shelley* (New York: Pegasus, 2018), 124.
2. 關於科學怪人及其流行文化，參見 *Frankenstein: How a Monster Became an Icon*, edited by Signey Perkowitz and Eddy von Mueller (New York: Pegasus, 2018).
3. 例如，參見 Kathryn Harkup, *Making the Monster: The Science Behind Mary Shelley's Frankenstein* (London: Bloomsbury, 2018).
4. Mary Shelley, *Frankenstein: Annotated for Scientists, Engineers, and Creators of All Kinds*, edited by David H. Guston,

Ed Finn, and Jason Scott Robert (Cambridge, MA: MIT Press, 2017), 84.
5. 引言轉載於 *Frankenstein*, Romantic Circles, https://www.rc.umd.edu/editions/frankenstein/1831v1/intro.html.
6. 有關《科學怪人》的出版歷史和所受到的評價，參見 Harkup, *Making the Monster*, 253–55.
7. "Harry Potter and Me," BBC Christmas Special, British Version, December 28, 2001, transcribed by "Marvelous Marvolo" and Jimmi Thøgersen, http://www.accio-quote.org/articles/2001 /1201-bbc-hpandme.htm.
8. 出處同上。
9. 例如，參見 Arianna Stassinopoulos Huffington, *Picasso: Maker and Destroyer* (New York: Simon & Schuster, 1988), 379.
10. 引述來源 Ann Hulburt, *Off the Charts: The Hidden Lives and Lessons of American Child Prodigies* (New York: Alfred A. Knopf, 2018), 260.
11. 引述來源 Howard Gardner, *Creating Minds: An Anatomy of Creativity* (New York: Basic Books, 1993), 145.
12. Natasha Staller, "Early Picasso and the Origins of Cubism," *Arts Magazine* 61 (1986): 80–90; Gertrude Stein, *Gertrude Stein on Picasso*, edited by Edward Burns (New York: Liveright, 1970).
13. 引述來源 Françoise Gilot and Carlton Lake, *Life with Picasso* (New York: McGraw-Hill, 1990 [1964]), 113.
14. 引述來源 Max Wertheimer, *Productive Thinking* (New York: Harper & Row, 1959), 213.
15. Albert Einstein, *Autobiographical Notes*, translated and edited by Paul Schlipp (La Salle, IL: Open Court, 1979), 6–7.
16. 出處同上，頁 49。Walter Isaacson, *Einstein: His Life and Universe* (New York: Simon & Schuster, 2007), 26; Peter A. Bucky, *The Private Albert Einstein* (Kansas City, MO: Universal Press, 1992), 26.
17. 引述來源 Isaacson, *Einstein*, 196.
18. J. Robert Oppenheimer, *Robert Oppenheimer: Letters and Recollections*, edited by Alice Kimball Smith and Charles Weiner (Cambridge, MA: Harvard University Press, 1980), 190.
19. Justin Gammill, "10 ACTUAL Quotes from Albert Einstein," October 22, 2015, I Heart Intelligence, https://iheartintelligence.com/2015/10/22/quotes-from-albert-einstein/.
20. Albert Einstein, letter to Otto Juliusburger, September 29, 1942, Albert Einstein Archives, Hebrew University, Jerusalem, folder 38, document 238.
21. J. Randy Taraborelli, *Michael Jackson: The Magic, the Madness, the Whole Story, 1958–2009* (New York: Grand Central Publishing, 2009), 201.
22. Goodreads, https://www.goodreads.com/quotes/130291-the -secret-of-genius-is-to-carry-the-spirit-of.
23. Dann Hazel and Josh Fippen, *A Walt Disney World Resort Outing: The Only Vacation Planning Guide Exclusively for Gay and Lesbian Travelers* (San Jose: Writers Club Press, 2002), 211.
24. "The Birth of a Mouse," referencing Walt Disney's essay "What Mickey Means to Me," Walt Disney Family Museum, November 18, 2012, https://www.waltdisney.org/blog/birth-mouse.
25. Otto Erich Deutsch, *Mozart: A Documentary Biography*, translated by Eric Blom, Peter Branscombe, and Jeremy Noble (Stanford, CA: Stanford University Press, 1965), 462.
26. Mozart, letter to Maria Anna Thekla Mozart, November 5, 1777, in Wolfgang Amadeus Mozart, *The Letters of Mozart and His Family*, edited by Emily Anderson (London: Macmillan, 1985), 358.
27. M. J. Coren, "John Cleese—How to Be Creative," Vimeo, https://vimeo.com/176474304.
28. Frida Kahlo, *The Diary of Frida Kahlo: An Intimate Self-Portrait* (New York: Abrams, 2005), 245–47.
29. Deutsch, *Mozart*, 493.
30. Letter of January 15, 1787, in *Mozart, The Letters of Mozart and His Family*, 904.
31. Jeff Bezos, *First Mover: Jeff Bezos in His Own Words*, edited by Helena Hunt (Chicago: Agate Publishing, 2018), 93.
32. Amihud Gilead, "Neoteny and the Playground of Pure Possibilities," *International Journal of Humanities and Social Sciences* 5, no. 2 (February 2015): 30–39, http://www.ijhssnet.com/journals/Vol_5_No_2_February_2015/4.pdf.
33. Stephen Jay Gould, "A Biological Homage to Mickey Mouse," https://faculty.uca.edu/benw/biol4415/

papers/Mickey.pdf.
34. George Sylvester Viereck, "What Life Means to Einstein," *Saturday Evening Post* (October 26, 1929), http://www.saturdayevening post.com/wp-content/uploads/satevepost/einstein.pdf, 117.
35. Author's translation from Charles Baudelaire, *Le Peintre de la vie moderne* (Paris: FB Editions, 2014 [1863]), 13.

第 5 章

1. Frank A. Mumby and R. S. Rait, *The Girlhood of Queen Elizabeth* (Whitefish, MT: Kessinger, 2006), 69-72.
2. "Queen Elizabeth I of England," Luminarium: Anthology of English Literature, http://www.luminarium.org/renlit/elizlet1544.htm.
3. Elizabeth I, *Elizabeth I: Collected Works*, edited by Leah S. Marcus, Janel Mueller, and Mary Beth Rose (Chicago: University of Chicago Press, 2002), 182.
4. William Camden, *The Historie of the Most Renowned and Victorious Princess Elizabeth, Late Queen of England* (London: Benjamin Fisher, 1630), 6.
5. Elizabeth I, *Elizabeth I: Collected Works*, 332–35. See Folger Library, Washington, D.C., V.a.321, fol. 36, as well as *Modern History Sourcebook: Queen Elizabeth I of England* (b. 1533, r. 1558–1603); Selected Writing and Speeches, https://sourcebooks.fordham.edu/mod/elizabeth1.asp.
6. Susan Engel, *The Hungry Mind: The Origins of Curiosity in Childhood* (Cambridge, MA: Harvard University Press, 2015), 17 and chap. 4.
7. Kenneth Clark, "The Renaissance," in *Civilisation: A Personal View*, 1969, http://www.historyaccess.com/therenaissanceby.html.
8. Drawn from Leonardo's *Codex Atlanticus*, fol. 611, 引述來源 Ian Leslie, *Curious: The Desire to Know and Why Your Future Depends on It* (New York: Basic Books, 2014), 16.
9. Fritjof Capra, *The Science of Leonardo: Inside the Mind of the Great Genius of the Renaissance* (New York: Random House, 2007), 2.
10. Sigmund Freud, *Leonardo da Vinci and a Memory of His Childhood*, edited and translated by Alan Tyson (New York: W. W. Norton, 1964), 85.
11. A list of confirmed left-handed luminaries, and some supposed, is given in Dean Keith Simonton, *Greatness: Who Makes History and Why* (New York: Guilford Press, 1994), 22–24.
12. Sherwin B. Nuland, *Leonardo da Vinci: A Life* (New York: Penguin, 2000), 17.
13. 引述出處同上，頁 18。
14. Amelia Noor, Chew Chee, and Asina Ahmed, "Is There a Gay Advantage in Creativity?" *The International Journal of Psychological Studies* 5, no. 2 (2013), ccsenet.org/journal/index.php/ijps/article/view/24643.
15. Giorgio Vasari, "Life of Leonardo da Vinci," in Vasari, *Lives of the Most Eminent Painters, Sculptors, and Architects*, translated by Lulia Conaway Bondanella and Peter Bondanella (Oxford, UK: Oxford University Press, 1991), 284, 294, 298.
16. Walter Isaacson, *Leonardo da Vinci* (New York: Simon & Schuster, 2017), 397.
17. Leonardo da Vinci, *The Notebooks of Leonardo da Vinci*, edited by Edward MacCurdy (New York: George Braziller, 1939), 166.
18. J. B. Bellhouse and F. H. Bellhouse, "Mechanism of Closure of the Aortic Valve," *Nature* 217 (1968), https://www.nature.com /articles/217086b0, 86–87.
19. Alastair Sooke, "Leonardo da Vinci—The Anatomist," *The Culture Show at Edinburgh*, BBC, December 31, 2013, https://www.youtube.com/watch?v=-J6MdN_fucUu&t=9s.
20. Isaacson, *Leonardo da Vinci*, 412.
21. "Blurring the Lines," *National Geographic* (May 2019): 68–69.
22. 引述來源Marilyn Johnson, "A Life in Books," *Life* (September 1997): 47.

23. 出處同上，頁 53。
24. 出處同上，頁 60。
25. Oprah Winfrey, *Own It: Oprah Winfrey in Her Own Words*, edited by Anjali Becker and Jeanne Engelmann (Chicago: Agate, 2017), 77.
26. Benjamin Franklin, *Benjamin Franklin: The Autobiography and Other Writings*, edited by L. Jesse Lemisch (New York: Penguin, 2014), 15.
27. Richard Bell, "The Genius of Benjamin Franklin," lecture, Northwestern University Law School, Chicago, September 28, 2019.
28. Franklin, *Autobiography*, 18.
29. 引述來源 Bill Gates, *Impatient Optimist: Bill Gates in His Own Words*, edited by Lisa Rogak (Chicago: Agate, 2012), 107.
30. Franklin, *Autobiography*, 112.
31. 大多數主要的原始文獻源於 J. Bernard Cohen, *Benjamin Franklin's Experiments* (Cambridge, MA: Harvard University Press, 1941), 49 ff.
32. *The Papers of Benjamin Franklin*, March 28, 1747, https://franklinpapers.org/framedVolumes.jsp, 3, 115.
33. 出處同上。December 25, 1750, https://franklinpapers.org/framedVolumes.jsp, 4, 82–83.
34. Peter Dray, *Stealing God's Thunder* (New York: Random House, 2005), 97.
35. Franklin, letter to Jonathan Shipley, February 24, 1786, in Franklin, *Autobiography*, 290.
36. Nikola Tesla, *My Inventions: An Autobiography*, edited by David Major (San Bernardino, CA: Philovox, 2013), 15.
37. 從特斯拉的閱讀內容推斷出這是他在 1899 年初期在曼哈頓下城休斯頓街 46-48 號實驗室拍攝的照片。
38. W. Bernard Carlson, *Tesla: Inventor of the Electrical Age* (Princeton, NJ: Princeton University Press, 2013), 191.
39. 出處同上，頁 282。
40. 兩段引述出處源於Ashlee Vance, *Elon Musk: Tesla, SpaceX, and the Quest for a Fantastic Future* (New York: HarperCollins, 2015), 33.
41. shazmosushi, "Elon Musk Profiled: Bloomberg Risk Takers," January 3, 2013, YouTube, https://www.youtube.com/watch?v=CTJt547--AM, at 4:02.
42. 出處同上，在 17:00 處。
43. Engel, *The Hungry Mind*, 33, 38.
44. Mary-Catherine McClain and Steven Pfeiffer, "Identification of Gifted Students in the United States Today: A Look at State Definitions, Policies, and Practices," *Journal of Applied School Psychology* 28, no. 1 (2012): 59–88, https://eric.ed.gov/?id=EJ956579.
45. "Eleanor Roosevelt: Curiosity Is the Greatest Gift," Big Think, December 23, 2014, quoting *Today's Health* (October 1966), https://bigthink.com/words-of-wisdom/eleanor-roosevelt-curiosity-is-the-greatest-gift.
46. Scott Kaufman, "Schools Are Missing What Matters About Learning," *The Atlantic* (July 24, 2017), https://www.theatlantic.com/education/archive/2017/07/the-underrated-gift-of-curiosity/534573/.
47. Henry Blodget, "I Asked Jeff Bezos the Tough Questions—No Profits, the Book Controversies, the Phone Flop—and He Showed Why Amazon Is Such a Huge Success," Business Insider, December 13, 2014, https://www.businessinsider.com/amazons-jeff-bezos-on-profits-failure-succession-big-bets-2014-12.
48. 例如，參見 Engel, *The Hungry Mind*, 17–18; Amihud Gilead, "Neoteny and the Playground of Pure Possibilities," *International Journal of Humanities and Social Sciences* 5, no. 2 (February 2015): 30–33, http://www.ijhssnet.com/journals/Vol_5_No_2_February_2015/4.pdf; and Cameron J. Camp, James R. Rodrigue, and Kenneth R. Olson, "Curiosity in Young, Middle-Aged, and Older Adults," *Educational Gerontology* 10, no. 5 (1984): 387–400, https://www.tandfonline.com/doi/abs/10.1080/0380127840100504?journalCode=uedg20.
49. Albert Einstein, letter to Cal Seelig, March 11, 1952, 引述來源 Einstein, *The New Quotable Einstein*, edited by Alice Calaprice (Princeton, NJ: Princeton University Press, 2005), 14.
50. Albert Einstein, *Autobiographical Notes*, edited and translated by Paul Schlipp (La Salle, IL: Open Court, 1979), 9.
51. 引述來源 Walter Isaacson, *Einstein: His Life and Universe* (New York: Simon & Schuster, 2007), 18.

52. Max Talmey, *The Relativity Theory Simplified and the Formative Period of Its Inventor* (New York: Falcon Press, 1932), 164.
53. Einstein, *Autobiographical Notes*, 17
54. Albert Einstein, *Ideas and Opinions*, edited by Cal Seelig (New York: Random House, 1982), 63.
55. 感謝拉丁文學家提姆·羅賓遜（Tim Robinson）幫助我正確寫出這個拉丁文短句。
56. "Self-education Is the Only Kind of Education There Is," Quote Investigator, https://quoteinvestigator.com/2016/07/07/self-education/.

第 6 章

1. Vincent van Gogh, letter to Theo, Cuesmes, July 1880, http://www.webexhibits.org/vangogh/letter/8/133.htm.
2. Alan C. Elms, "Apocryphal Freud: Sigmund Freud's Most Famous Quotations and Their Actual Sources," in *Annual of Psychoanalysis* 29 (2001): 83–104, https://elms.faculty.ucdavis.edu/wp-content/uploads/sites/98/2014/07/20011Apocryphal-Freud-July-17-2000.pdf.
3. Jon Interviews, "Gabe Polsky Talks About 'In Search of Greatness,'" October 26, 2018, https://www.youtube.com/watch?v=fP8baSEK7HY, at 14:16.
4. Jean F. Mercier, "Shel Silverstein," *Publishers Weekly* (February 24, 1975), http://shelsilverstein.tripod.com/ShelPW.html.
5. Andrew Robinson, *Sudden Genius?: The Gradual Path to Creative Breakthroughs* (Oxford, UK: Oxford University Press, 2010), 164.
6. Marie Curie, "Autobiographical Notes," in Curie, *Pierre Curie*, translated by Charlotte and Vernon Kellogg (New York: Dover, 2012 [1923]), 84.
7. 出處同上，頁 92。
8. Eve Curie, *Madame Curie: A Biography by Eve Curie*, translated by Vincent Sheean (New York: Dover, 2001 [1937]), 157.
9. 此處之引述來源 Marie Curie, "Autobiographical Notes," 92.
10. Eve Curie, *Madame Curie*, 174.
11. Curie, "Autobiographical Notes," 92.
12. https://www.quotetab.com/quote/by-frida-kahlo/passion-is-the-bridge-that-takes-you-from-pain-to-change#GOQJ7pxSyyEPUTYw.97. I have been unable to identify the original source.
13. John Stuart Mill, *Autobiography* (New York: H. Holt, 1873), chap. 5, paraphrased in Eric Weiner, *The Geography of Bliss* (New York: Hachette, 2008), 74.
14. Arthur Schopenhauer, *The World as Will and Idea*, translated by R. B. Haldane and J. Kemp (London: Kegan Paul, 1909), vol. 1, http://www.gutenberg.org/files/38427/38427-h/38427-h.html#pglicense, 240.
15. Harriet Reisen, *Louisa May Alcott: The Woman Behind Little Women* (New York: Henry Holt, 2009), 216.
16. Louisa May Alcott, *Little Women*, pt. 2, chap. 27, http://www.literaturepage.com/read/littlewomen-296.html.
17. Mason Currey, *Daily Rituals: Women at Work* (New York: Knopf, 2019), 52.
18. John Maynard Keynes, "Newton, the Man," July 1946, http://www-groups.dcs.st-and.ac.uk/history/Extras/Keynes_Newton.html.
19. 牛頓的僕人漢弗萊·牛頓（Humphrey Newton）轉述的這類軼事，被保存於劍橋大學國王學院圖書館 Keynes MS 135, and redacted at "The Newton Project," http://www.newtonproject.ox.ac.uk/view/texts/normalized/THEM00033.
20. 參見 "Newton Beats Einstein in Polls of Scientists and Public," The Royal Society, November 23, 2005, https://royalsociety.org/news/2012/newton-einstein/.
21. "Newton's Dark Secrets," *Nova*, PBS, https://www.youtube.com/watch?v=sdmhPfGo3fE&t=105s.

22. John Henry, "Newton, Matter, and Magic," in *Let Newton Be!: A New Perspective on his Life and Works*, edited by John Fauvel, Raymond Flood, Michael Shortland, and Robin Wilson (Oxford, UK: Oxford University Press, 1988), 142.
23. Jan Golinski, "The Secret Life of an Alchemist," in *Let Newton Be*, 147–67.
24. Isaac Newton, letter to John Locke, July 7, 1692, in *The Correspondence of Isaac Newton*, vol. 3, edited by H. W. Turnbull (Cambridge, UK: Cambridge University Press, 1961), 215.
25. 參見 Thomas Levenson, *Newton and the Counterfeiter: The Unknown Detective Career of the World's Greatest Scientist* (Boston: Houghton Mifflin Harcourt, 2009), 223–32.
26. 轉述來源 James Gleick, *Isaac Newton* (New York: Random House, 2003), 190.
27. Charles Darwin, *The Autobiography of Charles Darwin*, edited by Nora Barlow (New York: W. W. Norton, 2005), 53.
28. Janet Browne, *Charles Darwin: Voyaging* (Princeton, NJ: Princeton University Press, 1995), 102.
29. Darwin, *Autobiography*, 53
30. Browne, *Charles Darwin*, 88–116.
31. American Museum of Natural History, Twitter, February 12, 2018, https://twitter.com/AMNH/status/963159916792963073.
32. Darwin, *Autobiography*, 115.
33. Abigail Elise, "Orson Welles Quotes: 10 of the Filmmaker's Funniest and Best Sayings," International Business Times, May 6, 2015, https://www.ibtimes.com/orson-welles-quotes-10-filmmakers-funniest-best-sayings-1910921.
34. *Harper's Magazine* (September 1932), cited in Thomas Alva Edison, *The Quotable Edison*, edited by Michele Albion (Gainesville: University Press of Florida, 2011), 82.
35. Randall Stross, *The Wizard of Menlo Park: How Thomas Alva Edison Invented the Modern World* (New York: Random House, 2007), 66.
36. 出處同上，頁 229。另請參見 "Edison at 75 Still a Two-Shift Man," *New York Times*, February 12, 1922, https://www.nytimes.com/1922/02/12/archives/edison-at-75-still-a-twoshift-man-submits-to-birthday-questionnaire.html.
37. "Mr. Edison's Use of Electricity," *New York Tribune*, September 28, 1878, Thomas A. Edison Papers, Rutgers University, http://edison.rutgers.edu/digital.htm, SB032142a.
38. *Ladies' Home Journal* (April 1898), 引述來源 Edison, *The Quotable Edison*, 101.
39. "I Have Gotten a Lot of Results. I Know of Several Thousand Things that Won't Work," Quote Investigator, July 31, 2012, https://quoteinvestigator.com/2012/07/31/edison-lot-results/.
40. Jim Clash, "Elon Musk Interview," AskMen, 2014, https://www.askmen.com/entertainment/right-stuff/elon-musk-interview-4.html.
41. Dana Gioia, "Work, for the Night Is Coming," *Los Angeles Times*, January 23, 1994, https://www.latimes.com/archives/la-xpm-1994-01-23-bk-14382-story.html.

第 7 章

1. 最近發現一封信法國當地主治醫生費利克斯・雷伊（Félix Rey）的信中顯示梵谷耳朵割掉了整個部份，相關發現的討論，參見 Bernadette Murphy, *Van Gogh's Ear* (New York: Farrar, Straus, Giroux 2016), Chapter 14.
2. 柏拉圖討論了四種不同類型的瘋狂，參見 *Phaedrus* (c. 360 b . c .), translated by Benjamin Jowett, The Internet Classics Archive, http://classics.mit.edu/Plato/phaedrus.html.
3. Aristotle, *Problems: Books 32–38*, translated by W. S. Hett and H. Rackham (Cambridge, MA: Harvard University Press, 1936), problem 30.1.
4. John Dryden, "Absalom and Achitophel," Poetry Foundation, https://www.poetryfoundation.org/poems/44172/absalom-and-achitophel.

5. Edgar Allan Poe, "Eleonora," 引述來源 Scott Barry Kaufman and Carolyn Gregoire, *Wired to Create: Unraveling the Mysteries of the Creative Mind* (New York: Random House, 2016), 36.
6. "Quotes from Alice in Wonderland—by Lewis Caroll," Book Edition, January 31, 2013, https://booksedition.wordpress.com/2013/01/31/quotes-from-alice-in-wonderland-by-lewis-caroll/.
7. "Live at the Roxy," HBO (1978), https://www.youtube.com/watch?v=aTRtH1uJh0g.
8. Cesare Lombroso, *The Man of Genius*, 3rd ed. (London: Walter Scott, 1895), 66–99.
9. Kay R. Jamison, *Touched with Fire: Manic-Depressive Illness and the Artistic Temperament* (New York: Simon & Schuster, 1993), esp. chap. 3, "Could It Be Madness—This?" 另請參見 Nancy C. Andreasen, "Creativity and Mental Illness: Prevalence Rates in Writers and Their First-Degree Relatives," *American Journal of Psychiatry* 144 (1987): 1288–92, as well as Andreasen's *The Creating Brain: The Neuroscience of Genius* (New York: Dana Press, 2005), esp. chap. 4, "Genius and Insanity."
10. Kay Redfield Jamison, "Mood Disorders and Patterns of Creativity in British Writers and Artists," *Psychiatry* 52, no. 2 (1989): 125–34; Jamison, *Touched with Fire*, 72–73.
11. François Martin Mai, "Illness and Creativity," in *Diagnosing Genius: The Life and Death of Beethoven* (Montreal: McGill-Queens University Press, 2007), 187; Andrew Robinson, *Sudden Genius? The Gradual Path to Creative Breakthroughs* (Oxford: Oxford University Press, 2010), 58-61; Jamison, *Touched with Fired*, 58-75.
12. 引述來源 Christopher Zara, *Tortured Artists: From Picasso and Monroe to Warhol and Winehouse, the Twisted Secrets of the World's Most Creative Minds* (Avon, MA: Adams Media, 2012).
13. Roger Dobson, "Creative Minds: The Links between Mental Illness and Creativity," LewRockwell.com , May 22, 2009, https://www.lewrockwell.com/2009/05/roger-dobson/creative-minds-the-links-between-mentalillness-andcreativity/.
14. M. Schneider, "Great Minds in Economics: An Interview with John Nash," *Yale Economic Review* 4, no. 2 (Summer 2008): 26-31, http://www.markschneideresi.com/articles/Nash_Interview.pdf.
15. Sylvia Nasar, *A Beautiful Mind* (New York: Simon & Schuster, 2011), back cover.
16. 例如，參見Anna Greuner, "Vincent van Gogh's Yellow Vision," *British Journal of General Practice* 63, no. 612 (July 2013): 370–71, https://bjgp.org/content/63/612/370.
17. Derek Fell, *Van Gogh's Women: Vincent's Love Affairs and Journey into Madness* (New York: Da Capo Press, 2004), 242–43, 248.
18. Vincent van Gogh, letter to Theo, January 28, 1889, Vincent van Gogh: The Letters, http://vangoghletters.org/vg/letters/let743/letter.html.
19. 參見 Alastair Sooke, "The Mystery of Van Gogh's Madness," BBC, July 25, 2016, https://www.youtube.com/watch?v=AgMBRQLhgFE.
20. 例如，參見梵谷於 1886 年 1 月 28 日寫給西奧的信件中段：http://vangoghletters.org/vg/letters/let555/letter.html.
21. 例如，參見 Marije Vellekoop, *Van Gogh at Work* (New Haven: Yale University Press, 2013); and Nina Siegal, "Van Gogh's True Palette Revealed," *New York Times,* April 30, 2013, https://www.nytimes.com/2013/04/30/arts/30iht-vangogh30.html.
22. Vincent van Gogh, letter to Theo, July 1, 1882, Vincent van Gogh: The Letters, http://vangoghletters.org/vg/letters/let241/letter.html.
23. Vincent van Gogh, letter to Theo, July 6, 1882, Vincent van Gogh: The Letters, http://vangoghletters.org/vg/letters/let244/letter.html.
24. Vincent van Gogh, letter to Theo, July 22, 1883, Vincent van Gogh: The Letters, http://vangoghletters.org/vg/letters/let364/letter.html.
25. Gordon Claridge, "Creativity and Madness: Clues from Modern Psychiatric Diagnosis," in *Genius and the Mind*, edited by Andrew Steptoe (Oxford, UK: Oxford University Press, 1998), 238–40.
26. 引述來源 Thomas C. Caramagno, *The Flight of the Mind: Virginia Woolf's Art and Manic-Depressive Illness* (Berkeley: University of California Press, 1991), 48.
27. Leonard Woolf, *Beginning Again: An Autobiography of the Years 1911 to 1918* (Orlando, FL: Harcourt Brace

Jovanovich, 1963), 79.
28. Caramagno, *Flight of the Mind,* 75.
29. Virginia Woolf, *Virginia Woolf: Women and Writing*, edited by Michèle Barrett (Orlando, FL: Harcourt Brace Jovanovich, 1979), 58–60.
30. Virginia Woolf, Virginia Woolf: Women and Writing, edited by Michèle Barrett (Orlando, FL: Harcourt Brace Jovanovich, 1979), 58–60.
31. *The Diary of Virginia Woolf*, vol. 4: 1931–35, edited by Anne Olivier Bell (San Diego: Harcourt Brace & Company, 1982), 161.
32. Yayoi Kusama, *Infinity Net: The Autobiography of Yayoi Kusama* (London: Tate Publishing, 2011), 205.
33. 出處同上，頁 57、191。
34. 出處同上，頁 20。
35. Natalie Frank, “Does Yayoi Kusama Have a Mental Disorder?,” Quora, January 29, 2016, https://www.quora.com/Does-Yayoi-Kusama-have-a-mental-disorder.
36. Kusama, *Infinity Net*, 66.
37. Vincent van Gogh, letter to Theo, July 8 or 9, 1888, Vincent van Gogh: The Letters, http://vangoghletters.org/vg/letters /let637. Woolf: Woolf, The Diary of Virginia Woolf, vol. 3, 287. Kusama: Natalie Frank, “Does Yayoi Kusama Have a Mental Disorder?” Picasso: quoted in Jack Flam, Matisse and Picasso (Cambridge, MA: Westview Press, 2003), 34; Sexton: Kaufman and Gregoire, Wired to Create, 150. Churchill: quoted in his 1921 essay “Painting as a Pastime.” Graham: quoted in her Blood Memory: An Autobiography (New York: Doubleday, 1991). Lowell: Patricia Bosworth, “A Poet's Pathologies: Inside Robert Lowell's Restless Mind,” New York Times, March 1, 2017. Close: Society for Neuroscience, “My Life as a Rolling Neurological Clinic,” Dialogues between Neuroscience and Society, New Orleans, October 17, 2012, YouTube, https://www.youtube.com /watch?v=qWadil0W5GU, at 11:35. Winehouse: interview with Spin (2007), quoted in Zara, Tortured Artists, 200.
38. Ludwig van Beethoven, “Heiligenstadt Testament,” October 6, 1802, in Maynard Solomon, Beethoven, 2nd rev. ed. (New York: Schirmer Books, 1998), 152; 另請參見 see also 144 for a facsimile of the document.
39. 作者翻譯自 Paul Scudo, “Une Sonate de Beethoven,” Revue des Deux Mondes, new series 15, no. 8 (1850): 94.
40. Mai, Diagnosing Genius; D. Jablow Hershman and Julian Lieb, “Beethoven,” in The Key to Genius: Manic-Depression and the Creative Life (Buffalo, NY: Prometheus Books, 1988), 59–92; Solomon, Beethoven, see index under “mood swings” and “alcohol excesses”; Leon Plantinga, author of Beethoven's Concertos: History, Style, Performance (1999), conversations with the author, March 7, 2017.
41. Beethoven, letter to Franz Wegeler, June 29, 1801, reproduced in Ludwig van Beethoven, Beethoven: Letters, Journals and Conversations, edited and translated by Michael Hamburger (Garden City, NY: Doubleday, 1960), 24.
42. Solomon, Beethoven, 158.
43. 2019 年 12 月 11 日，貝多芬學者萊昂・普蘭丁加（Leon Plantinga）在一次私人談話中，向我強調這一點。
44. Solomon, Beethoven, 161.
45. I owe my awareness of this issue to the kindness of Professor Caroline Robertson of Dartmouth College.
46. Caroline Robertson, “Creativity in the Brain: The Neurobiology of Autism and Prosopagnosia,” lecture, Yale University, March 4, 2015.
47. Close, “My Life as a Rolling Neurological Clinic,” at 46:00. 另請參見 Eric Kandel, The Disordered Mind: What Unusual Brains Tell Us About Ourselves (New York: Farrar, Straus and Giroux, 2018), 131.
48. Close, “My Life as a Rolling Neurological Clinic,” at 28:20.
49. 自閉症學者症候群相關議題之概述，參見 Joseph Straus, “Idiots Savants, Retarded Savants, Talented Aments, Mono-Savants, Autistic Savants, Just Plain Savants, People with Savant Syndrome, and Autistic People Who Are Good at Things: A View from Disability Studies,” in Disability Studies Quarterly 34, no. 3 (2014),

http://dsq-sds.org/article/view/3407/3640.

50. Oliver Sacks, The River of Consciousness (New York: Alfred A. Knopf, 2019), 142. 另請參見 Oliver Sacks, An Anthropologist on Mars: Seven Paradoxical Tales (New York: Vintage, 1995), 197–206; Kandel, The Disordered Mind, 152; Eric Kandel, The Age of Insight: The Quest to Understand the Unconscious in Art, Mind, and Brain, from Vienna 1900 to the Present (New York: Random House, 2012), 492–94.
51. Hans Asperger, " 'Autistic Psychopathy' in Childhood," in Autism and Asperger Syndrome, edited by Ute Firth (Cambridge, UK: Cambridge University Press, 1991), 37–92. On this topic generally, see Ioan James, Asperger's Syndrome and High Achievement: Some Very Remarkable People (London: Jessica Kingsley, 2006), and Michael Fitzgerald, Autism and Creativity: Is There a Link Between Autism in Men and Exceptional Ability? (London: Routledge, 2004).
52. Many Things, Robin Williams: Live on Broadway, HBO, 2002, YouTube, www.youtube.com/watch?v=FS376sohiXc.
53. James Lipton, interview with Robin Williams, Inside the Actors Studio: 2001, www.dailymotion.com/video/x64ojf8.
54. Zoë Kessler, "Robin Williams' Death Shocking? Yes and No," PsychCentral, August 28, 2014, https://blogs.psychcentral.com /adhd-zoe/2014/08/robin-williams-death-shocking-yes-and-no/.
55. Dave Itzkoff, Robin (New York: Henry Holt, 2018), 41.
56. 例如，參見 Johanna-khristina, "Celebrities with a History of ADHD or ADD," IMDb, March 27, 2012, https://www.imdb.com/list /ls004079795/; Kessler, "Robin Williams' Death Shocking?"
57. Leonard Mlodinow, "In Praise of A.D.H.D," New York Times, March 17, 2018, https://www.nytimes.com/2018/03/17/opinion /sunday/praise-adhd-attention-hyperactivity.html; Scott Kaufman, "The Creative Gifts of ADHD," Scientific American (October 21, 2014), blogs.scientificamerican.com/beautiful-minds/2014/10/21 /the-creative-gifts-of-adhd.
58. A. Golimstok, J. I. Rojas, M. Romano, et al., "Previous Adult Attention-Deficit and Hyperactivity Disorder Symptoms and Risk of Dementia with Lewy Bodies: A Case-Control Study," European Journal of Neurology 18, no. 1 (January 2011): 78–84, https://www.ncbi.nlm.nih.gov/pubmed/20491888. 另請參見 Susan Schneider Williams, "The Terrorist Inside My Husband's Brain," Neurology 87 (2016): 1308–11, https://demystifyingmedicine.od .nih.gov/DM19/m04d30/reading02.pdf.
59. Jamison, Touched with Fire, 43.
60. Lisa Powell, "10 Things You Should Know About Jonathan Winters, the Area's Beloved Comic Genius," Springfield News-Sun, November 10, 2018, https://www.springfieldnewssun.com/news/local/things-you-should-know-about-jonathan-winters-the-area-beloved-comedic-genius/Dp5hazcCY9z2sBpVDfaQGI/.
61. 引述來源 Dick Cavett, "Falling Stars," in Time: Robin Williams (November 2014): 28–30.
62. Robin Williams: Live on Broadway, 2002, YouTube, www.you tube.com/watch?v=FS376sohiXc.
63. YouTube Movies, *Robin Williams: Come Inside My Mind*, HBO, January 20, 2019, YouTube, https://www.youtube.com/watch ?v=6xrZBgP6NZo, at 1:08 and 1:53.
64. "The Hawking Paradox," Horizon, BBC, 2005, https://www.dailymotion.com/video/x226awj, at 10:35.
65. Simon Baron-Cohen, 引述來源 Lizzie Buchen, "Scientists and Autism: When Geeks Meet," Nature (November 2, 2011), https://www.nature.com/news/2011/111102/full/479025a.html; Judith Gould, 引述來源 Vanessa Thorpe, "Was Autism the Secret of Warhol's Art?," Guardian, March 13, 1999, https://www.theguardian.com/uk/1999/mar/14/vanessathorpe.theobserver.
66. 這是蘇格蘭精神科醫生 J.D.Ling 提出的問題，參見 Bob Mullan, *Mad to Be Normal: Conversations with J. D. Laing* (London: Free Association Books, 1995).
67. Martin Luther King, Jr. 於 1966 年 5 月 18 日在佛羅里達州好萊塢的一神論普遍主義者協會大會上的演講，主題為："1966 Ware Lecture: Don't Sleep Through the Revolution"；https://www.uua.org/ga/past/1966/ware。
68. Motoko Rich, "Yayoi Kusama, Queen of Polka Dots, Opens Museum in Tokyo," New York Times, September 26, 2017, https://www.nytimes.com/2017/09/26/arts/design/yayoi-kusama-queen-of-polka-dots-museum-tokyo.html?mcubz=3&_r=0..

69. Itzkoff, Robin, 221–22.
70. Lewina O. Lee, Peter James, Emily S. Zevon, et al., "Optimism Is Associated with Exceptional Longevity in 2 Epidemiologic Cohorts of Men and Women," Proceedings of the National Academy of Sciences of the United States of America 116, no. 37 (August 26, 2019): 18357–62, https://www.pnas.org/content/116/37/18357.
71. "New Evidence That Optimists Live Longer," Harvard T. H. Chan School of Public Health, August 27, 2019, https://www.hsph.harvard.edu/news/features/new-evidence-that-optimists -live-longer/?utm_source=SilverpopMailing&utm_medium=email&utm_campaign=Daily%20Gazette%2020190830 (2)%20(1).
72. Catherine Clifford, "This Favorite Saying of Mark Zuckerberg Reveals the Way the Facebook Billionaire Thinks About Life," CNBC Make It, November 30, 2017, https://cnbc/207/11/30/why-facebook-ceo-mark-zuckerberg-thinks-the-optimists-are-successful.html.

第 8 章

1. John Waller, *Einstein's Luck: The Truth Behind Some of the Greatest Scientific Discoveries* (Oxford, UK: Oxford University Press, 2002), 161.
2. David Wootton, *Galileo: Watcher of the Skies* (New Haven, CT: Yale University Press, 2010), 259.
3. Dennis Overbye, "Peering into Light's Graveyard: The First Image of a Black Hole," *New York Times*, April 11, 2019, https://www.nytimes.com/2019/04/10/science/black-hole-picture.html.
4. Jonathan Swift, *Essay on the Fates of Clergymen*, Forbes Quotes, https://www.forbes.com/quotes/5566/.
5. 關於這一點的最新研究概要，參見 Jennifer S. Mueller, Shimul Melwani, and Jack A. Goncalo, "The Bias Against Creativity: Why People Desire but Reject Creative Ideas," *Psychological Science* 23, no. 1 (November 2011): 13–17, https://digitalcommons.ilr.cornell.edu/cgi/viewcontent.cgi?article=1457&context=articles.
6. Erik L. Wesby and V. L. Dawson, "Creativity: Asset or Burden in the Classroom?," *Creativity Research Journal* 8, no. 1 (1995): 1–10, https://www.tandfonline.com/doi/abs/10.1207/s15326934crj0801_1.
7. Amanda Ripley, "Gifted and Talented and Complicated," New York Times, January 17, 2018, https://www.nytimes.com/2018/01/17/books/review/off-the-charts-ann-hulbert.html.
8. Wootton, *Galileo*, 218
9. 出處同上，頁 145-47。
10. 出處同上，頁 222-23。
11. 英文翻譯版本，參見 Eric Metaxas, *Martin Luther: The Man Who Rediscovered God and Changed the World* (New York: Viking, 2017), 115–22.
12. Metaxas, *Luther*, 104.
13. 關於路德逃離奧格斯堡和沃爾姆斯議會相關資訊，出處同上，頁 231-36。
14. 出處同上，頁 113。
15. Martin Luther, *Luther's Works*, vol. 32, edited by George W. Forell (Philadelphia and St. Louis: Concordia Publishing House, 1957), 113.
16. 關於達爾文及其顛覆上帝的論點，參見 Janet Browne, *Charles Darwin: Voyaging* (Princeton, NJ: Princeton University Press, 1995), 324–27.
17. 引述來源 Walter Isaacson, *Albert Einstein: His Life and Universe* (New York: Simon & Schuster, 2007), 527.
18. Steve Jobs, *I, Steve: Steve Jobs in His Own Words*, edited by George Beahm (Chicago: Agate, 2012), 75.
19. 藝術頻道，安迪沃荷紀錄片，由里克・伯恩斯（Ric Burns）執導：PBS, 2006, YouTube, https://www.youtube.com/watch?v=r47Nk4o08pI&t=5904s.
20. Bob Colacello, *Holy Terror: Andy Warhol Close Up*, 2nd ed. (New York: Random House, 2014), xxiv.
21. 出處同上，頁 xiii。
22. 引述來源 Cameron M. Ford and Dennis A. Gioia, eds., *Creative Action in Organizations: Ivory Tower Visions and Real*

World Voices (Thousand Oaks, CA: Sage Publications, 1995), 162.

23. Ryan Riddle, "Steve Jobs and NeXT: You've Got to Be Willing to Crash and Burn," Zurb, February 10, 2012, https://zurb.com/blog/steve-jobs-and-next-you-ve-got-to-be-will.
24. 早在 1869 年，莎拉．霍普金斯．萊福德（Sarah Hopkins Bradford）就出版了一本哈莉特．塔布曼的傳記（*Scenes in the Life of Harriet Tubman*）。近期的學術傳記，參見 Kate Clifford Larson, *Bound for the Promised Land: Harriet Tubman: Portrait of an American Hero* (New York: Random House, 2004).
25. 訃告內容參見 Becket Adams, "103 Years Later, Harriet Tubman Gets Her Due from the New York Times," *Washington Examiner* (April 20, 2016), https://www.washingtonexaminer.com/103-years-later-harriet-tubman-gets-her-due-from-the-new-york-times.
26. 參見Jennifer Schuessler, Binyamin Appelbaum, and Wesley Morris, "Tubman's In. Jackson's Out. What's It Mean?," *New York Times*, April 20, 2016, https://www.nytimes.com/2016/04/21/arts/design/tubmans-in-jacksons-out-whats-it-mean.html?mtrref=query.nytimes.com.
27. Will Ellsworth-Jones, *Banksy: The Man Behind the Wall* (New York: St. Martin's Press, 2012), 14–16; Banksy, *Wall and Piece* (London: Random House, 2005), 178–79.
28. Hermione Sylvester and Ashleigh Kane, "Five of Banksy's Most Infamous Pranks," Dazed, October 9, 2018, https://www.dazed digital.com/art-photography/article/41743/1/banksy-girl-with-balloon-painting-pranks-sotherbys-london.
29. Christina Burrus, "The Life of Frida Kahlo," in *Frida Kahlo*, edited by Emma Dexter and Tanya Barson (London: Tate, 2005), 200–201.
30. Andrea Kettenmann, *Kahlo* (Cologne: Taschen, 2016), 85.
31. Christina Burrus, *Frida Kahlo: I Paint My Reality* (London: Thames and Hudson, 2008), 206.
32. Frida Kahlo, *Pocket Frida Kahlo Wisdom* (London: Hardie Grant, 2018), 78.
33. Nikki Martinez, "90 Frida Kahlo Quotes for Strength and Inspiration," Everyday Power, https://everydaypower.com/frida-kahlo-quotes/.
34. Oprah Winfrey, *Own It: Oprah Winfrey in Her Own Words*, edited by Anjali Becker and Jeanne Engelmann (Chicago: Agate, 2017), 35.
35. Randall Stross, *The Wizard of Menlo Park: How Thomas Alva Edison Invented the Modern World* (New York: Random House, 2007), 28.
36. "Edison's New Phonograph," *Scientific American* (October 29, 1887), 273; reproduced in Thomas Edison, *The Quotable Edison*, edited by Michele Wehrwein Albion (Gainesville: University of Florida Press, 2011), 7.
37. Rich Winley, "Entrepreneurs: 5 Things We Can Learn from Elon Musk," *Forbes* (October 8, 2015), https://www.forbes.com/sites/richwinley/2015/10/08/entrepreneurs-5-things-we-can-learn-from-elon-musk/#24b3688c4098.
38. Jeff Bezos, "Read Jeff Bezos's 2018 Letter to Amazon Shareholders," *Entrepreneur* (April 11, 2019), https://www.entrepreneur.com/article/332101.
39. Jobs, *I Steve*, 63.
40. J. K. Rowling, *Very Good Lives: The Fringe Benefits of Failure and the Importance of Imagination* (New York: Little, Brown, 2015), 9.
41. 出處同上，頁 32、37。
42. Sean Smith, *J. K. Rowling: A Biography: The Genius Behind Harry Potter* (London: Michael O'Mara Books, 2001), 122.
43. Alex Carter, "17 Famous Authors and Their Rejections," Mental Floss, May 16, 2017, http://mentalfloss.com/article/91169/16-famous-authors-and-their-rejections.
44. 同學維克多·哈格曼（Victor Hageman）的相關見證，參見 Louis Pierard, *La Vie tragique de Vincent van Gogh* (Paris: Correa & Cie, 1939), 155–59, http://www.webexhibits.org/vangogh/data/letters/16/etc-458a.htm.
45. 例如，參見 Andrea Petersen, "The Overprotected American Child," *Wall Street Journal*, June 2–3, 2018, https://www.wsj.com/articles/the-overprotected-american-child-1527865038.
46. 根據美國大學健康協會（American College Health Association）針對大學生的調查，有 21.6% 的學生回報曾在 2017 年被診斷出患有焦慮症或接受過治療，高於 2008 年所調查的 10.4%。出處同上。

47. Christopher Ingraham, "There Has Never Been a Safer Time to Be a Kid in America," *Washington Post*, April 14, 2015, https://www.washingtonpost.com/news/wonk/wp/2015/04/14/theres-never-been-a-safer-time-to-be-a-kid-in-america/; "Homicide Trends in the United States, 1980–2008," U.S. Department of Justice, November 2011, https://www.bjs.gov/content/pub/pdf/htus8008.pdf; Swapna Venugopal Ramaswamy, "Schools Take on Helicopter Parenting with Free-Range Program Taken from 'World's Worst Mom,'" *Rockland/Westchester Journal News*, September 4, 2018, https://www.usatoday.com/story/life/allthemoms/2018/09/04/schools-adopt-let-grow-free-range-program-combat-helicopter-parenting/1191482002/.
48. Libby Copeland, "The Criminalization of Parenthood," *New York Times*, August 26, 2018, https://www.nytimes.com/2018/08/22 /books/review/small-animals-kim-brooks.html.
49. Nim Tottenham, Mor Shapiro, Jessica Flannery, et al., "Parental Presence Switches Avoidance to Attraction Learning in Children," *Nature Human Behaviour* 3, no. 7 (2019): 1070–77.
50. 參見Hanna Rosin, "The Overprotected Kid," The Atlantic (April 2014), https://www.theatlantic.com/magazine/archive/2014/04/hey-parents-leave-those-kids-alone/358631/.

第 9 章

1. Samuel Johnson, *The Works of Samuel Johnson*, vol. 2, edited by Arthur Murray (New York: Oxford University Press, 1842), 3.
2. Leonardo da Vinci, *A Treatise on Painting*, translated by John Francis Rigaud (London: George Bell, 2005 [1887]), 10.
3. Albert Einstein, letter to David Hilbert, November 12, 1915, 引述來源 Walter Isaacson, *Einstein: His Life and Universe* (New York: Simon & Schuster, 2007), 217.
4. Carl Swanson and Katie Van Syckle, "Lady Gaga: The Young Artist Award Is the Most Meaningful of Her Life," *New York* (October 20, 2015), http://www.vulture.com/2015/10/read-lady-gagas-speech-about-art.html.
5. 取自 *Entertainment Weekly* 之訪談，引述來源 Helia Phoenix, *Lady Gaga: Just Dance: The Biography* (London: Orion, 2010), 19.
6. Kevin Zimmerman, "Lady Gaga Delivers Dynamic Dance-Pop," BMI, December 10, 2008, https://www.bmi.com/news/entry/lady_gaga_delivers_dynamic_dance_pop.
7. Jessica Iredale, "Lady Gaga: 'I'm Every Icon,'" *WWD*, July 28, 2013, https://wwd.com/eye/other/lady-gaga-im-every-icon-7068388/.
8. Benjamin Franklin, "Proposals Relating to the Education of Youth in Pennsylvania," September 13, 1749, reprinted in Franklin, *The Papers of Benjamin Franklin*, vol. 3, 404, https://franklinpapers.org/framedVolumes.jsp. What follows is drawn from this source, 401–17. 另請參見 Franklin's earlier broadside "A Proposal for Promoting Useful Knowledge," May 14, 1743.
9. C. Custer, "Jack Ma: 'What I Told My Son About Education,'" Tech in Asia, May 13, 2015, https://www.techinasia.com/jack-ma-what-told-son-education.
10. Abby Jackson, "Cuban: Don't Go to School for Finance—Liberal Arts Is the Future," Business Insider, February 17, 2017, https://www.businessinsider.com/mark-cuban-liberal-arts-is-the-future-2017-2.
11. Rebecca Mead, "All About the Hamiltons," *The New Yorker* (February 9, 2015), https://www.newyorker.com/magazine/2015/02/09/hamiltons.
12. Todd Haselton, "Here's Jeff Bezos's Annual Shareholder Letter," CNBC, April 11, 2019, https://www.cnbc.com/2019/04/11/jeff-bezos-annual-shareholder-letter.html.
13. 2007 年 6 月 22 日美國成就學院（Academy of Achievement）提姆·伯納斯-李的專訪，引述來源 Walter Isaacson, *The Innovators: How a Group of Hackers, Geniuses, and Geeks Created the Digital Revolution* (New York: Simon & Schuster, 2014), 408.
14. Isaacson, Einstein, 67.

15. 引述於納博科夫 1974 年的小說 *Look at the Harlequins!*, in "Genius: Seeing Things That Others Don't See. Or Rather the Invisible Links Between Things," Quote Investigator, May 11, 2018, https://quoteinvestigator.com/2018/05/11/on-genius/.
16. Gary Wolf, "Steve Jobs: The Next Insanely Great Thing," *Wired* (February 1, 1996), https://www.wired.com/1996/02/jobs-2/.
17. Matt Rosoff, "The Only Reason the Mac Looks like It Does," Business Insider, March 8, 2016, https://www.businessinsider.sg/robert-palladino-calligraphy-class-inspired-steve-jobs-2016-3/.
18. Walter Isaacson, *Steve Jobs* (New York: Simon & Schuster, 2011), 64–65.
19. Aristotle, *The Poetics of Aristotle, XXII*, translated by S. H. Butcher, Project Gutenberg, https://www.gutenberg.org/files/1974/1974-h/1974-h.htm.
20. 引述來源 David Epstein, *Range: Why Generalists Triumph in a Specialized World* (New York: Random House, 2019), 103.
21. 例如，參見 Leah Barbour, "MSU Research: Effective Arts Integration Improves Test Scores," Mississippi State Newsroom, 2013, https://www.newsarchive.msstate.edu/newsroom/article/2013/10/msu-research-effective-arts-integration-improves-test-scores; Brian Kisida and Daniel H. Bowen, "New Evidence of the Benefits of Arts Education," Brookings, February 12, 2019, https://www.brookings.edu/blog/brown-center-chalkboard/2019/02/12/new-evidence-of-the-benefits-of-arts-education/; and Tom Jacobs, "New Evidence of Mental Benefits from Music Training," *Pacific Standard*, June 14, 2017, https://psmag.com/social-justice/new-evidence-brain-benefits-music-training-83761.
22. Samuel G. B. Johnson and Stefan Steinerberger, "Intuitions About Mathematical Beauty: A Case Study in the Aesthetic Experience of Ideas," *Cognition* 189 (August 2019): 242–59, https://www.ncbi.nlm.nih.gov/pubmed/31015078.
23. Barry Parker, *Einstein: The Passions of a Scientist* (Amherst, NY: Prometheus Books, 2003), 13.
24. 相關主題參見 Wright, "Mozart and Math," available at the author's website.
25. Friedrich Schlichtegroll, *Necrolog auf das Jahr 1791*, in Franz Xaver Niemetschek, *Vie de W. A. Mozart*, edited and translated by Georges Favier (Paris: CIERCE, 1976), 126. 報告內容確定是從南妮兒獲得的資訊。
26. Peter Bucky, *The Private Albert Einstein* (Kansas City, MO: Andrews McMeel, 1992), 156.
27. Donald W. MacKinnon, "Creativity: A Multi-faceted Phenomenon," paper presented at Gustavus Adolphus College, 1970, https://webspace.ringling.edu/~ccjones/curricula/01-02/sophcd/readings/creativity.html.
28. Jack Flam, *Matisse and Picasso: The Story of Their Rivalry and Friendship* (Cambridge, MA: Westview Press, 2018), 33–39.
29. 出處同上，頁 34。
30. "Copyright, Permissions, and Fair Use in the Visual Arts Communities: An Issues Report," Center for Media and Social Impact, February 2015, https://cmsimpact.org/resource/copyright-permissions-fair-use-visual-arts-communities-issues-report/; "Fair Use," in *Copyright & Fair Use*, Stanford University Libraries, 2019, https://fairuse.stanford.edu/overview/fair-use/.
31. 關於達爾文之前的人類進化相關思想，請特別參閱 Janet Browne, *Darwin: Voyaging* (Princeton, NJ: Princeton University Press, 1995), chap. 16.
32. 針對這一點，參見 Steven Johnson, *Where Good Ideas Come From* (New York: Riverhead, 2010), 80–82.
33. Charles Darwin, *The Autobiography of Charles Darwin*, edited by Nora Barlow (New York: W. W. Norton, 2005), 98.
34. 參見 Charles Darwin, *On the Origin of Species by Means of Natural Selection* (London: Taylor and Francis, 1859), introduction.
35. Browne, *Darwin*, 227.
36. 針對相關議題的探討，參見 "Thomas Edison: 'The Wizard of Menlo Park,'" chap. 3 in Jill Jonnes, *Empires of Light: Edison, Tesla, Westinghouse, and The Race to Electrify the World* (New York: Random House, 2003).
37. Paul Israel, *Edison: A Life of Invention* (New York: John Wiley & Sons, 1999), 208–11.
38. David Robson, *The Intelligence Trap: Why Smart People Make Dumb Mistakes* (New York: W. W. Norton, 2019), 75.
39. Donald W. MacKinnon, "Creativity: A Multi-faceted Phenomenon," paper presented at Gustavus Augustus

College, 1970, https://webspace.ringling.edu/~ccjones/curricula/01-02/sophcd/readings/creativity.html.
40. 引述來源 Margaret Cheney, *Tesla: Man Out of Time* (Mattituck, NY: Amereon House, 1981), 268.
41. Daniel Kahneman, *Thinking, Fast and Slow* (New York: Farrar, Straus and Giroux, 2011), 216–20.
42. 研究概要參見 Epstein, *Range*, 107–9.
43. 關於這一點以及以下聲明，參見 Robert Root-Bernstein, Lindsay Allen, Leighanna Beach, et al., "Arts Foster Scientific Success: Avocations of Nobel, National Academy, Royal Society, and Sigma Xi Members," *Journal of Psychology of Science and Technology* 1, no. 2 (2008): 51–63, https://www.researchgate.net/publication/247857346_Arts_Foster_Scientific_Success_Avocations_of_Nobel_National_Academy_Royal_Society_and_Sigma_Xi_Members; and Robert S. Root-Bernstein, Maurine Bernstein, and Helen Garnier, "Correlations Between Avocations, Scientific Style, Work Habits, and Professional Impact of Scientists," *Creativity Research Journal* 8, no. 2 (1995): 115–37, https://www.tandfonline.com/doi/abs/10.1207/s15326934crj0802_2.
44. Patricia Cohen, "A Rising Call to Promote STEM Education and Cut Liberal Arts Funding," *New York Times*, February 21, 2016, https://www.nytimes.com/2016/02/22/business/a-rising-call-to-promote-stem-education-and-cut-liberal-arts-funding.html. 另請參見 Adam Harris, "The Liberal Arts May Not Survive the 21st Century," *The Atlantic* (December 13, 2018), https://www.the atlantic.com/education/archive/2018/12/the-liberal-arts-may-not-survive-the-21st-century/577876/; and "New Rules for Student Loans: Matching a Career to Debt Repayment," LendKey, September 1, 2015, https://www.lendkey.com/blog/paying-for-school/new-rules-for-student-loans-matching-a-career-to-debt-repayment/.
45. Frank Bruni, "Aristotle's Wrongful Death," *New York Times*, May 26, 2018, https://www.nytimes.com/2018/05/26/opinion/sunday/college-majors-liberal-arts.html.
46. Scott Jaschik, "Obama vs. Art History," Inside Higher Ed, January 31, 2014, https://www.insidehighered.com/news/2014/01/31/obama-becomes-latest-politician-criticize-liberal-arts-discipline.
47. Tad Friend, "Why Ageism Never Gets Old," *The New Yorker* (November 20, 2017), https://www.newyorker.com/magazine/2017/11/20/why-ageism-never-gets-old.
48. Alina Tugent, "Endless School," *New York Times*, October 13, 2019, https://www.nytimes.com/2019/10/10/education/learning/60-year-curriculum-higher-education.html; author's conversation with Christopher Wright, director of strategic partnerships, 2U, December 17, 2019.
49. Steve Jobs, *I, Steve: Steve Jobs in His Own Words*, edited by George Beahm (Agate: Chicago, 2011), 73.
50. Albert Einstein, *Ideas and Opinions* (New York: Crown, 1982), 69.

第 10 章

1. "NASA Announces Launch Date and Milestones for SpaceX Flight," December 9, 2011, https://www.nasa.gov/home/hqnews/2011/dec/HQ_11-413_SpaceX_ISS_Flight.html.
2. Marciella Moon, "Space X is Saving a Ton of Money by Reusing Falcon 9 Rockets," Engadget, April 6, 2017, https://www.engadget.com/2017/04/06/spacex-is-saving-a-ton-of-money-by-re-using-falcon-9-rockets/.
3. 引述來源 Elon Musk, *Rocket Man: Elon Musk in His Own Words*, edited by Jessica Easto (Chicago: Agate, 2017), 16.
4. 有關左撇子和創造力的討論，參見 Dean Keith Simonton, *Greatness: Who Makes History and Why* (New York: Guilford Press, 1994), 20–24.
5. 我要感謝已故的大衛·羅桑德（David Rosand）向我介紹達文西許多作品中的鏡像，參見其著作 *Drawing Acts: Studies in Graphic Representation and Expression* (Cambridge, UK: Cambridge University Press, 2002).
6. Bronwyn Hemus, "Understanding the Essentials of Writing a Murder Mystery," Standout Books, May 5, 2014, https://www.standoutbooks.com/essentials-writing-murder-mystery/.
7. Bruce Hale, "Writing Tip: Plotting Backwards," Booker's Blog, March 24, 2012, https://talltalestogo.wordpress.com/2012/03/24/writing_tip_plotting_backwards/.
8. Kip Thorne, *Black Holes and Time Warps: Einstein's Outrageous Legacy* (New York: W. W. Norton, 1994), 147.

9. 引述來源David M. Harrison, “Complementarity and the Copenhagen Interpretation of Quantum Mechanics,” *UPSCALE*, October 7, 2002, https://www.scribd.com/document/166550158/Physics-Complementarity-and-Copenhagen-Interpretation-of-Quantum-Mechanics.
10. Albert Rothenberg, *Creativity and Madness: New Findings and Old Stereotypes* (Baltimore: Johns Hopkins University Press, 1990), 14.
11. 作者翻譯自 Albert Einstein, *The Collected Papers of Albert Einstein*, vol. 7: *The Berlin Years: Writings, 1918–1921*, edited by Michael Janssen, Robert Schulmann, József Illy, et al., document 31: “Fundamental Ideas and Methods of the Theory of Relativity, Presented in Their Development,” II: “The Theory of General Relativity,” https://einsteinpapers.press.princeton.edu/vol7-doc/293, 245.
12. Albert Rothenberg, *Flight from Wonder: An Investigation of Scientific Creativity* (Oxford, UK: Oxford University Press, 2015), 28–29.
13. Cade Metz, “Google Claims a Quantum Breakthrough That Could Change Computing,” *New York Times*, October 23, 2019, https://www.nytimes.com/2019/10/23/technology/quantum-computing-google.html.
14. Elon Musk, “The Secret Tesla Motors Master Plan (Just Between You and Me),” Tesla, August 2, 2006, https:/ www.tesla.com/blog /secret-tesla-motors-master-plan-just-between-you-and-me.
15. Franklin Foer, “Jeff Bezos's Master Plan,” *The Atlantic* (November 2019), https://www.theatlantic.com/magazine/archive/2019/11/what-jeff-bezos-wants/598363/.
16. Jeff Bezos, *First Mover: Jeff Bezos in His Own Words*, edited by Helena Hunt (Chicago: Agate, 2018), 95.
17. 引述來源 Foer, “Jeff Bezos's Master Plan.”
18. Rothenberg, *Creativity and Madness*, 25.
19. Martin Luther King, Jr., “I Have a Dream,” “Great Speeches of the Twentieth Century,” *Guardian*, April 27, 2007, https://www.theguardian.com/theguardian/2007/apr/28/greatspeeches.
20. Bradley J. Adame, “Training in the Mitigation of Anchoring Bias: A Test of the Consider-the-Opposite Strategy,” *Learning and Motivation* 53 (February 2016): 36–48, https://www.sciencedirect.com/science/article/abs/pii/S0023969015000739?via%3Dihub.

第 11 章

1. 首次發表於哈珀雜誌（*Harper's Magazine*）（1904 年 12 月）：頁 10；重印於 John Cooley, ed., *How Nancy Jackson Married Kate Wilson and Other Tales of Rebellious* Girls and Daring Young Women (Lincoln, NE: University of Nebraska Press, 2001), 209.
2. “The Harder I Practice, the Luckier I Get,” Quote Investigator, https://quoteinvestigator.com/2010/07/14/luck/. I owe my knowledge of this quote to the kindness of Clark Baxter.
3. Frances Wood, “Why Does China Love Shakespeare?,” *Guardian*, June 28, 2011, https://www.theguardian.com/commentisfree/2011/jun/28/china-shakespeare-wen-jiabao-visit.
4. 引述來源 Noah Charney, *The Thefts of the Mona Lisa: On Stealing the World's Most Famous Painting* (Columbia, SC: ARCA Publications, 2011).
5. Evan Andrews, “The Heist That Made the Mona Lisa Famous,” *History*, November 30, 2018, https://www.history.com/news/the -heist-that-made-the-mona-lisa-famous.
6. Charney, *The Thefts of the Mona Lisa*, 74.
7. 引述來源 James D. Watson and Francis Crick, “Molecular Structure of Nucleic Acids: A Structure for Deoxyribose Nucleic Acid,” *Nature* 171, no. 4356 (April 25, 1953): 737–38, in The Francis Crick Papers, U.S. National Library of Medicine, https://profiles.nlm.nih.gov/spotlight/sc/catalog/nlm:nlmuid-101584582X381-doc.
8. 複本重印 James D. Watson, *The Double Helix: A Personal Account of the Discovery of the Structure of DNA*, edited by Gunther S. Stent (New York: W. W. Norton, 1980), 237–41.

9. 關於鮑林的錯誤，參見 Linus Pauling, “The Molecular Basis of Biological Specificity,” 轉載出處同上，頁 152。
10. 出處同上，頁 105。Robert Olby, *The Path to the Double Helix: The Discovery of DNA* (New York: Dover, 1994), 402–3.
11. Watson, *The Double Helix*, 14.
12. “Statutes of the Nobel Foundation,” The Nobel Prize, https://www.nobelprize.org/about/statutes-of-the-nobel-foundation/.
13. 有關 CRISPR 獲得諾貝爾獎的機率，最新情況請參閱 Amy Dockser Marcus, “Science Prizes Add Intrigue to the Race for the Nobel,” Wall Street Journal, June 1, 2018, https://www.wsj.com/articles/science-prizes-add-intrigue-to-the-race-for-the-nobel-1527870861.
14. 作者翻譯自路易·巴斯德 1854 年 12 月 7 日在里爾大學（University of Lille）理學院的就職演說，加利卡數位圖書館（Gallica Bibliothèque Numérique）： https://upload.wikimedia.org/wikipedia/commons/6/62/Louis_Pasteur_Universit%C3%A9_de_Lille_1854-1857_dans_les_champs_de_l%27observation_le_hasard_ne_favorise_que_les_esprits_pr%C3%A9par%C3%A9s.pdf.
15. John Waller, *Einstein's Luck: The Truth Behind the Greatest Scientific Discoveries* (Oxford, UK: Oxford University Press, 2002), 247.
16. 1940 年 5 月 10 日，他被任命為首相之際，參見 Winston Churchill, *The Second World War*, vol. 1: *The Gathering Storm* (1948), 引述來源 “Summer 1940: Churchill's Finest Hour,” *International Churchill Society*, https://winstonchurchill.org/the-life-of-churchill/war-leader/summer-1940/.
17. Waller, *Einstein's Luck*, 249.
18. Kevin Brown, *Penicillin Man: Alexander Fleming and the Antibiotic Revolution* (London: Sutton, 2005), 102.
19. 出處同上，頁 120。
20. Mark Zuckerberg, *Mark Zuckerberg: In His Own Words*, edited by George Beahm (Chicago: Agate, 2018), 1.
21. Ben Mezrich, *The Accidental Billionaires: The Founding of Facebook: A Tale of Sex, Money, Genius, and Betrayal* (New York: Random House, 2010), 45.
22. Katharine A. Kaplan, “Facemash Creator Survives Ad Board,” *Harvard Crimson*, November 19, 2003, https://www.thecrimson.com/article/2003/11/19/facemash-creator-survives-ad-board-the/.
23. Mezrich, *The Accidental Billionaires*, 105.
24. Roger McNamee, *Zucked: Waking Up to the Facebook Catastrophe* (New York: Random House, 2019), 54; David Enrich, “Spend Some Time with the Winklevii,” *New York Times*, May 21, 2019, https://www.nytimes.com/2019/05/21/books/review/ben-mezrich-bitcoin-billionaires.html?searchResultPosition=5.
25. Farhad Manjoo, “How Mark Zuckerberg Became Too Big to Fail,” *New York Times*, November 1, 2018, https://www.nytimes.com/2018/11/01/technology/mark-zuckerberg-facebook.html.
26. Mezrich, *The Accidental Billionaires*, 108.
27. Zuckerberg, *Mark Zuckerberg*, 46.
28. Oprah Winfrey, *Own It: Oprah Winfrey in Her Own Words*, edited by Anjali Becker and Jeanne Engelmann (Chicago: Agate, 2017), 7.
29. Yayoi Kusama, *Infinity Net: The Autobiography of Yayoi Kusama* (London: Tate Publishing, 2011), 77.
30. Vincent van Gogh, letter to Theo, January 12–16, 1886, Vincent van Gogh: The Letters, http://vangoghletters.org/vg/letters/let552/letter.html.
31. 兩段引文皆引述自 *Paris: The Luminous Years: Towards the Making of the Modern*, written, produced, and directed by Perry Miller Adato, PBS, 2010, at 0:40 and 1:10.
32. Eric Weiner, *The Genius of Geography* (New York: Simon & Schuster, 2016), 167.
33. 引述來源 Dan Hofstadter, “ ‘The Europeans' Review: Engines of Progress,” *Wall Street Journal*, October 18, 2019, https://www.wsj.com/articles/the-europeans-review-engines-of-progress-11571409900.
34. James Wood, *Dictionary of Quotations from Ancient and Modern, English and Foreign Sources* (London: Wame, 1893), 120.

35. Richard Florida and Karen M. King, "Rise of the Global Startup City: The Geography of Venture Capital Investment in Cities and Metros Across the Globe," Martin Prosperity Institute, January 26, 2016, http://martinprosperity.org/content/rise-of-the-global-startup-city/.

第 12 章

1. 引述來源 Mary Dearborn, *Ernest Hemingway: A Biography* (New York: Vintage, 2018), 475.
2. Albert Einstein, *Ideas and Opinions* (New York: Random House, 1982), 12.
3. 作者針對法語原文的翻譯及改述，另請參見 Edmond and Jules de Goncourt, *Pages from the Goncourt Journals*, edited and translated by Robert Baldick (Oxford, UK: Oxford University Press, 1962), 100.
4. Oprah Winfrey, *Own It: Oprah Winfrey in Her Own Words*, edited by Anjali Becker and Jeanne Engelmann (Chicago: Agate, 2017), 65.
5. 引述來源 Andrew Ross Sorkin, "Tesla's Elon Musk May Have Boldest Pay Plan in Corporate History," *New York Times*, January 23, 2018, https://www.nytimes.com/2018/01/23/business/dealbook/tesla-elon-musk-pay.html/.
6. David Kiley, "Former Employees Talk About What Makes Elon Musk Tick," *Forbes* (July 14, 2016), https://www.forbes.com/sites /davidkiley5/2016/07/14/former-employees-talk-about-what-makes-elon-musk-tick/#a48d8e94514e; "What Is It Like to Work with/for Elon Musk?," Quora, https://www.quora.com/What-is-it-like-to-work-with-for-Elon-Musk.
7. Mark Zuckerberg, *Mark Zuckerberg: In His Own Words*, edited by *George Beahm (Chicago: Agate, 2018), 189.*
8. Joseph Schumpeter, *Capitalism, Socialism and Democracy*, 3rd ed. (New York: Harper, 1962), chap. 11.
9. Alan Greenspan and Adrian Wooldridge, *Capitalism in America: A History* (New York: Random House, 2018), 420–21.
10. Zaphrin Lasker, "Steve Jobs: Create. Disrupt. Destroy," *Forbes* (June 14, 2011), https://www.forbes.com/sites/marketshare/2011/06/14/steve-jobs-create-disrupt-destroy/#6276e77f531c.
11. Joe Nocera, "Apple's Culture of Secrecy," *New York Times*, July 26, 2008, https://www.nytimes.com/2008/07/26/business/26nocera.html.
12. 引述來源 Walter Isaacson, *Steve Jobs* (New York: Simon & Schuster, 2011), 124.
13. Dylan Love, "16 Examples of Steve Jobs Being a Huge Jerk," Business Insider, October 25, 2011, https://www.businessinsider.com/steve-jobs-jerk-2011-10#everything-youve-ever-done-in-your-life-is-shit-5.
14. Isaacson, *Steve Jobs*, 122–23.
15. 例如，參見賈伯斯和鮮榨橙汁的故事：Nick Bilton, "What Steve Jobs Taught Me About Being a Son and a Father," *New York Times*, August 7, 2015, https://www.ny times.com/2015/08/07/fashion/mens-style/what-steve-jobs-taught-me-about-being-a-son-and-a-father.html.
16. 此處及下一個引文的引述來源參見 Nellie Bowles, "In 'Small Fry,' Steve Jobs Comes Across as a Jerk. His Daughter Forgives Him. Should We?," *New York Times*, August 23, 2018, https://www.nytimes.com/2018/08/23/books/steve-jobs-lisa-brennan-jobs-small-fry.html.
17. 引述來源 Isaacson, *Steve Jobs*, 32.
18. 引述出處同上，頁 119。
19. Kevin Lynch, *Steve Jobs: A Biographical Portrait* (London: White Lion, 2018), 73.
20. "On Thomas Edison and Beatrix Potter," *Washington Times*, April 7, 2007, https://www.washingtontimes.com/news/2007/apr/7/20070407-095754-2338r/.
21. "Thomas A. Edison," *The Christian Herald & Signs of Our Times*, July 25, 1888, http://edison.rutgers.edu/digital/files/fullsize/fp/fp0285.jpg. 另請參見 Randall Stross, *The Wizard of Menlo Park: How Thomas Alva Edison Invented the Modern World* (New York: Random House, 2007), 15–16.
22. Neil Baldwin, *Edison: Inventing the Century* (Chicago: University of Chicago Press, 2001), 60.

23. Stross, *The Wizard of Menlo Park*, 174.
24. 大部分資訊取自 Michael Daly, *Topsy: The Startling Story of the Crooked-Tailed Elephant, P. T. Barnum, and the American Wizard, Thomas Edison* (New York: Grove Press, 2013), chap. 26.
25. James Gleick, *Isaac Newton* (New York: Random House, 2003), 169–70.
26. 色譜與音樂中的和聲系列之間的關係就是一個很好的例子，參見 Penelope Gouk, "The Harmonic Roots of Newtonian Science," in *Let Newton Be!: A New Perspective on his Life and Works*, edited by John Fauvel, Raymond Flood, Michael Shortland, and Robin Wilson (Oxford, UK: Oxford University Press, 1988), 101–26.
27. Sheldon Lee Glashow, "The Errors and Animadversions of Honest Isaac Newton," *Contributions to Science* 4, no. 1 (2008): 105–10.
28. 引述出處同上，頁 105。
29. Stephen Hawking, *A Brief History of Time* (New York: Bantam Books, 1998), 196.
30. Walter Isaacson, *Einstein: His Life and Universe* (New York: Simon & Schuster, 2007), 174–75.
31. Albert Einstein, *Ideas and Opinions* (New York: Crown, 1982), 9.
32. Stross, *The Wizard of Menlo Park*, 81.
33. 引述來源 Scott Barry Kaufman and Carolyn Gregoire, *Wired to Create: Unraveling the Mysteries of the Creative Mind* (New York: Random House, 2016), 122.
34. Ludwig van Beethoven, letter to Franz Wegeler, June 29, 1801, in *Beethoven: Letters, Journals and Conversations*, edited and translated by Michael Hamburger (Garden City: Doubleday, 1960), 25.
35. Thomas Alva Edison, *The Diary and Sundry Observations of Thomas Alva Edison*, edited by Dagobert D. Runes (New York: Greenwood, 1968), 110.
36. Sam Bush, "Faulkner as a Father: Do Great Novelists Make Bad Parents?," Mockingbird, July 31, 2013, https://www.mbird.com/2013/07/faulkner-as-a-father-do-great-novelists-make-bad-parents/.
37. Otto Erich Deutsch, *Mozart: A Documentary Biography*, translated by Eric Blom, Peter Branscombe, and Jeremy Noble (Stanford, CA: Stanford University Press, 1965), 423.
38. Maria Anna Mozart, letter to Friedrich Schlichtegroll, 1800, translated from *Mozart-Jahrbuch* (Salzburg: Internationale Stiftung Mozarteum, 1995), 164.
39. 引述來源 Dave Itzkoff, *Robin* (New York: Henry Holt, 2018), 354.
40. Keith Caulfield, "Michael Jackson Sales, Streaming Decline After 'Leaving Neverland' Broadcast," *The Hollywood Reporter*, March 8, 2019, https://www.hollywoodreporter.com/news/michael-jacksons-sales-streaming-decline-leaving-neverland-1193509.
41. Emma Goldberg, "Do Works by Men Implicated by #MeToo Belong in the Classroom?," *New York Times*, October 7, 2019, https://www.nytimes.com/2019/10/07/us/metoo-schools.html.
42. Farah Nayeri, "Is It Time Gauguin Got Canceled?," *New York Times*, November 18, 2019, https://www.nytimes.com/2019/11/18/arts/design/gauguin-national-gallery-london.html.
43. Robin Pogrebin and Jennifer Schuessler, "Chuck Close Is Accused of Harassment. Should His Artwork Carry an Asterisk?," *New York Times*, January 28, 2018, https://www.nytimes.com/2018/01/28/arts/design/chuck-close-exhibit-harassment-accusations.html.
44. Lionel Trilling, *Beyond Culture: Essays on Literature and Learning* (New York: Viking, 1965), 11.
45. Arianna Stassinopoulos Huffington, *Picasso: Creator and Destroyer* (New York: Simon & Schuster, 1988), 234.
46. Françoise Gilot and Carlton Lake, *Life with Picasso* (New York: McGraw-Hill, 1964), 77.
47. 出處同上，頁 326。
48. Author's translation from Pierre Cabanne, quoting Marie-Thérèse Walter, in "Picasso et les joies de la paternité," *L'Oeil: Revue d'Art* 226 (May 1974): 7.
49. Gilot and Lake, *Life with Picasso*, 42.
50. Huffington, *Picasso*, 345.
51. Gilot and Lake, *Life with Picasso*, 77.
52. Henry Blodget, "Mark Zuckerberg on Innovation," Business Insider, October 1, 2009, https://www.

businessinsider.com/mark-zuckerberg-innovation-2009-10.

53. Brainyquote, https://www.brainyquote.com/authors/margaret_atwood. The quote appears to be a compilation of phrases taken from Maddie Crum, "A Conversation with Margaret Atwood About Climate Change, Social Media and World of Warcraft," Huffpost, November 12, 2014, https://www.huffpost.com/entry/margaret-atwood-interview_n_6141840.
54. 參見 Sam Schechner and Mark Secada, "You Give Apps Sensitive Personal Information. Then They Tell Facebook," *Wall Street Journal*, February 22, 2019, https://www.wsj.com/articles/you-give-apps-sensitive-personal-information-then-they-tell-facebook-11550851636.
55. Sandy Parakilas, "We Can't Trust Facebook to Regulate Itself," *New York Times*, November 19, 2017, https://www.nytimes.com /2017/11/19/opinion/facebook-regulation-incentive.html?ref=todayspaper.
56. Ibid.
57. Digital, Culture, Media and Sport Committee, "Disinformation and 'Fake News': Final Report," House of Commons, https://publications.parliament.uk/pa/cm201719/cmselect/cmcumeds/1791/1791.pdf; and Graham Kates, "Facebook 'Misled' Parliament on Data Misuse, U.K. Committee Says," CBS News, February 17, 2019, https://www.cbsnews.com/news/facebook-misled-parliament-on-data-misuse-u-k-committee-says/.
58. 祖克柏執著於用電腦程式碼來解決臉書所有問題的相關討論，參見 Roger McNamee, *Zucked: Waking Up to the Facebook Catastrophe* (New York: Random House, 2019), 64–65, 159, 193. 另請參見 Shoshona Zuboff, *The Age of Surveillance Capitalism: The Fight for a Human Future at the New Frontier of Power* (New York: Public Affairs, 2019), 480–88.
59. Nicholas Carlson, "'Embarrassing and Damaging' Zuckerberg IMs Confirmed By Zuckerberg, The New Yorker," Business Insider, September 13, 2010, https://www.businessinsider.com/embarrassing-and-damaging-zuckerberg-ims-confirmed-by-zuckerberg-the-new-yorker-2010-9.
60. Arthur Koestler, *The Act of Creation* (London: Hutchinson, 1964), 402.

第 13 章

1. Jean Kinney, "Grant Wood: He Got His Best Ideas While Milking a Cow," *New York Times*, June 2, 1974, https://www.nytimes.com/1974/06/02/archives/grantwood-he-got-his-best-ideas-while-milking-a-cow-grant-wood-he.html.
2. Amir Muzur, Edward F. Pace-Schott, and J. Allan Hobson, "The Prefrontal Cortex in Sleep," *Trends in Cognitive Sciences* 6, no. 11 (November 2002): 475–81, https://www.researchgate.net/publication /11012150_The_prefrontal_cortex_in_sleep; Matthew Walker, *Why We Sleep: Unlocking the Power of Sleep and Dreams* (New York: Scribner, 2017), 195.
3. Walker, *Why We Sleep*, chap. 11.
4. Matthew P. Walker, Conor Liston, J. Allan Hobson, and Robert Stickgold, "Cognitive Flexibility Across the Sleep-Wake Cycle: REM-Sleep Enhancement of Anagram Problem Solving," *Brain Research* 14, no. 3 (November 2002): 317–24, https://www.ncbi.nlm.nih.gov/pubmed/12421655.
5. Robert Stickgold and Erin Wamsley, "Memory, Sleep, and Dreaming: Experiencing Consolidation," *Journal of Sleep Research* 6, no. 1 (March 1, 2011): 97–108, https://www.ncbi.nlm.nih.gov/pmc/articles/PMC3079906/.
6. Walker, *Why We Sleep*, 219.
7. Tori DeAngelis, "The Dream Canvas: Are Dreams a Muse to the Creative?," *Monitor on Psychology* 34, no. 10 (November 2003): 44, https://www.apa.org/monitor/nov03/canvas.
8. Igor Stravinsky, *Dialogues and a Diary*, edited by Robert Craft (Garden City, NY: Doubleday, 1963), 70.
9. Jay Cridlin, "Fifty Years Ago, the Rolling Stones' Song 'Satisfaction' Was Born in Clearwater," *Tampa Bay Times*, May 3, 2015, https://www.tampabay.com/things-to-do/music/50-years-ago-the-rolling-stones-song-satisfaction-was-born-in-clearwater/2227921/.

10. 保羅·麥卡尼的音樂會兼訪談，參見 “Paul McCartney Singing Yesterday at the Library of Congress,” YouTube, https://www.youtube.com/watch?v=ieu_5o1LiQQ.
11. Walker, *Why We Sleep,* 202.
12. 引述來源Elliot S. Valenstein, *The War of the Soups and the Sparks: The Discovery of Neurotransmitters and the Dispute over How Nerves Communicate* (New York: Columbia University Press, 2005), 58.
13. Leon Watters, 引述來源Walter Isaacson, *Albert Einstein: His Life and Universe* (New York: Simon & Schuster, 2007), 436.
14. 2017 年，基普·索恩（Kip Thorne）榮獲諾貝爾物理學獎，一部分是因為在LIGO重力波計畫當中證明了愛因斯坦關於塌陷黑洞理論是正確的。我不知道索恩教授睡眠狀況如何，但他在回覆的郵件中提醒我，他 2014 年出版的《星際效應》（*The Science of Interstellar*）書中第9頁曾提到：「我最佳的思考是在深夜人靜時，第二天早上，我會把想法寫進備忘錄，長達數頁，包含圖表和照片」。
15. Jacquelyn Smith, “72% of People Get Their Best Ideas in the Shower—Here's Why,” Business Insider, January 14, 2016, https://www.businessinsider.com/why-people-get-their-best-ideas-in-the-shower-2016-1.
16. Walker, *Why We Sleep,* 208, 223.
17. A. R. Braun, T. J. Balkin, N. J. Wesenten, et al., “Regional Cerebral Blood Flow Throughout the Sleep-Wake Cycle. An H2(15)O PET Study,” *Brain* 120, no. 7 (July 1997): 1173–97, https://www.ncbi.nlm.nih.gov/pubmed/9236630.
18. 引述來源 Jagdish Mehra, *Einstein, Hilbert, and the Theory of Gravitation* (Boston: Reidel, 1974), 76.
19. Barry Parker, *Einstein: The Passions of a Scientist* (Amherst, NY: Prometheus Books, 2003), 30.
20. 引述來源 Gerald Whitrow, *Einstein: The Man and His Achievement* (New York: Dover Publications, 1967), 21.
21. David Hindley, “Running: An Aid to the Creative Process,” *Guardian*, October 30, 2014, https://www.theguardian.com/lifeandstyle/the-running-blog/2014/oct/30/running-writers-block-creative-process.
22. 其中包括 Marily Oppezzo and Daniel L. Schwarz, “Give Your Ideas Some Legs: The Positive Effect of Walking on Creative Thinking,” *Journal of Experimental Psychology: Learning, Memory, and Cognition* 40, no. 4 (2014): 1142–52, https://www .apa.org/pubs/journals/releases/xlm-a0036577.pdf; Lorenza S. Colzato, Ayca Szapora, Justine N. Pannekoek, and Bernhard Hommel, “The Impact of Physical Exercise on Convergent and Divergent Thinking,” *Frontiers in Human Neuroscience* 2 (December 2013), https://doi.org/10.3389/fnhum.2013.00824; and Prabha Siddarth, Alison C. Burggren, Harris A. Eyre, et al., “Sedentary Behavior Associated with Reduced Medial Temporal Lobe Thickness in Middle-Aged and Older Adults,” *PLOS ONE* (April 12, 2018), http://journals.plos.org/plosone/article?id=10.1371/journal.pone.0195549.
23. Eric Weiner, *The Geography of Genius: A Search for the World's Most Creative Places from Ancient Athens to Silicon Valley* (New York: Simon & Schuster, 2016), 21.
24. 出處同上，頁 21。
25. *Inside Bill's Brain: Decoding Bill Gates*, Netflix, 2019, https://www.netflix.com/watch/80184771?source=35.
26. Henry David Thoreau, journal, August 19, 1851, in *The Portable Thoreau*, edited by Jeffrey S. Cramer, https://www.penguin.com/ajax/books/excerpt/9780143106500.
27. Mason Currey, *Daily Rituals: Women at Work* (New York: Random House, 2019), 52.
28. Daniel Kahneman, *Thinking, Fast and Slow* (New York: Farrar, Straus and Giroux, 2011), 40.
29. W. Bernard Carlson, *Tesla: Inventor of the Electrical Age* (Princeton, NJ: Princeton University Press, 2013), 50–51.
30. Nikola Tesla, *My Inventions*, edited by David Major (Middletown, DE: Philovox, 2016), 35. 這首詩的德語原文經作者翻譯。
31. Carlson, *Tesla,* 404.
32. Rebecca Mead, “All About the Hamiltons,” *The New Yorker* (February 9, 2015), https://www.newyorker.com/magazine/2015/02/09/hamiltons.
33. Ludwig van Beethoven, letter to Tobias Haslinger, September 10, 1821, in *Beethoven: Letters, Journals and Conversations*, edited and translated by Michael Hamburger (Garden City, NY: Doubleday, 1960), 174–75. The autograph letter is preserved in the Beethoven-Haus, Bonn, and the canon carries the Kinsky number WoO 182.

34. Danille Taylor-Guthrie, ed., *Conversations with Toni Morrison* (Jackson: University Press of Mississippi, 2004), 43.
35. Francis Mason, ed., *I Remember Balanchine: Recollections of the Ballet Master by Those Who Knew Him* (New York: Doubleday, 1991), 418.

第 14 章

1. David Michaelis, *Schulz and Peanuts: A Biography* (New York: Harper Perennial, 2007), 370, quoted and condensed in Mason Currey, *Daily Rituals: How Artists Work* (New York: Alfred A. Knopf, 2018), 217–18.
2. Françoise Gilot and Carlton Lake, *Life with Picasso* (New York: McGraw-Hill, 1964), 109–10.
3. Fritjof Capra, *The Science of Leonardo* (New York: Random House, 2007), 30.
4. Giorgio Vasari, *The Lives of the Artists*, translated by Julia Conaway Bondanella and Peter Bondanella (Oxford, UK: Oxford University Press, 1991), 290.
5. Jaime Sabartés, *Picasso: An Intimate Portrait* (London: W. H. Allen, 1948), 79.
6. 引述來源 Barry Parker, *Einstein: The Passions of a Scientist* (Amherst, NY: Prometheus Books, 2003), 137.
7. Walter Isaacson, *Einstein: His Life and Universe* (New York: Simon & Schuster, 2007), 161.
8. Albert Einstein, *The Complete Papers of Albert Einstein*, vol. 1, xxii, 引述出處同上，頁 24。
9. Abraham Pais, *Subtle Is the Lord: The Science and the Life of Albert Einstein* (New York: Oxford University Press, 1982), 454.
10. 作者翻譯自 Joseph Heinze Eibl, "Ein Brief Mozarts über seine Schaffensweise?," *Österreichische Musikzeitschrift* 35 (1980): 586.
11. *Allgemeine musikalische Zeitung* 1 (September 1799): 854–56. 康絲坦茲 1829 年在薩爾茨堡又重述莫札特的這段故事，參見 Vincent and Mary Novello, *A Mozart Pilgrimage: Being the Travel Diaries of Vincent & Mary Novello in the Year 1829*, edited by Nerina Medici di Marignano and Rosemary Hughes (London: Novello, 1955), 112.
12. Humphrey Newton, letter to John Conduitt, January 17, 1728, The Newton Project, http://www.newtonproject.ox.ac.uk/view/texts/normalized/THEM00033.
13. *Let Newton Be!: A New Perspective on his Life and Works*, edited by John Fauvel, Raymond Flood, Michael Shortland, and Robin Wilson (Oxford, UK: Oxford University Press, 1988), 15.
14. Jerry Hanken, "Shulman Wins, but Hess Wows," *Chess Life* (June 2008): 16, 20.
15. 有關西洋棋記憶和一般記憶的討論，參見 William G. Chase and Herbert A. Simon, "The Mind's Eye in Chess," in *Visual Information Processing: Proceedings of the Eighth Annual Carnegie Psychology Symposium on Cognition*, edited by William G. Chase (New York: Academic Press, 1972). 其它相關研究，參見 David Shenk, *The Immortal Game: A History of Chess* (New York: Random House, 2006), 303–4.
16. 大衛·羅桑德，哥倫比亞大學 Meyer Shapiro 藝術史教授，耶魯大學「天才課程」客座演講，2009 年 1 月 29 日。
17. Howard Gardiner, *Creating Minds: An Anatomy of Creativity* (New York: Basic Books, 1993), 148, 157.
18. Elyse Graham, Joyce scholar and professor of modern literature at Stony Brook University, conversation with the author, August 1, 2010.
19. Bloomberg, "Elon Musk: How I Became the Real 'Iron Man,'" https://www.youtube.com/watch?v=mh45igK4Esw, at 3:50.
20. Alan D. Baddeley, *Human Memory*, 2nd ed. (East Essex, UK: Psychology Press, 1997), 24.
21. Giorgio Vasari, *Lives of the Artists*, 1550 edition, 引述來源Capra, *The Science of Leonardo*, 25.
22. 大衛·羅桑德，耶魯大學「天才課程」客座演講，2009 年 1 月 29 日。
23. Heidi Godman, "Regular Exercise Changes the Brain to Improve Memory, Thinking Skills," Harvard Health Publishing, April 9, 2018, https://www.health.harvard.edu/blog/regular-exercise-changes-brain-improve-memory-thinking-skills-201404097110.
24. Capra, *The Science of Leonardo*, 20.

25. "The Hawking Paradox," *Horizon*, BBC, 2005, https://www.dailymotion.com/video/x226awj, at 3:00.
26. Dennis Overbye, "Stephen Hawking Taught Us a Lot About How to Live," *New York Times*, March 14, 2018, https://www.nytimes.com/2018/03/14/science/stephen-hawking-life.html.
27. Niall Firth, "Stephen Hawking: I Didn't Learn to Read Until I Was Eight and I Was a Lazy Student," *Daily Mail*, October 23, 2010, http://www.dailymail.co.uk/sciencetech/article-1322807/Stephen-Hawking-I-didnt-learn-read-8-lazy-student.html.
28. 凱蒂·弗格森 2018 年 4 月 18 日與作者的電子郵件通信內容。
29. "The Hawking Paradox," at 9:00.
30. 《霍金》，斯蒂芬·芬尼根（Stephen Finnigan）導演，2013 年，YouTube, https://www.youtube.com/watch?v=hi8jMRMsEJo, at 49:00.
31. 凱蒂·弗格森，引述來源：Kitty Ferguson, quoted in Kristine Larsen, *Stephen Hawking: A Biography* (New York: Greenwood, 2005), 87.
32. *Hawking*, at 49:30.
33. 本段和下一段的內容，大部分來自 Mason Currey, *Daily Rituals: How Artists Work* (New York: Random House, 2013); and Currey, *Daily Rituals: Women at Work* (New York: Random House, 2019). 針對特定人物，請參閱索引。
34. Currey, *Daily Rituals: How Artists Work*, 64.
35. 出處同上，頁 110。
36. Twyla Tharp, *The Creative Habit: Learn It and Use It for Life* (New York: Simon & Schuster, 2003), 14, 237.
37. Isaacson, *Einstein*, 424.
38. Agatha Christie, *An Autobiography* (New York: Dodd, Mead, 1977), 引述來源 Currey, *Daily Rituals: How Artists Work*, 104.
39. John Updike, interview with the Academy of Achievement, June 12, 2004, 引述來源 Currey, *Daily Rituals: How Artists Work*, 196.

國家圖書館出版品預行編目資料

天才的關鍵習慣：耶魯最受歡迎課程教你如何超越天賦、智商與運氣 / 克雷格．萊特 (Craig Wright) 著；何玉方譯．
-- 初版．-- 臺北市：城邦文化事業股份有限公司商業周刊，2021.04
336面；17×22公分
譯自：The hidden habits of genius beyond talent, IQ, and grit : unlocking the secrets of greatness
ISBN 978-986-5519-37-7(平裝)

1.學習方法 2.創造力

521.1 110003144

天才的關鍵習慣

作者　克雷格・萊特
商周集團榮譽發行人　金惟純
商周集團執行長　郭奕伶
視覺顧問　陳栩椿
商業周刊出版部
總編輯　余幸娟
責任編輯　盧珮如
封面設計　萬勝安
內頁排版　邱介惠
出版發行　城邦文化事業股份有限公司-商業周刊
地址　104台北市中山區民生東路二段141號4樓
傳真服務　（02）2503-6989
劃撥帳號　50003033
戶名　英屬蓋曼群島商家庭傳媒股份有限公司城邦分公司
網站　www.businessweekly.com.tw
香港發行所　城邦（香港）出版集團有限公司
香港灣仔駱克道193號東超商業中心1樓
電話：（852）25086231傳真：（852）25789337
E-mail： hkcite@biznetvigator.com
製版印刷　中原造像股份有限公司
總經銷　聯合發行股份有限公司　電話：（02）2917-8022
初版 1 刷　2021年4月
初版 6.5 刷　2022年3月
定價　450元
ISBN　978-986-5519-37-7（平裝）

THE HIDDEN HABITS OF GENIUS

By Craig Wright

藍學堂

學習・奇趣・輕鬆讀